山口　豊編

海外新聞総索引

武蔵野書院

海外新聞

『新聞誌』第六号　表紙（播磨町郷土資料館蔵）

『新聞誌』第一号　表紙（播磨町郷土資料館 蔵）

『新聞誌』第二号　表紙（播磨町郷土資料館 蔵）

山口　豊編

海外新聞総索引

武蔵野書院

目　次

海外新聞総索引　凡例………5

海外新聞総索引

あ *7*	い *12*	う *19*	え *21*	お *22*
か *27*	き *33*	く *39*	け *42*	こ *44*
さ *50*	し *56*	す *68*	せ *71*	そ *75*
た *77*	ち *83*	つ *86*	て *89*	と *91*
な *97*	に *103*	ぬ *110*	ね *110*	の *111*
は *114*	ひ *120*	ふ *124*	へ *128*	ほ *131*
ま *132*	み *136*	む *138*	め *139*	も *140*
や *143*		ゆ *145*		よ *145*
ら *149*	り *150*	る *151*	れ *152*	ろ *152*
わ *154*	ゐ *155*	ゑ *156*	を *156*	ん *158*

影印・翻刻頁行対照表………*159*

『海外新聞』に登場する部立ての国名一覧表………*197*

あとがき………*198*

海外新聞総索引　凡例

1　本索引はジョセフ彦が元治2年に横浜で岸田吟香、本間清雄らとともに発行した『海外新聞』（全26号）の総索引である。

2　底本として早稲田大学図書館資料叢刊2『ジョセフ彦　海外新聞』（早稲田大学出版部刊）を使用した。

3　見出し語について

①　五十音配列で示した。見出し語に続いて所在を示す底本の頁と行を算用数字で記した。なお、行は○囲みの数字で示した。

　　　例　いきほい　71 ⑨ 197 ⑩ 205 ⑩

この例では、用例は全部で3例あり、それぞれ底本の71頁の9行目、197頁の10行目、205頁の10行目に所在することを示している。

②　見出し語は歴史的仮名遣いによる表記とした。

　　　例　だうぐ　（道具）　39 ⑫ 45 ③ 115 ④⑪

③　原文が片仮名の語は片仮名で記した。また、同一の人物や事物と思われるものについても表記の多様性を重視し、別の見出し語とした。

　　　例　レンコレン　【人名】　46 ⑩
　　　　　レンコロン　【人名】　34 ⑬ 63 ⑧ 65 ⑩⑭

④　品詞は、名詞・動詞（サ変動詞・複合動詞を含む）・形容詞・形容動詞・副詞・連体詞・接続詞・感動詞・助動詞・助詞・連語とした。

⑤　活用のある語については《終止形》を見出し語とした。
なお、活用形は《未然形》《連用形》《終止形》《連体形》《已然形》《命令形》と表記し、続けてその活用形の語を記した。

　　　例　あつかふ　《未然形》―は　190 ⑤

⑥　音便形の語は《イ音便》《ウ音便》《促音便》《撥音便》と表記し、続けてその音便形の語を記した。

　　　例　やすらぐ　《イ音便》―い　146 ⑨
　　　　　いたる　（至）　《促音便》―つ　108 ⑫

⑦　見出し語に漢字表記がある場合は（　）で記した。なお、漢字表記が2つ以上ある場合は・で区切り、（　）内に併記した。

　　　例　ひとところ　（一処・一所）　51 ① 58 ① 142 ⑦ 145 ⑦

⑧　見出し語に注記が必要な場合は【国名】【地名】【人名】【新聞名】【制度名】【船名】等【　】で示した。

　　　例　フラレムタニ　【地名】　251 ③
　　　　　フラヰギ　【人名】　63 ⑤
　　　　　フランケー　【貨幣単位】　119 ⑪⑪

4　底本には翻字が付いているので、影印との対照表を巻末に付けた。

あ

アーストリア 【国名】 157④

アーチドークアラヘツトー 【人名】 209⑨

アームストロングたいはう （大砲） 41①

アーメステース 【制度名】 208①⑥

アーリン 【地名】 60⑬

アールコック 【人名】 41⑯ 50⑨

あいこ （愛顧）
　《未然形》ーせ 237⑧

あいさつ （挨拶） 35⑩

あいしやく （挨杓） 13⑫

アイリシがつしゆうこく （合衆国） 126⑥

アイリシこくじん （国人） 126⑥

アイレントー 【地名】 116①

アイヲニヤ 253⑥

アイヲム 253⑦

アカガワ 【地名】 82⑩

あかつき （暁） 17② 61① 85⑧ 196⑤

あかはだか （赤裸） 212⑥

あかり （明） 145⑥

あがる （上）
　《未然形》ーら 35⑬ 124⑤ 153⑪
　《連用形》ーり 14⑪ 35⑭ 38⑩ 42⑩ 47
　③ 59⑮ 60③ 61② 62③ 68⑥ 72⑯ 73⑤
　⑥ 93⑨ 153②③ 204⑦

あき （秋） 226⑪

あきなひもの （商物） 99⑥

あきらか （明）
　《連用形》ーに 51⑦ 103⑩

あく （空）
　《連用形》ーき 42① 95⑩

あく （開）
　《未然形》ーけ 48⑬

あぐ （上・揚・挙）
　《連用形》ーげ 13⑪ 23④ 35① 53⑨ 73
　① 118⑦ 145⑥ 239⑥ 245② 251⑥

　《連体形》ーぐる 53⑤

あくびやう （悪病） 112⑬

あくびやうにん （悪病人） 112⑬

あくふう （悪風） 95⑪

あくる （明） 70④ 140⑥ 151⑨ 212①

あこく （亜国） 81⑪⑭⑮ 90⑯

あさ （朝） 25⑩ 33③ 58⑩ 70⑨ 72⑩ 212①

あさし （浅）
　《連体形》ーき 16⑭ 58②

あざむく （欺）
　《連体形》ーく 137⑤

アサリヤ 【国名】 237⑦⑧

アサリヤこく （国） 237⑨

あし （悪）
　《連用形》ーしく 13⑥ 80⑩ 93⑪ 153④
　159⑪ 168⑥ 235②
　《終止形》ーし 30⑮ 153⑦
　《連体形》ーしき 42⑤ 49⑤ 153⑦
　《已然形》ーしけれ 12⑦

あし （足） 75⑥⑥ 225②

アジア （亜細亜） 48⑬ 101④

アシアこく （国） 213④

アシオー 【人名】 214⑦

あしかせ （足枷） 89⑦ 240⑨

アジキヤシヨ 【地名】 68⑨

アシヤ 125⑧

アジヤ 37⑯ 160⑩

アシヤこく （国） 192⑤

あす （明日） 71⑥ 157⑧

アストリヤこく （国） 38⑫ 131⑤

アストレー 【国名】 37⑨ 48⑧

アストレーこく （国） 85⑩

アスマール 【病名】 35⑦

あせい （亜勢） 81⑧⑫

アセリアン 【国名】 214⑨

あそび （遊） 38⑦ 39⑮ 50⑪ 153⑩ 154⑦

あたかも （恰） 39③ 69⑥ 193⑦

あたはず （能） 29⑫

海外新聞総索引　7

あたひ （価・直） 11⑫ 13④ 14⑩⑮⑯ 15①
　　　17⑧ 19⑦ 24⑨ 30⑮ 31④ 35⑫⑬⑭ 41⑩
　　　42⑥⑩ 43④ 47③ 60③ 62③ 64⑫ 95⑧
　　　99⑨ 104④ 123⑧ 137⑩ 153①③ 244⑧
　　　246②③
あたひす （価）
　《終止形》 ーす 96⑥
あたふ （能）
　《未然形》 ーは 12② 33⑤ 115⑦ 139③
　　　159③ 161⑨ 239⑦
あたふ （与）
　《連用形》 ーへ 145⑨ 146⑥ 192⑧
　《終止形》 ーふ 29⑩ 83④⑤
　《連体形》 ーふ 67④ 93⑤
あたま （頭） 66⑧⑫
アタムス 【人名】 91⑥
アタムラ 【地名】 91③
あたらし （新敷）
　《連体形》 ーしき 69⑪ 212②
アタランかい （海） 193①
あたり （辺） 33⑬ 34⑯ 39②⑮ 83⑯ 89①
　　　102⑤⑦ 116⑨ 160⑥ 235②
あたる （当・中）
　《未然形》 ーら 154④
　《連用形》 ーり 46② 69⑧⑩⑪ 161②
　　　252②
　《終止形》 ーる 15⑧ 29④ 36① 40⑥ 41⑧
　　　99④
　《連体形》 ーる 11⑫ 25⑩ 237②
　《已然形》 ーれ 33⑮
　《命令形》 ーれ 9④
あつ （当）
　《連用形》 ーて 62⑬
あつかひ 204⑪
あつかふ
　《未然形》 ーは 190⑤
あづく （預）
　《未然形》 ーけ 72⑥

あづけおく （置）
　《連用形》 ーき 193⑨
あつさ （厚） 25① 193⑤
あつし
　《連用形》 ーく 78② 98② 135⑨ 182⑬
　　　220⑨
　《連体形》 ーき 17⑥ 97⑫ 179④
あつする （圧）
　《連体形》 ーする 122①
あつまる
　《連用形》 ーり 145⑦ 173⑧ 212⑧
あつむ （聚・集）
　《未然形》 ーめ 83②
　《連用形》 ーめ 23④ 30⑩ 101④ 138⑪
　　　157③ 220⑦
　《連体形》 ーむる 236⑨
あつめかた （售方） 30⑭
あつらい 193④
あつらふ （誂）
　《連用形》 ーへ 40③ 147⑨ 163⑨ 175⑨
　　　184⑨ 199⑨ 215⑨ 229⑨
あて （宛） 77③ 112③ 125⑨
アデジー 【地名】 209①
あてる （充）
　《連体形》 ーる 21⑬ 139⑦
あと （跡） 40⑮ 110④ 111④⑫
あとげつ （後月） 13⑬ 23⑤ 42⑦ 203⑤
あとやく （役） 99⑤
アナスクラムスレン 【人名】 24⑪
あに （豈） 103⑩
アニウェテ 23⑯
アニウエテー 24①
アニユーカ 【地名】 223⑨
あはす （合）
　《連用形》 ーせ 40⑯ 42⑧⑫ 51① 162⑤
　　　182⑬ 183① 209④ 212⑤ 249③
アバラデイム 【地名】 245⑧
あはれ （憐）

《連体形》－なる　57⑧
あはれみ　（燐）　172⑨
あはれむ　（憐）
　　《連用形》－み　118⑧
　　《終止形》－む　241②
あひ　（相）　92③
あひあたる　（相当）
　　《已然形》－れ　95①
あひあつまる　（相集）
　　《連用形》－り　109⑫
あひかた　（相方）　205②
あひかたとも　（相方）　208④
あひすむ　（相済）
　　《連用形》－み　26⑧　72①
あひそふ　（相添）
　　《連用形》－へ　89⑥
あひだ　（間）　27⑭　58⑩
あひてがた　（相手方）　112②
あひてどる　（相手）
　　《連用形》－り　36⑮
あひともに　（相共）　27⑯
あひなり　（相成）
　　《未然形》－ら　27①　53⑦　98⑨　170⑧
　　《連用形》－り　93⑥　171⑩　223①
　　《終止形》－り　129⑧
　　《連体形》－る　26⑦　113④
あひなりをり　（相成居）
　　《連用形》－り　233⑨
あひはげむ　（相励）
　　《連用形》－み　88⑤
あひはたらく　（相働）
　　《連用形》－き　164⑥　176⑥　185⑥　200⑥　216⑥　230⑥
あひふくす　（相服）
　　《連用形》－し　78①
あひまもる　（相守）
　　《終止形》－る　97⑥
あひみす　（相見）

　　《連用形》－せ　249⑩
アヒレンド　【地名】　182⑭⑭
あふ　（逢・遇）
　　《未然形》－は　63⑨　70⑧
　　《連用形》－ひ　61⑯　71⑮　76⑮　89⑬　118⑥　225⑩
　　《ウ音便》－ふ　61⑭
あふぐ　（仰）
　　《連用形》－ぎ　78⑪　83⑤
アフストレイこく　（国）　77⑫
あふむけ　（仰跌）　102⑩
あぶら　（油）　24⑨　34⑩
アフリカ　160⑪　161③
あへて　（敢而）　90②　102⑩　156②
あまた　（数・数多・許多）　38①　89⑭　129⑤　145⑨　244③
あまつさへ　（剰）　64①
あまり　（剰・餘）　23⑧　37⑧　52⑨　61②　66①　70⑤　77③　82⑫　100⑨
あまりに　（餘）　69⑫　72⑬　211②
アミアン　【地名】　205②
アムシトダム　【船名】　30⑫
アムスダス　【地名】　61⑭
アムトロンハウス　【地名】　28①
あめ　（雨）　160②　203⑥　246⑩
アメリカ　【国名】　10⑫　17④　22⑮　23①　53⑧　57⑫　62⑧　73①　73⑤　76⑭　77⑬　78⑤⑨　81④⑩　83②　85②④　96②　97②　101④　117②　135⑩　143①　155⑦　156⑨　164④　176④　183④　185④　200④　216④　222②　230④　233④　234①⑥　240⑥⑩　245②　248⑨⑩　249①　251⑦　252⑤
アメリカくわんり　（官吏）　118②
アメリカこく　（国）　12⑩　15⑤　22⑭　25④　33②　38⑦　41⑥　45②　62⑯　65③　68⑫⑬　72⑧　75②　82②　89④　100⑫　135④　141③　147⑥　163⑥　175⑥　184⑥　191⑨　193④　199⑥　206⑪　215⑥　222⑩　223①　223⑨　224③

229⑥　234⑧　238⑨　243③
アメリカこくぢゆう　（国中）　78⑩
アメリカし　（史）　211①
アメリカしう　（洲）　143②
アメリカしやうにん　（商人）　152⑤
アメリカしりやく　（史略）　161①　195①
アメリカせいふ　（政府）　78⑥⑧
アメリカせんさう　（戦争）　13⑥
アメリカだいとうりやう　（大頭領）　78④⑦
　　80⑥
アメリカなんぶ　（南部）　52⑯
アメリカペスバーシヨス　【人名】　251③
アメリカミニストル　173⑤
アメリカれきし　（歴史）　225①　240③　251①
アモジヤ　【国名】　68⑧
あやしむ　（怪・性）
　《連用形》—み　95③
　《終止形》—む　143⑦
あやふし　（危）
　《未然形》—から　81⑥
　《連用形》—かり　144⑤
　《連体形》—き　21⑦⑦
あやまつ　（誤）
　《連用形》—ち　13①　76④
アヤレキュレアツガー　【船名】　28⑪
あらかぜ　（風）　225⑩
あらし　（荒）
　《連用形》—く　61④
アラジヨレーこく　（国）　62④
あらすじ　159⑦
あらそひ　（争）　69⑯　89⑭　140⑩　159⑤
あらた　（新）　94⑥　247⑤
あらたに　（新）　10⑤　11⑥　21⑪　29⑮　31①
　　38①　40⑫　45⑫　94③　139⑥　194⑦　212⑧
　　222⑧
あらたまる　（改）
　《未然形》—ら　10③
あらたむ　（改）

　《連用形》—め　26⑬　61⑪　98⑪　112⑤
　　126②　246⑦
　《連体形》—むる　46⑬
　《命令形》—めよ　27④
あらためをり　（改居）
　《連体形》—る　47①
アラチヤ　【国名】　124⑬
アラチヤこく　（国）　125①
あらはしだす　（出）
　《連用形》—し　145⑨
あらはす　（著）
　《連用形》—し　145⑩
　《已然形》—せ　198②
アラバマ　【地名】　45④
アラバマせん　（船）　91⑩⑯　92④　156③
　　182⑨
あらはる　（顕）
　《未然形》—れ　240⑤
　《連用形》—れ　193⑥　237⑥
あらはれいだす　（顕出）
　《終止形》—す　108⑤
あらまし　（荒増）　145①　174①　237①　253①
　　197①　211①　213①　225①
あらゆる　101③
あらわす
　《連用形》—し　239⑤
あり　（蟻）　179　⑨
あり　（有・在）（非）
　《未然形》—ら　9⑧　17②　21⑦⑯　25②　26⑮
　　27②④　30⑥　36⑬　43②　58⑮　60⑦⑬　64①
　　83③⑭　84⑤　88④　96⑧　102⑫　103⑥　104
　　⑤　111②⑬　112⑤　125⑧　138⑩　139②　144
　　⑪　152④　153①　157②⑪　159①　161④　164
　　②　176②　185②　189⑤　200②　216②　230②
　　236⑦　237⑩　249②
　《連用形》—り　9⑬　10⑩⑭　11⑦　12④　13⑬
　　15⑭　21④　22⑫⑯　24①④⑥⑪⑫　25①②
　　27⑪　29③　30⑨　33⑤⑥⑩⑪⑭　34③⑦　35

④⑦⑩ 40② 41④⑨⑫ 42⑥⑦⑬⑭ 45⑪⑫ 46⑤ 48④⑯ 49② 50③④ 51⑭ 52⑭⑯ 58② 59①⑬⑭⑯ 60②⑪⑮⑮ 62②⑤ 64④ 65④⑩⑮ 67⑤⑨⑩⑫⑭⑯ 69⑯ 70④⑪ 71⑤ 72⑧ 73⑤ 75⑩⑬ 76⑥ 77⑦⑨ 81⑩ 85⑤ 89⑫ 90⑮ 93⑤⑥ 99①⑤ 110⑥⑫ 112②③⑩ 117②⑦ 118⑤ 119①③⑤ 120⑦ 121①④ 122⑥⑨ 123①⑥ 124①⑩⑩ 125④⑧ 130② 131⑤ 132⑥ 135⑤ 139①⑩ 141②⑤ 154⑪ 156③ 157⑤ 160④ 164⑧ 173① 176⑧ 179①⑪ 180①⑧⑩ 183⑮ 185⑧ 191④ 194⑧ 200⑧ 205⑦ 207②⑦⑩ 208⑧ 209⑤ 216⑧ 219⑥ 221④⑦ 230⑧ 233⑥⑦ 244④ 245⑥⑩ 246⑥ 251⑩⑩ 252①

《終止形》ーり 9④⑩ 10⑤ 11⑯ 12①⑨ 21⑤⑪ 24⑫ 25⑤ 33⑩⑬ 34⑬ 40⑥⑯ 41⑦ 49⑥ 51④④⑫ 52③⑭ 57⑨⑫⑮ 58③⑤⑧ 59⑩ 63⑪ 68⑬ 76⑪⑭ 81⑧⑫ 83⑬⑬ 85⑧ 87⑫ 89⑮ 91⑦⑨⑪ 100③ 101⑫ 102④⑦⑩ 110⑤⑨⑩⑫⑬ 111③⑤ 112⑤ 113⑪ 116② 117② 125⑬ 129⑦ 132⑤ 137② 139⑨ 142⑦ 143① 145② 151⑨ 153③⑥⑧ 155⑧ 161③⑤ 169②⑥ 170①② 180⑨⑫ 183③ 190① 193④④⑪ 197② 203⑦ 208⑦ 214⑦ 220⑨ 233⑦ 234③ 235③ 237⑦ 239① 244⑦ 245⑤ 247⑨

《連体形》ーる 11② 17⑩ 26⑯ 28⑫ 29⑨ 31⑥ 33⑦⑮ 35② 39⑨ 41⑩ 42⑫ 43①⑥ 46②⑤⑩ 47⑮ 57⑩⑭ 58① 60①⑪ 61⑯ 62⑨ 65⑪⑫⑮ 68⑩ 78① 80⑩ 82① 88⑩ 89⑮ 91① 96⑤ 101② 103③⑧ 104② 111③ 116⑧⑫ 117⑪ 122①⑤ 125③ 132③ 144⑩ 146④ 160③ 182⑩ 236⑨ 251⑧

《已然形》ーれ 10⑪ 13⑯ 22⑬ 36⑩ 38⑨ 53⑩ 91⑫ 95⑩ 96④ 153⑦ 181⑤ 222① 253⑦

《命令形》ーれ 145⑥

《促音便》一つ 167①

アリカ 252④ （アメリカの誤記）

ありがたがる （難有）
　《連用形》ーり 50⑫

ありがたし （難有）
　《連用形》ーく 136② 152⑨
　《終止形》ーし 190⑥

ありきたり （有来） 57⑦

ありさま （有様） 15⑧ 39②⑥ 102⑩ 143⑦ 154③ 225⑪

ある （或） 13① 21⑤ 22⑤ 24⑯ 28③⑨ 30⑧ 33⑧ 36① 39⑫ 41② 42⑨ 43① 46⑦ 48⑮ 50⑩ 51⑬ 57⑩ 58⑪⑬⑯ 59②⑩ 60⑤ 61⑤⑫ 62⑤ 63⑭ 66③④ 67⑨ ⑩⑩⑪⑬ 69⑨⑫ 72⑦ 81⑥⑧ 88⑧ 90② 94②⑩ 102① 115④ 136⑥ 140③ 154① 155⑧ 158⑪ 167⑥ 179⑧⑩⑭ 198② 203⑧⑪ 212⑩ 214⑩ 219⑥ 236⑨ 237⑥ 239⑨ 240①

あるいは （或） 16⑥⑭ 23⑧⑧ 30① 33⑥⑦⑦⑫ 37⑫⑫ 39④ 45⑭ 48⑧⑧ 58③ 63⑯ 69②② 79① 87⑩⑩ 93④ 95⑧⑨ 98⑤ 102②⑨⑨⑩ 109⑦ 160⑦ 164② 168④ 170⑦⑩ 176⑦ 179⑧ 185② 198⑥⑦ 200② 216② 219⑦ 230②

あるく （歩行）
　《未然形》ーか 115⑦

あるじ （主） 88⑥

アルジユレー 【地名】 87⑩⑬⑭

アルバマ 【船名】 25②

アルフトロス 【地名】 89⑦

アレガトー 【人名】 67③

アレガラフ 57⑫ （テレガラフの意）

あれち （荒地） 39④

あれはつ （荒果）
　《連用形》ーて 143⑤ 237③

アレフレーテータ 【人名】 61⑨

アレン 【人名】 147⑤ 163⑤ 175⑤ 184⑤

199⑤ 215⑤ 229⑤
あゐだま　（藍玉）　77⑩
あを　（青）　46⑯
あをし　（青）
　《連体形》ーき　211⑦
あをちや　（青茶）　85④
あをば　（青葉）　93⑦ 99⑧
あんこく　（暗黒）　145⑤
アンコナ　【地名】　206②
あんしん　（安心）　50⑧ 113⑤ 190⑩
あんず　（安）
　《連用形》ーじ　81⑦ 88⑫
あんずるに　（按）　24① 26⑩ 28③ 29②③
　33⑧ 34③⑯ 36③⑧ 40⑥ 42①②⑮ 52④
　53⑨ 63⑮ 64⑤ 65⑫ 67⑧ 69④ 90⑯ 117
　⑨ 122⑫ 124⑨ 126⑦ 137② 197⑥ 246
　⑦ 251②
あんそくび　（安息日）　146⑩
あんど　（安堵・按堵）　78⑬
　ーし　47⑯
あんのん　（安穏）　75⑬
アンローシヨンシン　【人名】　46⑤

い

い　（意）　37⑦ 78⑬ 84⑧ 88⑧ 126⑧ 130
　⑥ 236⑥ 237⑩ 239⑥
イーヂツプ　【国名】　197③ 198①
イーヂツプこく　（国）　213②
イーチツフト　【国名】　213③⑤⑨⑪ 214③
イーヂツプト　【国名】　198② 213⑤
いう　（有）　33⑬ 136⑪
いうだい　（猶大）
　《連体形》ーなる　161⑤
いうとく　（有徳）　109⑦
いうびん　（郵便）　19⑦ 64⑫
いうめん　（宥免）　122⑨
いうよう　（有用）　33⑧

いうり　（遊里）　95⑨
いうれきす　（遊歴）
　《未然形》ーせ　233⑪
イエレー　【人名】　45⑬⑮
いか　（以下）　224③
いかが　（如何）　61④ 66⑯ 72⑩ 116⑫
いかで　245③
いかなる　（如何成）　10⑥ 12⑯ 21⑩ 27②
　39⑤ 50⑫ 53⑧ 58⑫ 63⑮ 65⑨ 155④ 156
　⑩ 171⑩
イカノメイス　【新聞名】　179⑤
いかやう　（如何様）　11③ 26⑫ 111⑥
　《連体形》ーな　9⑥
　《連体形》ーなる　34⑭
いかり　（錠・錨）　10⑬ 53⑤⑨⑨ 58③ 113
　① 211⑦
いかり　（怒）　51⑨
いかる　（怒）
　《未然形》ーら　158④
　《連用形》ーり　39⑫ 65⑬
いかん　（如何）　12② 72⑫ 110⑤ 112⑫ 170
　②
いぎ　（異議・異義）　14② 88⑭
いきき　（往来）　144⑫
いきどほり　（憤）　82⑧ 88⑩
いきほい　71⑨ 197⑩ 205⑩
いきほひ　（勢）　21⑮ 45⑩ 61④ 63③ 124
　⑧ 136⑧ 182① 197⑤ 207⑧
いきもの　（生物）　146②
イギリス　（英吉利）【国名】　10⑭ 41⑪⑫ 85
　② 107⑥ 123⑤ 126⑦ 132⑦ 162⑤ 167⑩
　168④ 180② 192① 222⑨ 224② 233⑪ 234
　⑤⑧ 252③④⑥
イギリスくわんかつ　（管轄）　16⑦
イギリスこく　（国）　14⑬ 21③ 27⑦ 30②
　33① 35⑭ 39⑭ 45① 46⑧ 47⑫ 50② 57
　①② 59⑦ 62⑤ 65① 70⑩ 71④ 78③ 84
　⑯ 91⑤ 93② 99② 100⑦ 120⑥ 135①③

151①③ 158③ 167④ 179② 189① 192⑨ 193⑧ 203①③⑨ 207⑨ 244⑨

イギリスこくぢゆう （国中） 14⑭

イギリスこくわう （国王） 252②

イギリスせいふ （政府） 236②

イギリスぞつこく （属国） 126⑩

イギリスひきやくせん （飛脚船） 9② 75①

イギリスびんせん （便船） 219① 233③ 243②

イギリスミニストル 173⑤

いくさようい （軍用意） 50⑧

いくほど （幾程） 51⑭

いくりやう （幾両） 24①

いけどり （生捕） 45⑭

いけどりおく （生捕置）
　《連用形》―き 28⑭ 113⑥

いけどる （生捕）
　《未然形》―ら 15⑪ 64① 65⑤ 75⑤ 84②

いご （以後） 26⑭ 27① 83⑪ 97④ 97⑪

いさい （委細） 157⑨

いさぎよし
　《連用形》―く 170⑧
　《終止形》―し 144⑦

いささか （聊） 141⑥

いささかも （聊） 173⑥

いし （石） 34⑪

いし （医師） 111⑤⑧⑩

いしや （医者） 46⑬ 66④⑩ 70⑩ 136④

いじやう （已上・以上） 18⑫ 164⑨ 176⑨ 185⑨ 200⑨ 216⑨ 230⑨

いじゆつ （医術） 111⑤

いじん （異人） 18⑪ 31⑩ 43⑩

イスパニアこく （国） 14③ 87⑫ 112⑫ 129④⑨ 131⑩ 132④ 158⑧ 173③ 182② 191⑤ 196④ 241① 249⑧

イスパニアじん （人） 173⑨

イスパニウ 【国名】 77⑥

イスパニウこく （国） 77④

イスハニヤ 【国名】 13⑮ 14④④⑤ 94① 126⑨ 129⑪ 130⑩ 142② 173⑥ 195②④

イスパニヲ 【国名】 39⑦ 49⑧ 162① 162②

イスパニヲこく （国） 49⑯ 59⑥ 206⑦ 226⑧

いぜん （以前） 10⑪ 22⑬ 25⑮ 28⑥ 34② 41② 47③ 49④ 52⑨ 61② 67⑦ 69⑯ 70③ 107⑩

いぜん （已前） 13⑤ 26⑨ 51⑫ 52⑪ 68⑬ 110① 112⑥

いた （板） 193⑦

いだきをり （抱居）
　《連用形》―り 97⑧

いだく （抱）
　《連用形》―き 49③ 63⑯ 102⑩

いたさ （痛） 66⑫

いたし （痛）
　《連用形》―く 154⑥

いだしおく （出置）
　《終止形》―く 116⑦

いたしかた （致） 243⑩

いたしをり （致居）
　《連用形》―り 164⑥ 176⑥ 185⑥ 200⑥ 216⑥ 230⑥
　《連体形》―る 172② 238⑤

いだしをり （出居）
　《連用形》―り 164④ 176④ 185④ 200④ 216④ 230④

いたす （致）
　《未然形》―さ 77② 82⑤ 90②⑦ 113⑤ 117④ 122⑪ 126②②③ 139⑪ 168②
　《連用形》―し 66⑤ 78⑧ 81⑥⑪ 82⑭ 88⑤⑦ 89③⑪ 90②⑧⑩ 92⑤ 102⑪ 103④ 111⑥ 129⑪ 169⑩ 173⑦ 180⑦ 182⑦⑧⑪ 236⑨ 237⑥ 244⑥ 246⑧ 248⑤
　《終止形》―す 81⑤⑦ 97⑫ 113⑤ 131

海外新聞総索引　13

⑫ 169③ 171③
《連体形》―す 49⑭ 82⑬ 83③⑭ 84⑤ 130⑨ 169⑤ 171④ 179⑦
《已然形》―せ 111⑦ 112② 113③ 126⑧⑬ 132⑧ 172⑪ 173⑩
いだす （出）
《未然形》―さ 35③ 132② 139⑧⑩ 140⑧ 141①
《連用形》―し 11⑬ 12④ 23⑥ 37① 46⑭ 47⑥ 118⑨ 122③ 167⑩⑪ 181⑫ 183⑥ 214④ 221⑧ 248⑥
《終止形》―す 11⑫ 19③④ 34⑭ 64⑧⑨ 79⑯ 109⑨ 116⑩ 207②
《連体形》―す 18⑪ 30⑩ 31⑪ 43⑪ 64③④⑤ 71⑪ 72⑦ 116⑬ 151⑦ 204⑨ 221① 224④
《已然形》―せ 30⑮ 65⑫ 93⑪ 139⑤
いだす （出）
《未然形》―せ 35⑫
いたつて （至・到） 159⑪ 168⑦ 253⑤
いたづら 152①
《連用形》―に 94③
イタナーさん （山） 13⑭ 39①
いたむ （傷）
《連用形》―め 13②
イタリア 【国名】 208② 209③④
イタリアこく （国） 205⑪
イタリヤ 【国名】 10⑫ 57⑭ 181④⑮ 183⑨⑫⑬ 208③⑥ 239②
イタリヤこく （国） 13⑧ 38⑮ 47⑧ 131⑫ 137② 143⑧ 171⑦ 181⑬ 191① 205① 221⑧ 250①
イタリヤこくわう （国王） 59④ 136⑨
いたる （至）
《未然形》―ら 15⑨ 95④ 103⑦ 104③
《連用形》―り 40⑩ 63③ 91⑬ 95⑥ 107⑧⑨ 141⑤⑨ 182③
《終止形》―る 17⑥ 96⑧

《連体形》―る 40⑩ 94⑪ 98④ 107⑩ 109⑩ 118⑦
《促音便》―つ 108⑫
いちがいに （一概） 58⑨
いちかうり （一行李） 75⑪
いちギヤラン （一） 34⑩
いちぐわつ （一月） 42⑦
いちごん （一言） 224③⑤⑥
いちざ （一坐） 82⑥
いちじ （一時） 40⑥ 203⑥
いちじやう （一城） 88⑥
いちじるし （著）
《連用形》―しく 82①
いちぞく （一族） 89⑧
いちだいじ （一大事） 249②
いちだいじけん （一大事件） 21⑩
いちだいぶんめいこく （一大文明国） 143⑥
いちだん （一段） 223④
いちぢやう （一丈・一杖） 16⑩ 60⑭ 117⑬
いちづ （一途） 252②
いちでう （一条） 50⑤
いちテーラ （一） 62⑫
いちど （一度） 28⑫ 39⑤ 51⑩⑩ 52⑥ 112② 116⑤ 126② 225⑩ 235④
いちどう （一同） 220④ 236⑤ 237③
いちにち （一日） 49⑥ 67⑧ 69 ⑤ 70⑫ 115⑥
いちにぶ （一二部） 174①
いちねん （一年・壱年） 19⑨ 24① 64⑬
いちねんぢゆう （一年中） 59⑧
いちねんぶん （一年分） 34⑥
いちハウン （一） 23⑨ 108⑥
いちパウン （一） 59③ 79①
いちばん （一番・壱番） 41⑧ 117⑫⑫ 198③
いちぶ （一分） 49⑩

14

いちぶかひ （一部買） 19⑧ 64⑬
いちぶぎん （一分銀） 23⑨
いちまい （一枚・壱枚） 77② 119⑪ 123
　⑦⑨
いちまいはん （一枚半） 194⑪
いちまん （一万） 115　⑩⑬
いちまんきうせんななひやくはちじふごこ
　（一万九千七百八十五箇） 42⑫
いちまんさんびやくきうじふろくにん
　（一万三百九十六人） 130②
いちまんドルラル （一万ドルラル） 67④
いちまんにせんこ （一万二千箇） 35②
いちまんにせんななじふななパウン （一万
　二千七十七パウン） 71⑯
いちまんにん （一万人） 49⑬
いちまんはつせんさんびやくろくじふこ （一
　万八千三百六十箇） 60①
いちまんよんじふいちピコル （一万四十一）
　47②
いちまんよんせんななひやくさんじふはちに
　ん （一万四千七百三十八人） 71⑮
いちまんよんせんごひやくしやく （一万四
　千五百尺） 41⑧
いちめい （一命） 102⑪
いちメリン （一） 209⑪
いちメレン （一） 77②
いちメヰン （一） 49⑭
いちもんめくらい （一匁位） 24⑧
いちらうぢゆう （一老中） 9⑨
いちり （一里・壱里） 39③ 40② 57⑮⑯
　58⑧ 115⑥
いちリヤール （一） 49⑩
いちりやう （一両） 23⑨
いちりやうにひやくもんめ （一両二百匁）
　19⑨
いちりやうにぶ （一両二分） 64⑬
いちりん （一厘） 52⑨⑫
いちわり （一割） 180⑪

いつ （何） 183⑦ 211②
いづ （出）
　《未然形》ーで 23⑯ 102② 112⑤ 113⑨
　　153⑩ 181③
　《連用形》ーで 22⑥ ⑨ 23⑮ 26⑦ 36⑦
　　38⑧ 39⑮ 49⑤ 61⑤⑮ 69⑧ 71① 72⑩
　　125③ ⑥ 168① 194⑨
　《終止形》ーづ・ず 116⑨ 197⑩
　《連体形》ーづる 49① 58⑭ 70⑧ 71⑩
　　172③ 193①
　《已然形》ーづれ 160③
いつか （五日） 46⑯ 66③ 245⑧
いづこ （何処） 83⑪
いだす （出）
　《連用形》ーし 47⑬ 135⑧
いつかげつ （一ヶ月） 120⑦
いつかこく （一ヶ国） 209⑤
いつかねん （一ヶ年・壱ヶ年） 11⑦ 47⑪
　59③ 71⑪ 77② 109⑬ 115⑬ 252⑤
いつかうに （一向） 22⑥
いつきん （一斤・壱斤） 15①① 24⑧ 42
　⑥⑪⑪ 52⑫ 59⑮ 60① 80⑧⑧ 93⑨ 99
　⑦ 123⑦ ⑨ 137⑪ 153② 194⑪ 204⑦
いつけつする （一決）
　《連用形》ーし 12④
いつけん （一軒・壱軒） 59⑩ 115⑨
いつこく （一国） 156④
いつさい （一切） 122⑪ 170⑧ 236③
いつさう （一艘・壱艘） 16⑯ 17② 33⑧
　38⑭ 61⑨⑭ 117⑤ 141⑩ 193⑤⑤ 238⑩
いつしう （一周） 42⑨⑨ 142⑦
　《連体形》ーする 60⑥
いつしやう （一生） 198④
いつしやうがい （一生涯） 24①
いつしやく （一尺） 118①
いつしよ （一所） 111⑦
いつしん （一心） 102⑪
いつすん （一寸） 17⑥

いつせつ　（一説）　82⑨　237⑨
いつせん　（一戦）　34⑤　82⑤　125④
いつせんにん　（一千人）　125⑨
いつせんまんトル　（一千万）　96⑦
いつせんまんフランケー　（一千万）　119⑫
いつたい　（一隊）　16⑤　83⑧
いつたん　（一旦）　132④
いつち　（一致）　220⑧
いつちやう　（一挺）　25②
いつつ　（五）　224⑤⑥
いつつう　（一通）　66⑮
いつてうさんぜんはつぴやくまんトルラル　（一兆三千八百万）　34⑦
いつとう　（一等）　41⑯
いつとうかげふ　（一統家業）　94②
いつとき　（一時）　235④
いつトン　（一）　40④　57⑯
いつぱい　（一杯）　152⑦
いつぱう　（一方）　47⑥　65⑫⑬　117⑨
いつぱく　（一泊）　82①
いつぱつ　（一発）　65⑯
いつはり　（偽）　65⑮　66④
いつぱん　（一般）　24⑦⑧　65⑫⑬　90⑩　193②
いつぴやくじふり　（一百十里）　57⑮
いつぴやくまん　（一百万）　77②
いつぷんじ　（一分時）　223⑧
いつぺん　（一変）　88⑤
いつも　153⑩
いづれ　（何）　25②　28⑧　45⑧　61⑫　63⑦　64①　68①　70⑤　75⑮　82①⑦　96⑤　99⑩　101①　117⑩　125④　130⑤　137④　138③　141⑥　158①　190④　212⑤　224②
いつわり　249③
いであふ　（出合）
　《連用形》ーひ　27⑨
いできかぬ　（出来）
　《已然形》ーぬれ　209⑦
いできたる　（出来）
　《連用形》ーり　22④
いでく　（出来）
　《連用形》ーき　24⑮　30⑤　214⑤
　《連体形》ーくる　60⑬
イテフホール　【地名】　116⑥
いでむかふ　（出迎）
　《連用形》ーひ　50⑯
いでゆく　（行）
　《未然形》ーか　144⑧
いと　（糸）　14⑯　24⑥　42⑤⑤⑦　73①④　85⑤　115⑤⑤⑥⑦⑧⑬　136②　137⑩　193①　204⑤
いとこ　（従弟）　88⑧
いとひ　（厭）　109④
いとま　189④
いどみかかる
　《連体形》ーる　220①
いな　（否）　30⑨　117⑦　125③　154⑤
いにしへ　（古）　112⑦
いのち　（命）　66⑫　154⑧
いのる　（祈）
　《連体形》ーる　40⑨
イバキュウ　【地名】　209②
いはく　（日・言・云）　21⑤⑩⑭⑮　57⑧　58⑬⑯　67⑨⑩⑩　115①　121③　129⑥　130⑩　138⑨　152⑨　179⑥⑧⑩　181②
いはひ　（祝）　46⑪　122⑥
いはふ　（祝）
　《連用形》ーひ　33⑯
　《連体形》ーふ　126①
いひあふ　（云合）
　《已然形》ーへ　63⑩　67⑫　73③
いひいだす　（云出）
　《已然形》ーせ　34⑨
いひいづ　（云出）
　《連用形》ーで　194②　222①
いひおくる　（言贈・云贈）

《未然形》―ら　157②
《連用形》―り　13⑯ 46⑨ 70④ 136① 138⑥ 152⑥ 157⑨
《終止形》―る　158⑦
《已然形》―れ　137②
《命令形》―れ　14②

いひしらす（言知）
　《連用形》―せ　27⑤

いひだす（言出）
　《連用形》―し　12⑧

いひたゆ（云絶）
　《連用形》―へ　102⑨

いひつたふ（云伝）
　《連用形》―へ　84⑨ 87⑤
　《終止形》―ふ　102①
　《連体形》―ふる　41⑦

いひつたへ（言伝）　60⑫

いひならふ（云習）
　《連体形》―ふ　39⑦

いひひらき（言開）　22⑦

いひやる（云遣）
　《連用形》―り　52⑥

いひをり（云居）
　《連用形》―り　41⑫
　《已然形》―れ　208⑤

いふ（云・言）
　《未然形》―は　25⑭⑮
　《未然形》―わ　37⑩
　《連用形》―ひ　13⑯ 26⑧ ⑪ 27③ 41⑦ ⑨ 48⑮ 50⑥ 52⑤ 58⑪ 60⑦ 65⑥ 66⑪ 67⑫ ⑬ 68⑯ 78④⑦⑨ 82⑧ 125⑨ 138⑨ 139② 145⑥⑧ 191⑩ 205① 236①
　《終止形》―ふ　21⑧ 26⑦ 28⑩ 30①② 37②⑫ 42④ ⑩ 58⑧ 81⑨ 85⑨ 89⑧ 94⑫ 97④ 100④⑨ 101③ 102⑨ ⑪ 104⑤ 111⑤ 112⑬ 118⑫ 125⑩ 129⑬ 145③⑧ 146⑩ 170② 179⑩⑬⑮ 181⑫ 182⑭ 195⑧ 197⑤ 209⑪ 211⑩ 236④④ 237⑨⑩⑪ 239①⑨ 240② 241② 243⑧ 245⑦ 246⑦ 247③ 252⑤ 253⑦⑦
　《連体形》―ふ　9⑤⑥⑨⑩ 10⑧⑪⑬ 11②④⑤⑦⑩⑫⑯ 12⑧⑨ 13①⑩ 14⑥ 15⑦ 16① 21⑫ 22⑥⑩ 23②⑨ 24①⑤⑥⑩⑪⑭⑭ 25⑦ 26⑤⑥⑩⑩⑫⑭ 27①⑤⑤⑦⑧⑨⑪⑪ 28①②⑦⑧⑩⑫⑮ 29⑨⑩⑪⑮ 30②⑤⑪⑫⑬ 33③⑩⑭⑯ 34②④⑦⑦⑨ 35⑪ 36③⑧⑩⑬⑭ 37② 38⑦⑯⑯ 39⑨⑩⑪ 40⑤⑤⑥⑬ 41⑪⑬⑬ 43① 45⑫⑯ 46①③④⑤⑧⑨⑬ 47⑫ 48⑦⑮ 49⑬⑭⑮ 50⑥⑦⑧⑧ 51④⑤⑫ 53①⑨ 57⑪⑫ 58⑩ 59①④⑧ 60⑨⑭⑯ 61④⑨ 62⑤⑧⑫ 63①⑥⑥ 65⑬⑮ 66④⑦⑬ 67①⑤ 68④⑧⑧⑨⑫⑫⑬ 69①④④⑬ 70③⑪ 71②⑦⑧ 72⑧⑨⑩ 75⑩ 76② 77⑤⑥ 81⑬ 83⑬ 84① 87③ 89⑥⑧⑫⑬ 96④ 102③ 104① 109② 110⑤⑩⑪⑬ 111④⑪⑪ 113⑧ 115④ 116⑫ 119① 121③⑪⑬ 122⑤⑨⑨⑪⑬ 123①② 124⑤⑤⑥⑨⑩⑬ 125①②⑤⑩ 126⑥⑩⑪⑬ 129⑤⑨ 130⑨ 131③ 132③⑤⑦ 135④ 136⑦ 137④ 139① 140⑧⑨ 141① 143③④⑦⑪ 151④⑤ 152④ 153① 154⑨ 155③④⑤ 156⑦⑨ 157⑥⑧⑪ 158⑦ 159⑤⑧⑩⑪ 160⑥⑥ 161④⑪⑪ 167⑧ 168④⑤ 169② 170② 171①⑧ 172④⑩⑪ 173③ 179⑨⑫ 180⑥⑨ 182③④⑨ 183⑧⑩⑪⑬ 189⑥⑦⑧⑩⑪ 191③ ④⑪ 192①①⑪ 193②⑨ 195④ 196④ 197②⑨ 198①② 204①⑨⑩⑪ 205⑥ 206③⑤ 207② 208①②⑦⑨⑪⑪ 209②③⑥⑧⑨ 211②⑧⑩ 213⑧⑩ 214⑤⑤⑦⑦⑧⑨⑩⑪ 219④⑥ 221⑪ 222⑥⑦ 223⑩ 224② 225③⑪ 233⑤ 234⑩ 236③⑩ 237②③⑥⑨ 238⑧⑨ 239④ 243④ 244⑤ 245⑤⑧ 247⑨ 251③③ 252⑥⑦⑧ 253③⑥⑦

《已然形》ーへ 14⑤ 15⑫ 21⑮ 28⑩ 29⑪ 38③ 40⑯ 48⑮ 76⑤⑮ 78① 80⑨

《命令形》ーへ 15⑮

《ウ音便》ーふ 155⑪

イフレトー 【川名】 160⑥

いへ （家） 30① 110⑩ 115⑨ 143⑨

いへかず （家数） 85①

いへども （雖） 12⑪ 24④ 51⑥ 71⑨ 76⑪ 78⑪ 88②③ 93⑤ 98⑨ 103⑥ 108⑫ 113④ 239④ 240⑦ 252①

いへる

《連体形》ーへる 179⑥

いま （今） 11⑨ 12⑦⑨⑮ 13⑯ 21⑥⑭ 22①⑬ 23② 24⑤⑯ 26⑮ 28⑪ 29⑭ 31⑩ 34⑨ 36⑪ 39④ 41⑧ 43⑩ 46①⑬ 49③ 60⑧ 62⑦⑭ 65⑪⑬ 67⑩⑬ 68④ 78⑫ 81⑥ 93④ 94⑪ 98④⑪ 101② 102① 107⑩ 108⑤ 109② 113③ 116⑧ 118⑤ 119⑪ 123⑥ 124⑨ 129⑦ 131① 132⑫ 138⑩ 141⑤ 142② 143⑤ 159③④⑩ 179③ 183① 190⑨ 205⑧ 211⑧ 222⑤ 225⑦⑩

いま （居間） 50⑫

いまいちど （今一度） 60⑦

いましめ （戒） 51⑪

いまだ （未） 12⑫ 15⑨ 39① 40⑥ 41⑦ 46⑯ 48⑬ 49⑤ 50⑩ 61⑤ 65⑩ 69⑥ 83⑨ 84⑬ 87⑦⑪ 88③ 90⑧ 92④ 96⑨ 97⑩ 100④ 131⑧ 136⑦ 144⑧⑨ 145④ 152① 153⑤ 154⑩ 158⑨ 183⑯ 189④ 206③

いまに （今） 60⑨

いままで （今迄） 22⑪ 41⑤ 67① 141⑤

イマレドー 【石名】 34⑪

いみ （意味） 211⑩

いみきらふ （忌嫌）

《連体形》ーふ 21⑧

いもの （鋳物） 69⑦

イユウヱル 【人名】 65④

いよいよ （弥々・愈） 48① 61①④ 70⑨①

97③ 99⑨ 109⑦ 180⑫ 183⑨

イヨウロツパ 140⑨

いらい （以来・已来） 16⑦ 38⑩ 60⑪ 96③ 142⑥ 147⑦ 163⑦ 164④ 175⑦ 176④ 184⑦ 185④ 199⑦ 200④ 215⑦ 216④ 229⑦ 230④

いりきたる （入来）

《連体形》ーる 50⑯

いりぐち （入口） 37③

いりこむ （入込）

《連用形》ーみ 84⑤

いりだか （入高） 108⑥⑧⑩ 109①

いる （入）

《未然形》ーら 112②⑬ 113① 115⑩⑪

《連用形》ーり 9② 21① 24⑯ 33① 45① 57① 58⑦ 58⑩ 65① 67⑮ 76⑧ 81⑭ 135① 192② 194④ 226④

《終止形》ーる 117⑬

《連体形》ーる 220① 224④

いる （容）

《未然形》ーれ 89⑥

《連体形》ーるる 117⑫

いるい （衣類） 66⑭ 110⑫

いれおく （入置）

《未然形》ーか 41⑥

いれかふ （入替）

《連用形》ーへ 36⑤

イレキトリヤヘスヤこく （国） 237⑥

いれずみ （入墨） 61⑪

いれば （入歯） 164① 176① 185① 200① 216① 230①

いれふだ （入札） 140⑥

いれる （入）

《連体形》ーる 222④

いろ （色） 38⑯ 212⑥

いろいろ （色々） 68⑮ 136⑤ 197④ 211⑤

イロン 【人名】 90⑮

いろん （異論） 221⑩ 223⑦

いわう （硫黄・疏黄） 13⑭ 39①③ 53⑪
いわゆる 79⑯
いん （印） 151⑩ 156①①
いんしやう （印章） 222⑤
いんすう （員数） 52⑩ 59③ 60① 67⑧ 70⑬ 89⑮ 101②
いんそつす （引卒）
　《連用形》―し 45④ 61⑪
インデヤ 【国名】 144⑪
インド （印度）【国名】 23⑧ 29③ 36② 40③ 47③ 58⑫⑯ 77⑪ 84⑭ 161②⑦ 183⑤ 225⑥
インドこく （印度国） 58⑮
インピイリヤ 【会社名】 168⑤
インフレキスボロー 【船名】 9⑰

う

う （得）
　《未然形》え 28⑥ 29⑭ 39⑬ 41⑦ 49① 60⑥ 61③ 66② 81⑦ 88③ ⑫ 95⑧ 245④ 252①
　《連用形》え 9② 15⑮ 21⑤ 27⑩⑯⑯ 33①④⑬ 38⑦ 45①⑤⑮ 57① 61⑫ 63④ 65① 66⑮ 75① 81①⑤ 83⑧ 87① 91④ 93① 94⑪ 110⑧ 135② 144③③ 147② 151② 156⑩ 163④ 167② 175② 179① 183⑪ 184④ 199④ 203② 215④ 220⑦ 229④ 237⑩
　《終止形》う 161③
　《連体形》うる 9⑬ 135⑪ 189①
ウェリシュン 【地名】 83⑦
うかがふ （窺）
　《連用形》―ひ 34⑤ 137③
　《已然形》―へ 102⑦
うかべる （浮）
　《連用形》―べ 58⑦
うかみをり （浮居）
　《連体形》―る 193⑦
　《已然形》―れ 72⑮
うかむ （浮）
　《連用形》―み 146②
うく （受）
　《未然形》―け 26⑮ 147② 163② 175② 184② 199② 215② 229②
　《連用形》―け 10⑦ 26⑨ 30① 41⑯ 49④ 52① 75⑨⑨ 144② 145② 152⑨ 172⑨
　《連体形》―くる 26⑮
うけおひにん （請負人） 168③
うけたまはる （承）
　《連用形》―り 78⑤ 92①
　《連体形》―る 152⑦
うけとりにん （受取人） 224④
うけとる （請取・受取）
　《連用形》―り 36⑦ 129⑨
うごかす （動）
　《連体形》―す 40⑥
うしどし （丑年） 9① 115①
うしなふ （失）
　《連用形》―ひ 52⑦ 71⑯ 183⑫
　《連体形》―ふ 103⑦
ウシニユー 【地名】 83⑬
うしろ （後） 65⑯ 154②
うすうすと （薄々） 211⑥
うすし （薄）
　《連体形》―き 17⑤
うせん （右船） 91⑪⑪⑫⑭
うたがふ （疑）
　《連用形》―ひ 137⑥
　《連体形》―ふ 245④
うち （内） 16⑯ 21⑫ 33⑤ 35② 36② 39⑧ 40⑩ 45⑧ 49④ 61⑩ 62⑬ 63⑧ 72③⑪ 75④ 82⑭ 87⑭ 91② 112① 116① 118⑧ ⑪ 125⑩ 129⑤⑥ 145④ 167⑩⑪ 182⑩ 189⑪ 191⑦ 192①⑤ 193⑤ 194⑥ 195⑧ ⑨⑫ 198③ 205⑤ 211⑥⑨ 212④ 237①

うちかかる　（打掛・打懸）
　《未然形》―ら　39⑬
　《連用形》―り　182④
うちかく　（打掛）
　《未然形》―け　30⑬
　《連用形》―け　53④⑩　75④
うちくだく　（打挫・打砕）
　《未然形》―か　96①
　《連用形》―き　101⑫
うちぐるま　（内車）　40②
うちこはす　（破摧）
　《連用形》―し　15⑬
うちこむ　（打込）
　《連用形》―み　33⑤
うちころす　（打）
　《連用形》―し　206⑩
うちじに　（打死）　28④　63⑤
うちしぬ　（打死）
　《未然形》―な　206⑨
うちすつ　（捨）
　《連用形》―て　94②
うちたほす　（打倒）
　《連用形》―し　65⑯　66⑥⑨
うちとめる　（撃留）
　《連用形》―め　82⑨
うちとる　（打取・撃取）
　《未然形》―ら　23②
　《連用形》―り　45⑭　83⑧　98⑦
うちやぶる　（打破）
　《連用形》―り　27⑪　39⑫　205⑥
　《連体形》―る　27⑬
うつ　（打）
　《未然形》―た　75⑤
　《連用形》―ち　66⑧　83⑧　88⑧
うつくし　（美）
　《連用形》―しく　50⑮
　《連体形》―しき　51③　211⑦
うつす　（遷）

　《未然形》―さ　118⑥
　《連体形》―す　13⑮　14①
うつたへ　（訴）　116⑪
うつたへいづ　（訴出）
　《連用形》―で　131⑨　132⑧
うつぶけ　（背跌）　102⑨
うつりかはる
　《連体形》―る　143⑥
うつりゆく　（移行）
　《連体形》―く　49⑦
うつる　（移）
　《連用形》―り　179⑦
うながす　（促）
　《連用形》―し　22③
うはさ　（噂）　63⑨　67⑨　81⑧　83⑬
うばひとる　（奪取）
　《未然形》―ら　65⑤
　《連用形》―り　33④⑩　63②　89⑯
　《終止形》―る　16⑮　82④
　《已然形》―れ　15⑦
うばふ　（奪）
　《連用形》―ひ　15⑮　95⑨
うばゐとる　（取）
　《已然形》―れ　15⑨
ウフレメント　【地名】　15⑦
うへ　（上）　11③　12⑤　21④　31①　38⑦　40⑯　50⑪⑮　60⑮　65⑯　66⑤　68⑪　91⑫　93④　113④　154④　155⑩　164①　176①　180①　185①　200①　216①　223⑥　224⑤　230①
うま　（馬）　39⑮　40①　41⑨　45⑮　66⑭　76⑧　219⑦
うまる　（生）
　《連用形》―れ　214②
　《終止形》―る　143⑨
うみ　（海）　35①　41⑥⑦　57⑬　58⑥⑨　145⑧　208②　234⑨
うみべ　（海辺）　253④
うむ　（有無）　14⑥

うめこむ　（埋込）
　《未然形》ーま　61②
うもる　（埋）
　《連用形》ーれ　102①⑤
うやうやし　（恭）
　《連用形》ーしく　98②
　《連体形》ーしき　125⑬
うやまふ
　《未然形》ーは　197⑥
うら　226④
うらぐち　（裏口）　66①
うらみ　（恨）　21⑥　137②
うりきる　（売切）
　《連用形》ーれ　123⑥
うりさばく　（売）
　《連体形》ーく　42③
うりわたす　（売渡）
　《連用形》ーせ　91⑭
うる　（売・售）
　《連用形》ーり　23⑧⑧　49⑫　95⑨　194⑩
　《終止形》ーる　132⑫　147⑧　163⑧　175⑧　184⑧　194⑪　199⑧　215⑧　229⑧　238⑩
　《已然形》ーれ　80⑦⑨
うるふ　（閏）　75①　81①
うれ　153⑦
うれかた　153①
うれどほし　（売遠）
　《終止形》ーし　93⑩
うれひ　（憂）　40⑮　69⑫　109③　141⑥
うれる　（売）
　《連用形》ーれ　42⑬　52⑨　123⑥　132⑪
うわべ　137⑤
ウワレメント　【地名】　15⑫
うゑつけ　（植）　39⑤
うんじやう　（運上）　23⑥⑯　207②③
うんじやうしよ　（運上所）　147③　163③　175③　184③　199③　215③　229③
うんじやうだか　（運上高）　49⑪

うんぜい　（運税）　79⑩
うんそう　（運送）　45⑮　108⑬　109③
うんそうす　（運送）
　《未然形》ーせ　109⑬
うんどう　（運動）　182⑧
うんぬん　（云々）　139①

え

えい　（英）【国名】　29⑧　57⑮　75⑫　76⑭　81①③　85⑧　87③⑤　89①⑤　90⑬　91⑥　92①　93①　97③⑪　100⑧　107④　115③⑥⑦　116②⑤　121③⑨　122②　124①③　183⑤
えいきやうしちねん　（永享七年）　143⑧
えいきん　（英斤）　120⑦⑪
えいこく　（英国）　15①　17⑨　21①　31⑤　37⑫　40⑥　43⑤　87①④　91⑦　94⑨　97⑩　98①　107①③④　111④⑦⑧　115①②　121①②　124②　126⑫　127①　129①③　132⑫　179①④⑤　182⑪⑬⑭　183①③⑤⑥
えいこくかんり　（英国官吏）　118②
えいこくせいふ　（英国政府）　182⑫
えいざう　（影像）　245⑦
ＨＪ　【人名】　18⑫　31⑪　43⑪
えいふつ　（英仏）　97⑦
えいふつらん　（英仏蘭）　100⑤
えいり　（栄利）　103⑥
えいりやう　（英領）　180⑤
えいれき　（英暦）　93③
えう　（幼）　144①
えうす　（要）
　《連体形》ーする　19⑤　64⑩　147②　163②　175②　184②　199②　215②　229②
エウバトチス　【地名】　136⑩
エームス　【人名】　197②
えがたし　（難得）
　《已然形》ーけれ　95⑩
えき　（益）　103③　237⑨

えきす （役）
　《連体形》―する 10③
エキスアマナー 【新聞名】 27⑤
えつき （悦喜） 249⑥
えど （江戸） 29⑪ 147⑪ 163⑪ 175⑪ 184⑪ 199⑪ 215⑪ 229⑪
えびす （夷） 143⑤
エホケー 【新聞名】 39⑨
エムローヒヤ 【人名】 100①
えらびだす （撰出）
　《連用形》―し 49④
　《連体形》―す 12⑭
えらぶ （撰）
　《未然形》―ば 182⑩
えりあつむ （撰集）
　《連用形》―め 172③
エルデルデー 【人名】 24⑩
エレキテル 117⑥
えん （円） 117⑬
えんいん （延引） 47⑦ 50⑧
　《未然形》―せ 95⑨ 112⑪
えんぐみ （縁組） 51④ ⑫
えんせう （焔硝） 40⑪ 193⑨ 194③⑧
えんせうぐら （焔硝蔵） 33⑦
えんだん （縁談） 87⑤
えんぱう （遠方） 45③
エンピール 【銃名】 193②
エンフヒールラキフル【銃名】41①
えんぺい （援兵） 63② 81⑤ 83③ 84⑤
えんまん （延蔓）
　《連用形》―し 72⑪
エンルレーヤ 【人名】 10⑨

お

おいて （於） 16① 21④⑮ 22⑤ 24⑥ 28⑨ 29③ 34⑤ 35⑪⑭ 36⑧ 46⑬ 48⑫ 49⑮ 53⑥ 57③⑧ 60② 63⑥⑬ 76⑦⑨ 77⑨ ⑬ 78⑭ 80⑥ 82④⑩ 83⑪ 84⑪ 85① 88① 89③⑨⑬⑯ 90⑯ 91③ 92⑥ 93③ 94③⑩ 95② 96③ 97⑧ ⑩ 98⑫ 107⑤ 110④ 116⑥ 121⑬ 139⑨ 141⑧ 147⑥ 156⑤ 163⑥ 175⑥ 180① 183⑪ 184① 199⑥ 207① 208② 215⑥ 225⑦ 229⑥ 244⑤
オイネスポローツ 【地名】 46①
おうず （応）
　《連用形》―じ 35⑫ 47③ 117⑪
おうせつ （応接・應接） 22⑬⑬ 25⑤⑦⑧⑫ 26②③④⑥⑧⑪⑭ 27④⑥ 47⑥⑧ 82③ 84⑧ 91⑦ 100②
おおく （衆） 42⑮
オースタリア 【国名】 191②
オースタリアこく （国） 137② 189⑨
オーステリヤ 【国名】 183⑨⑮
オーステリヤこく （国） 181①⑨
オーステリヤこくわう （国王） 181②
オーストリア 【国名】 136⑦ 157⑦ 205⑥ ⑦ 207⑩ 208②③⑤⑧ 209⑤⑧ 219⑩ 220⑦⑪
オーストリアこく （国） 138⑥ 140⑪ 151④ ⑤⑧ 157①⑨ 158② 171② 190② 205⑤
オーストリアりやう （領） 209①
オーストリヤ 【国名】 179⑭ 180② 181⑮ 183⑩ 204⑪ 219③
オーストリヤこく （国） 204⑨
オーストレー 【国名】 36⑮ 37⑦
オーストレーこく （国） 51⑪
オードアコシがは （川） 61③
オールマンブラウ 【人名】 164⑨ 176⑨ 185⑨ 200⑨ 216⑨ 230⑨
オールマンブラウくみ （組） 164④ 176④ 185④ 200④ 216④ 230④
オーレン 【船名】 10⑬
オーレントウ 【船名】 62⑧
おかた （御方） 164①⑨ 176①⑨ 185①⑨

200①⑨ 216①⑨ 230①⑨
おき　（沖）　112⑬ 113①
おぎなふ　（補）
　《連用形》ーひ　119⑫ 195⑦
　《終止形》ーふ　91⑯
　《連体形》ーふ　92④
おく　（奥）　66⑥ 102⑦
おく　（置）
　《未然形》ーか　22⑮⑯ 46⑨
　《連用形》ーき　89⑦ 90⑩ 98⑦ 112⑬ 117⑥
　《終止形》ーく　50⑤⑧ 101⑤ 113①
　《連体形》ーく　23⑤ 46⑨ 119⑫
おくがた　（奥方）　141⑦ 239④
おくざしき　（奥座敷）　51②
オクスアキトーカーボン　【薬品名】　69⑬
おくゆき　（奥行）　115⑩
おくりきたる　（送来）
　《連体形》ーる　169⑦
おくりもの　（贈）　36③
おくりゆく　（送行）
　《連用形》ーき　237②
おくる　（後）
　《未然形》ーれ　22②
　《連用形》ーれ　39⑯
おくる　（贈・送）
　《未然形》ーら　82⑫ 89⑧ 154⑥
　《連用形》ーり　14④ 19⑥ 27① 29⑥ 36② 51⑯ 52①②⑥ 60⑧ 64⑪ 75⑥ 76⑩⑮ 82④ 94③ 99④ 101⑧⑨ 129⑩ 151⑪ 157① 158④ 169⑧ 193⑧
　《終止形》ーる　28⑮ 236①
　《連体形》ーる　22⑯
　《已然形》ーれ　28⑮
おこころえちがひ　（御得違）　98④
おこころぞへ　（御添心）　249③
おこす　（起）
　《連用形》ーし　23① 70⑤ 94⑩

《終止形》ーす　69⑭
《連体形》ーす　170③
《已然形》ーせ　49⑯
おこなふ　（行）
　《未然形》ーは　9⑩ 49① 95⑥ 101② 136④
　《連体形》ーふ　95② 233⑦
　《連用形》ーひ　9⑫ 62⑥
おこる　（起）
　《未然形》ーら　138② 157⑥
　《連用形》ーり　26⑩ 30⑤ 49⑯ 51⑬ 58⑪ 140⑩ 144⑤ 156⑧
　《連体形》ーる　70⑮ 219⑧
おさげがね　（御下金）　116⑪
おさまる
　《未然形》ーら　136⑦
おし　（癈）　24⑫⑫
オシアー　【人名】　237②
おしたしむ　（御親）
　《連用形》ーみ　98②
おして　（押而）　90③
おしながす　（押流）
　《未然形》ーさ　61④
おしのく　（押除）
　《連用形》ーけ　102⑦
おしふ　（教）
　《連用形》ーへ　24⑫ 110⑥ 115⑤ 117③
おしむ　（惜）
　《連用形》ーみ　62⑦
　《終止形》ーむ　70⑨
おしよす　（押寄）
　《連用形》ーせ　27⑫ 28④ 63②③ 81⑤ 84⑦
おす　（推・押）
　《連用形》ーし　110② 248⑦
　《連体形》ーす　156②
オストリアこく　（国）　170⑤
オストリヤ　【国名】　237⑧ 238② 247⑦

オストリヤこく （国） 237⑤ 248③ 250②
おそふ （襲）
　《連用形》―ひ　16⑭
おそらく （恐） 100③
おそる （畏・恐）
　《連用形》―れ　63③ 82⑦ 212⑪
　《連体形》―るる　27③
おそれ （恐） 60⑬ 144⑩ 190⑨
おそれいる （恐入）
　《連用形》―り　88⑬
おそろし （畏敷）
　《連体形》―しき　39②⑥
おたづぬ （御尋）
　《連用形》―ね　164①⑨ 176①⑨ 185①⑨ 200①⑨ 216①⑨ 230① 230⑨
おたづね （御尋） 164⑤ 176⑤ 185⑤ 200⑤ 216⑤ 230⑤
おだやか （穏）
　《未然形》―なら　36⑨ 140⑩ 220④
　《連体形》―なる　57⑪
　《連用形》―なり　26⑫⑬ 81④
おちいる （落入）
　《未然形》―ら　49② 76④
おつ （落）
　《未然形》―ち　13①
　《連用形》―ち　72② 137⑩ 244⑥
おつかはす （御遣）
　《連用形》―し　78⑥
おと （音） 117⑦
おとうと （弟） 240⑨
おとす （落）
　《未然形》―さ　162④
　《連用形》―し　127④
おとる （劣）
　《連用形》―り　51⑥
おどろく （驚）
　《未然形》―か　70⑤
　《連用形》―き　51⑧ 66② 67② 212⑪ 220③
　《終止形》―く　52⑥ 143⑦
おとろふ （衰）
　《連用形》―へ　66⑪
おなじ （同）
　《連用形》―じく　45④ 46⑤ 49⑮ 52④ 157④
　《終止形》―じ　24⑨ 152⑨ 153②
　《連体形》―じ　35⑬ 46⑩ 57⑦ 69② 71⑪ 172⑪
おのおの （各々） 26③ 34⑭ 47① 116⑩ 160⑩ 171⑩ 179⑦ 203④ 220⑧
おのぞみ （御望） 164⑤ 176⑤ 185⑤ 200⑤ 216⑤ 230⑤
おのづから 138③
おのれ （己） 84② 95⑨
おはる （終）
　《連用形》―り　26③ 84⑫ 198④
　《終止形》―る　241②
おひうち （逐打） 53⑤
おひおひ （逐々・追々） 19③ 24⑤ 46⑭ 48⑬ 49⑥ 64⑧ 67⑭ 70⑪ 72⑪ 84①⑭ 87⑦ 91⑦ 100⑩ 111⑨ 112⑦ 119④ 126③ 136⑥ 152⑨ 159⑪ 197⑩ 207④⑦ 244①⑩ 245⑩
おひかく （追掛）
　《未然形》―け　75③
おひきたる （負来）
　《已然形》―れ　251⑦
おひしりぞく （逐退）
　《連用形》―け　45⑭
おひだす （逐出・追出）
　《未然形》―さ　213⑦ 237①
　《連用形》―し　53② 213④
　《連体形》―す　53④
おびただし （夥敷）
　《連用形》―しく　102③ 118③ 124⑪ 235②

《連体形》ーしき　38⑨　49⑥　60⑫
おひちらす　（逐散）
　《連用形》ーし　27⑪
おひて　179③　183⑩
おひはらふ　（逐払・追払）
　《連用形》ーひ　28①　125⑤
おびる　（帯）
　《連体形》ーる　34⑫　195⑤
おふ　（負）
　《已然形》ーへ　28⑤
おふ　（逐・追）
　《未然形》ーは　75⑩
　《連用形》ーひ　181⑧　183①
　《連体形》ーふ　53⑥
おふだいかく　（御譜代格）124⑨
おふれ　（御触）　9⑧　130②　170⑧
おほあめ　（大雨）　160①
おほいに　（大）　13⑤⑬　24⑦⑭⑩　28⑪　33④　33⑪　38⑩　39⑫　41③⑤　45⑤　48⑦　50⑭　51⑧⑯　57⑩　59⑨　61⑤⑯　63②　65④⑧　67⑦　69⑪　70④　82⑧　83⑧　84⑭　88⑦⑩　89①　94⑤⑩　95①④⑥　118⑫　121⑨⑪　140②　152④　161⑦　167⑧　169⑩　179⑩⑮　190⑪　194⑧　203⑪　205③　207⑥　208⑧　211⑤　212⑪　234④　235⑧　236⑥　243⑤　244②　249⑥
おほかぜ　（大風）　60⑪
おほがねもち　（大金持）　170⑩
おほきさ　（大）　115⑫　235①
おほきなる　（大）　195⑨　225③　235①　252⑥
おほきみ　（大君）　169⑧
おほく　（多）　12⑪　70⑮　72⑪　116⑩　120⑦　154⑤⑦　194⑩　214⑤
おほさか　（大坂）　147⑪　163⑪　175⑪　184⑪　199⑪　215⑪　229⑪
おほし　（多）
　《未然形》ーから　27③
　《連用形》ーく　24⑨　25③　29②　30⑤　31⑧　42⑮　43②⑧　45⑪　46④⑨⑨　47②　48⑨　49④　51②　59⑩　61⑫⑬　62③　63⑪　67⑮　69②⑧⑨⑩　77⑪　84⑪　99⑧　116⑬　121⑥　130④⑥⑩　138⑦　153③⑥⑦⑪　168②　180⑫　203⑪　205⑦　219⑦　240⑤　251⑨
　《連用形》ーかり　118⑫　（多しかり）　161④
　《終止形》ーし　42⑤　48⑨　69③　77⑩　87⑦　88④　91⑮　120⑧　123⑧　127②　132⑩　167⑨　179①　181⑩　197④　203⑧
　《連体形》ーき　17⑨　29⑥　31⑤　42⑯　43⑤　58④　59⑪⑬　104①　245④
おほし　（饒）
　《終止形》ーし　83⑥
おぼしい
　《連体形》ーしき　65⑭
おほしかけ　（大仕掛）　109⑥
おほす　（仰）
　《未然形》ーせ　169②
おほせ　（仰）　169②
おほぜい　（大勢）　124⑪　212⑦
おほぜいじん　（大勢陣）　208⑩
おほせいだす　（仰出）
　《未然形》ーさ　169③　171⑧
おほせつく　（仰付）
　《未然形》ーけ　132④　164②　176②　185②　200②　216②　230②
おほせわたし　（仰渡）　9⑪
おほだうぐ　（大道具）　110②
おほたたかひ　（大戦）　208⑧
おほづつ　（大筒）　15⑮
おほにんずう　（多人数）　61⑤　94④　104②
おほふ　（覆）
　《終止形》ーふ　83⑯
おほぶね　（大船）　85③③　117④
おほみせもの　（大見）　85②

おほみせものところ（大見物）101④
おほみづ（大水）60⑬
おほゆき（大雪）60⑫
おほよせ（大）85①
おほよそ（大凡）10② 78⑭ 167⑩
おほりやうがへや（大両替屋）110⑧ 180⑪ 193⑧
おほゐなり（大）
　《未然形》―なら　66⑪
おほゐなる（大）12⑭ 37②③ 38⑭ 41② 59⑩ 61⑦ 66⑫ 66⑬ 101⑫ 102⑥ 117④⑩ 141⑨ 145⑪ 156⑦ 160⑥ 167⑧（大ひなる）168③③ 172⑩ 179⑦ 192⑪ 204① 214③④
おほをとこ（大男）116⑥⑦
おまうしこし（御申越）223⑤
おもし（重）
　《連用形》―く　34⑫ 58⑤ 70⑨
　《終止形》―し　95⑦
　《連体形》―き　11② 58⑧⑨ 71⑮ 90⑮⑯ 111③ 172⑦
おもしろし（面白）
　《連体形》―き　12① 19③ 38⑧ 51④ 64⑧
おもて（表）58⑯
おもて（面）239⑥
おもてむき（表向）26⑦⑭⑮ 48⑯ 82⑭
おもひ（思）78⑬ 162③ 240⑤
おもひあたる（思当）
　《連用形》―り　102⑤
おもひつく（思付）
　《連用形》―き　180①
おもひはかる（憶計）
　《連体形》―る　25⑮
おもひよる（思）
　《未然形》―ら　66①
おもふ（思・想・憶）
　《未然形》―は　16⑮ 58⑥ 124⑧（思わ）

《連用形》―ひ　17⑨ 23② 31⑤ 39② 41③⑤ 43⑤ 48⑭ 61⑮⑮ 70① 76⑫ 91⑯ 102③ 135⑦ 136② 212⑪ 225⑥
《終止形》―ふ　80⑥ 103⑧
《連体形》―ふ　39④ 49⑭ 51⑦⑩ 57⑩ 58⑫⑯ 124⑦ 129⑫ 161②
《已然形》―へ　21⑮
《ウ音便》―ふ　53⑨
おもみ（重）57⑯
おもむき（趣）23① 41④ 66⑥ 78⑧ 80④ 81⑯ 83①⑪ 98⑦ 111① 112⑤ 116⑩ 124⑦ 125⑩ 129⑧⑩ 130⑪ 131⑥ 169③ 170④ 173④ 183⑬
おもむく（趣）
　《連用形》―き　27⑨⑪ 36④ 170⑦
　《終止形》―く　100⑨
　《連体形》―く　141⑩
おもる（重）
　《連用形》―り　121④
おもんぱかる（慮）
　《連体形》―る　109⑪
おや（親）51⑦ 61⑭⑭ 111② 143⑩ 144②
おやくきん（御役金）79⑪
おやたち（親）213⑨
おやども（親共）51⑧
およぐ（泳）
　《未然形》―が　146②
　《連用形》―ぎ　110⑨
およそ（凡）15⑩⑩ 16② 40③ 41⑧⑧⑨ 47⑫ 49⑩ 52⑬⑬ 59③⑩⑯⑯ 61① 62⑫ 69⑤ 72⑧ 75⑪ 76⑧ 89⑯ 96⑦ 99⑨ 101② 112① 115⑬ 119⑩ 137⑪ 143② 156⑧ 158⑦ 159⑨ 160⑤ 169⑦ 172⑪ 180⑬ 190⑪ 193⑤ 197⑪ 203⑤⑥ 211⑪ 213②④ 214① 234⑨ 237⑤⑪ 239⑧ 244⑧
および（及）9⑨⑰⑰ 10①① 14⑥ 15③⑥⑫ 28⑧ 29⑪ 30⑪ 33⑥ 34⑪ 36⑥⑮

38⑨ 41① 47⑫ 67⑯ 75⑮ 82⑥ 93⑥ 96③ 99④ 136⑦ 147⑨⑪ 160④ 163⑨⑪ 175⑨⑪ 184⑨⑪ 195⑧ 199⑨⑪ 215⑨⑪ 221⑧ 229⑨⑪

およびをり （及）
　《連体形》ーる　131⑬ 205②（おる）

およぶ （及）
　《未然形》ーば　14⑤ 27⑦ 38⑧ 58⑬ 95③ 113⑤ 129⑦ 151⑤ 179④ 190⑦ 238④ 244① 245⑨ 249②
　《連用形》ーび　9⑩ 21⑤ 25⑤⑦⑪⑫ 26④⑥ 33⑬ 34⑩⑮ 36⑯ 37⑦ 47⑥ 53⑧ 58⑭ 75⑩ 82⑤ 84⑧ 88② 100② 113④ 131③ 171② 179⑩ 183⑪ 189④ 206①
　《終止形》ーぶ　65⑦ 89⑭ 129⑤ 183⑨
　《連体形》ーぶ　47⑧ 53③ 63⑧ 136⑨ 206① 208① 225⑪
　《已然形》ーべ　97④

オラシャこくわう （国王）　59⑤

オラン 【国名】　68⑧

オランダ （和蘭陀・和蘭）　171⑤ 180③④ 239②

オランダこく （阿蘭陀国）　13③ 35⑤ 46⑫ 61⑧⑭ 68② 112④ 119⑨ 122④ 190⑦ 192⑩

オランダわう （和蘭王）　180⑤

オリシン 【人名】　34⑦

オリメントン 【地名】　72⑨

オルガー 【人名】　71⑧

おろか
　《連体形》ーなる　143⑤

オロシヤ 【国名】　48⑪ 69① 71⑧ 180② 181⑪ 238⑦

オロシヤこく （国）　37⑮ 71⑩ 120③ 125⑦ 142④ 153⑨ 192④ 206④

オロシヤトルコスタン 【地名】　38①

おろす （卸）
　《連用形》ーし　10⑭ 72⑬ 113① 211⑦

オロメツト 【地名】　208⑩

おわる
　《連用形》ーり　146⑨

おゐて　14⑨ 75⑧ 89① 92⑤ 109②⑥⑫ 111⑪ 115④ 116① 120⑤ 121⑨ 122⑪ 123⑥ 125②⑧⑩ 126⑥ 129⑤ 130⑩⑬ 132② 140⑩ 167⑤⑦ 169④⑩ 170⑥ 172⑦ 173③ 250②

オヱスートルメネストルアベ 【地名】　124⑩

おん （恩）　49④ 51⑯

おんがく （音楽）　36⑥ 51①

おんぎよく （音曲）　235④

おんしん （音信）　41③ 61⑮ 109③ 222⑪

オンデンホルク 【国名】　11⑧

オンドルウツト 【人名】　191⑩

おんみつ （穏密）　116②

おんわかぎみ （御王子）　171①

か

か 《係助詞》　10⑯ 12⑮ 13② 21⑮ 27④⑦ 29③ 30⑤ 40⑥ 41⑪⑪⑫ 47⑫ 48⑦⑦⑭ 50⑤⑫⑬ 52⑧ 60④⑦⑧⑬ 62⑥ 63⑤⑭⑯ 65⑨ 69④ 77② 78⑬ 82①⑨ 83⑮ 84⑨⑨ 112④ 125③④ 135⑧ 136⑥ 151② 152①① 156⑩ 169② 190⑩ 212⑪ 225⑪

が 《格助詞》　9⑩⑩ 16⑮ 22⑧ 27⑥ 76⑥ 84② 85③ 90⑩ 95⑧ 108⑬ 110② 111⑬ 116③⑬ 117④⑦ 125⑩ 167⑧ 170② 214③④⑨ 226⑥ 246⑧ 252①

が 《接続助詞》　21⑥ 22⑩ 24⑥ 33⑤ 34⑨ 35⑧ 38④ 39⑮⑯ 41⑦⑧ 42⑥ 45⑦⑫ 46⑥ 47③ 48⑥ 49③ 50⑥ 51⑩⑭ 58⑫ 60③⑥⑥ 61①②③⑨ 63⑥ 66③ 67⑫ 70③ 71⑤ 72⑦⑪⑫⑬⑭⑮ 77⑨ 81⑩ 84⑨ 91③ 102④ 110⑧ 135⑩ 143⑨ 145④⑪ 159⑩ 162③⑥ 172⑪ 180①⑩ 190⑨ 191⑦ 206①③⑨ 222⑤⑪ 234① 236① 240⑩ 246

海外新聞総索引　27

⑥

カールワエロー　【人名】　50⑦

がい　（害）　58③　76⑮　77⑬　78⑤⑦　80⑥　136⑥

かいかう　（開港）　88②　97④　98⑧　147⑦　163⑦　164④　175⑦　176④　184⑦　185④　199⑦　200④　215⑦　216④　229⑦　230④
　《未然形》ーせ　90⑪

かいかく　（改革）　9⑩⑫　26⑩⑩
　《未然形》ーせ　12⑧
　《連用形》ーし　172⑦

かいがん　（海岸）　37⑯　251⑤　252⑧

かいがんだいにばん　（海岸第二番）　163⑫　175⑫　184⑫　199⑫　215⑫　229⑫

かいがんにばん　（海岸二番）　147⑫

かいぐわい　（海外）　19③　64⑧　85②　88⑦　101③　144⑩

かいぐわいしんぶん　（海外新聞）　233①　243①

かいぐん　（海軍）　9⑨　11⑥　15⑥⑩　23⑪　57④　79④

かいさく　（改作）　193②

がいじ　（孩児）　110⑩⑩

かいじやう　（海上）　161②

かいしんす　（開唇）
　《連用形》ーし　88⑫

がいす　（害）
　《已然形》ーせ　63⑯　66③⑯　75③　78⑫　91⑯　155⑤

かいぞく　（海賊）　162⑥

かいだう　（海道）　27⑪

かいぢやう　（艤場）　245⑤

かいちゆう　（海中）　226④

かいてい　（海底）　41⑥　57⑫⑬⑯　116⑬　222⑩

かいはう　（介抱）　51⑭

かいはうにん　（介抱人）　66⑧

かいはうにんども　（介抱人共）　66⑫

かいはつ　（開発）　42⑯

かいほふ　（改法）　12⑨　28⑦

かいびやく　（開闢）　145①

かいほう　（介保）
　《未然形》ーせ　121⑫

かいりく　（海陸）　9⑫　164⑤　176⑤　185⑤　200⑤　216⑤　230⑤

かいりくぐんぶぎやう　（海陸軍奉行）　97④

がいりやく　（概略）　12③

かう　（効）　59②

かうえき　（交易）　88⑦　98⑧

かうか　（高価）　35⑮　245⑩

かうかい　（航海）　144⑦　225⑤　226⑨　240⑥　251⑧
　《連用形》ーし　161⑧　240④　245④
　《連体形》ーする　144⑪　234⑨

かうかいしや　（航海者）　140③

かうぎ　（交誼）　88②

かうげ　（高下）　17⑧　31④　43④　103⑨

かうこく　（向国）　116⑫

かうさん　（降参）　65⑦⑨　67⑬　82⑤　205⑧　237⑩
　《未然形》ーせ　76⑤　222⑤
　《連用形》ーし　82⑦

かうしや　（巧者）　109⑨

かうしゆく　（航行）
　《連体形》ーく　161③

かうしよ　（高処）　13①

かうす　（航）
　《未然形》ーせ　144⑦
　《連体形》ーする　144③

かうず　（高）
　《連用形》ーじ　51②

がうす　（号）
　《已然形》ーせ　251②

かうたい　（交代・更代）　38②　41⑯　81⑨　83⑮　93⑥　122⑤

かうつう　（交通）　41⑥

28

かうない　（港内）　112⑬　113①
かうのう　（効能）　40⑯
がうふ　（豪富）　152⑤
かうふく　（幸福）　40⑨
かうふく　（降服）　96⑪
　《終止形》－す　82⑪
かうむる　（蒙）
　《連用形》－り　50⑨　66⑫　111⑧
　《連体形》－る　220⑧
かうゐかうくわん　（高位高官）　88③
かかぐ　（掲）
　《連用形》－げ　26⑯⑯
かかはる　（関）
　《未然形》－ら　190⑧
　《連用形》－り　46⑮
かかり　（掛）　11③　30①　245⑦
かかりあひ　（掛合）　72⑥
かかる　（係・掛）
　《未然形》－ら　69④
　《連用形》－り　11⑤　41⑩　42⑩　196⑦　203⑪　221①
　《連体形》－る　66⑫　203⑪
　《已然形》－れ　83⑧
かかる　（斯）　60⑩
かかる　（罹）
　《連用形》－り　182⑦
かかわり　（関係）　14⑥
かかわる
　《連体形》－る　138⑧
かきいだす　（書出）
　《連用形》－し　26⑬
　《連体形》－す　42⑨　62⑫
　《已然形》－せ　25⑧　190③　220②　224②
かきいる　（昇入）
　《連用形》－り　36⑥
かぎいる　（嗅入）
　《連体形》－るる　69⑭
かきおき　（書置）　110⑫　111①

かきしるす　（書）
　《已然形》－せ　159⑨
かきのぶ　（書述）
　《連用形》－べ　145②
かきもの　（書）　25⑫
かきやく　（書役）　151⑩
かぎり　（限）　65⑬
かぎりなし
　《連用形》－く　249⑥
かぎる　（限）
　《未然形》－ら　112⑬　226⑤
　《終止形》－る　142⑥
かく　（掛）
　《連用形》－け　39⑯　27⑫　50⑫
　《連体形》－くる　22②③
かく　（欠）
　《連用形》－け　95⑫
　《終止形》－く　239②
　《連体形》－く　238①
かく　（書）
　《連用形》－き　118⑨　119③　130⑬
　《終止形》－く　219①　243②
　《連体形》－く　17⑥
かく　（各）　29⑧
かく　（斯・此）　28⑤　38⑩　48⑭　65⑬　95⑪　108②　110①　113④　135⑦　146④　151⑨　197⑥　209⑤　212③　237⑪　240⑦　245③
がく　（学）　57⑨　60④
かくかい　（革改）　11④
がくかう　（学校）　10⑤　57⑦　69⑨　113⑧
がくかうざうえい　（学校造営）　10⑥
かくぐわい　（格外）　14⑩
かくご　（覚悟）　249⑤
かくしき　（格式）　10⑧　48⑮　50⑭　66⑦　107⑤
がくじん　（楽人）　51①
かくぜん　（赫然）
　《終止形》－たり　81⑫
がくへい　（額兵）　9⑫

かくべつ （格別） 22⑫ 38④ 87⑥
がくもん （学問） 72⑥ 197⑤
がくもんじよ （学問所） 10④ 29⑯ 31①
　57⑥
かけあがる （上）
　《連用形》—り 65⑯
かけあひ （掛合） 36⑯ 37⑥ 53⑧ 158④
　205② 208①⑥
かけあふ （懸合）
　《連体形》—ふ 173⑥
かけこむ （駈込）
　《連用形》—み 102⑪
かけつく （駈付）
　《連用形》—け 94⑦
かけひき （駆引） 72⑦
かげふ （家業） 143⑩
かこひせん （囲船） 9⑭
かさく （家作） 96⑦
かざしも （風下） 72⑫
かさぬ （重畳）
　《連用形》—ね 211②
かさねて （而重） 174②
かざり （飾） 34⑪ 119②
かざりたつ （飾立）
　《連用形》—て 36③
かざりもの （飾） 195⑥
かざる （飾）
　《連用形》—り 36⑤ 50⑮
かさん （家産） 63⑪
がし （賀詞） 223②
かしきん （貸金） 180⑩
かしら （頭） 67③ 88① 124⑦
かしらだつ （頭）
　《連用形》—ち 192③
かしわたす （貸渡）
　《連用形》—し 194③
かす （滓） 40⑮
かす （貸）
　《連用形》—し 24① 95⑧
かす （枡）
　《未然形》—せ 240⑧
かず （数） 9⑫ 16⑩ 22②② 23⑥ 35② 40
　④ 47② 70⑫ 75⑪ 115⑦ 125⑪
がす （駕）
　《連体形》—する 41⑨ 45⑮
かずかず （数々） 60⑥ 61⑩ 88①
かぜ （風） 38⑥ 61⑦ 72⑪
かぜ （風邪） 70③
かせい （加勢） 45④⑥ 62⑧ 81⑪ 91⑨ 92
　② 132⑧ 136⑩ 137④ 171③ 172③
かせい （苛政） 113⑤
かぜけ （風気） 121③
かぞく （家族） 83⑦
がぞく （雅俗） 31⑨ 43⑨
かぞふ （数）
　《連体形》—ふる 40⑥
かた （肩） 21⑭ 38④
かた （方） 30② 58⑭ 59② 65⑦ 78② 84
　⑤ 99⑨ 140⑪ 170② 204② 219⑨
かたし （堅）
　《連用形》—く 91⑧ 97⑥
かたし （難）
　《終止形》—し 171⑨
　《連体形》—き 12⑭ 22①
かたじけなし
　《連用形》—く 135⑦
かたち （形） 10⑫ 24⑫⑬ 61⑪ 102⑥ 145
　④ 226④ 233⑩
かたな （刀） 66⑨
かたはう （片方） 131④
かたはら （傍） 39⑯
かたむ （固）
　《連用形》—め 58⑯
かため （固） 48⑧ 122⑩
かためん （面） 161⑥
かたる （語）

《連用形》—り　24⑯ 26⑧⑪⑫ 39②
かち　（勝）　110⑦
かぢ　（鍛冶）　109⑨
かつ　（且）　14① 15⑬ 17⑧ 22⑨ 30① 31④⑧ 36⑪ 40⑭ 42⑯ 43④⑧ 48⑭ 49④ 51⑯ 52⑤ 57④⑨ 58③⑤⑨ 60②⑫ 62⑫ 69② 70⑭ 72⑪ 76⑮ 78⑬ 87⑧ 91⑮ 93⑧ 102⑨ 108⑬ 135⑩ 144⑧ 146③⑥ 219⑦ 220① 248⑥
かつ　（勝）
　　《連用形》—ち　118⑫ 208③
かつこう　164⑦ 176⑦ 185⑦ 200⑦ 216⑦ 230⑦
かつこく　（各国）　14② 15③ 17⑦⑧ 21⑭ 31③④ 43③④ 48⑫ 103③⑧ 109②⑥ 236⑦ 251⑧ 253⑥
がつしゆうこく　（合衆国）　21⑥⑧ 41⑮⑯ 50⑤⑥ 81⑭ 90⑮⑯ 91⑥⑦ 118④ 122⑦ 132① 156④ 222③ 244③
がつしゆうこくぢゆう　（合衆国中）　67⑮
かつせん　（合戦）　89⑭ 99① 205⑦
　　《連用形》—し　183⑮
かつせんごと　（合戦事）　183⑨
がつたい　（合躰）
　　《連用形》—し　183⑨
かつて　（曾）　9⑨ 34① 139⑨
かつてしだい　（勝手次第）　90⑦
かつは　（且）　42⑯
かつぷ　（割賦）
　　《連体形》—する　110①
かでう　（ケ条・箇条）　47⑭ 96⑪ 172⑦
かな　（哉）《終助詞》　70⑨ 102⑥⑫⑫ 161③ 241②
かない　（家内）　41③ 89⑧
カナダ　【国名】　16⑦ 192①
かなふ　（叶）
　　《未然形》—わ　21⑨ 48⑩ 51⑮ 66⑥ 73⑤

　　《連用形》—ひ　203⑤ 212③
　　《連体形》かのふ　9⑪ 219⑨
　　《ウ音便》—ふ　195③
かなもの　（金物）　34⑫
かならず　（必）　65⑦ 171②
かならずしも　（必）　142⑥
かなり　72④
カナリヤ　【地名】196⑥
かね　（金）　11⑭ 21⑨ 22⑧ 23⑦⑧ 24①① 34⑥⑦ 39⑫⑬ 42② 47⑬ 49⑫ 62⑬⑭ 71⑪⑯ 95⑧ 119⑫ 152⑤ 161⑨ 167⑨ 169⑥ 189⑨ 191⑩ 207⑥ 248④
かね　（鐘）　85⑧
かねがね　（兼々）　52⑦
かねて　（兼・兼而）　33⑨ 46⑤ 65⑨ 67⑭ 69① 81⑥ 88⑪ 90③ 141① 192⑤
カネテケツト　【船名】　89⑯
かの　（彼）　22④ 25⑭ 26⑥⑦⑨⑪⑫⑭ 27① 36④ 47⑮⑯ 52② 76⑧ 81⑦ 88② 89⑦ 95⑨ 100③ 102⑪ 112⑬ 113⑦ 117⑨ 146⑥ 171② 212⑧ 213⑤ 236③
かは　（川）　16⑭ 28③⑫ 60⑨ 61④ 160① 191④ 198⑥
かはき　（渇）　245⑩
かはく　（乾）
　　《連用形》—き　145⑧
かはすぢ　（川筋）　28③
かはり　（変・代）　14⑮ 24③④ 46⑤ 50⑩ 68⑬ 75⑥ 213⑥
かはる　（変・替・代）
　　《未然形》—ら　70①
　　《連用形》—り　38⑯ 42④⑬ 46⑨ 47① 52⑪ 60⑬ 68④ 70⑤ 71⑤
　　《終止形》—る　14⑨
　　《連体形》—る　124⑨ 132⑬ 168⑩
かひ　（買）　61⑩ 85④
かひいる　（買入）
　　《連用形》—れ　101⑧⑨ 147⑦ 163⑦ 175

⑦ 184⑦ 199⑦ 215⑦ 229⑦
《連体形》ーるる 219⑦
かひおく （買置）
《連用形》ーき 83⑪
かひて （買手） 24⑥ 30⑮ 35⑫ 62③
かひとる （買）
《連用形》ーり 11⑪ 28⑩
《已然形》ーれ 10⑯
かひもとむ （買求）
《連用形》ーめ 115⑨
かふ （飼）
《ウ音便》ーふ 115④
かふ （代・替）
《連用形》ーへ 160⑨
《終止形》ーふ 95⑪
かふ （買）
《連用形》ーひ 164⑧ 176⑧ 185⑧ 200⑧ 216⑧ 230⑧
《連体形》ーふ 13⑥ 93⑪ 99⑧ 153③ 246②
がふやく （合薬） 117⑫
かへす （返）
《未然形》ーさ 155⑨
《連用形》ーし 37⑧
かへつて （却・却而・反而） 13② 95⑦ 102⑫ 115⑧ 120⑧ 159④⑤ 219⑨
かへり （帰） 68⑧
かへりきたる （帰来）
《連用形》ーり 251⑥
《已然形》ーれ 237③
かへりみち （帰道） 225⑨
かへる （帰）
《連用形》ーり 19⑥ 26⑧ 41⑭ 45⑨ 52⑧ 61⑭ 64⑪ 81③ 213⑤
《終止形》ーる 68⑨
《連体形》ーる 237②
かほ （顔） 66⑩ 212⑨
かま （釜） 117⑩ 245⑤

かまぢゆう （釜中） 245⑦
かまひなし （構）
《連用形》ーく 22⑥
かまふ （構）
《未然形》ーは 27②
《連用形》ーへ 21⑥
かみ （守） 99④
かみ （上） 130② 193⑪ 213⑤
かみ （神） 145②③⑥ 154⑨ 160⑧ 211⑩ 212② 220⑦ 237⑥
かみ （髪） 212⑥
かみなり （雷） 39③
カモシヨロ 【会社名】 168⑤
かやう （ケ様） 70⑮ 92③
かよう 212⑦
かよはす （通）
《連体形》ーす 222⑪
かよふ 12⑩ 38③
かよふ （通）
《未然形》ーは 117⑥
から 48⑯
からうじて （辛） 45⑮ 144⑤
からだ （體・体） 40⑦ 69④ 146⑥
からづつ （空筒） 117⑪
かり （借） 34⑧
かり （仮） 68⑪ 209⑧
かりあつむ （駆）
《連用形》ーめ 138⑦
かりでうやく （仮条約） 11⑧ 219③
かる （枯）
《連用形》ーれ 113⑩
かる （借）
《連用形》ーり 237②
《連体形》ーる 209⑪
カルノルホフマント 【人名】 28④
かれ （彼） 25⑯ 26⑫ 27① 67⑨ 95④⑦⑧ 118⑦ 170② 214⑨⑩
かれこれ （彼是） 25⑭ 37⑩ 67⑪ 72⑩ 159

④

ガレショーク　【地名】　89①

かれら　（彼等）　90④⑤　139⑩

かろし　（軽）
　《連用形》ーく　9⑪　34⑫　58②⑪
　《連体形》ーき　12⑯　58⑧⑧

カロナル　【役職名】　125⑤

カロンブス　【人名】　251②⑦　252⑤

かわり　194⑨

かわりなし
　《終止形》ーし　246②

かわる
　《連用形》ーり　137⑪　138④　159③　203
　④

かわるかわる　81⑫

かをく　（家屋）　179⑨

かん　（幹）
　《連体形》ーたる　81⑫

かん　（簡）　10⑤

かん　（艦）　16⑤

かん　（間）　16⑧　22⑯　23⑤　26⑪　27⑭　29
　⑨⑩　38②⑥⑥　46⑩　47⑫　51①①　57⑫
　⑭　60⑩　62⑪　66⑧　68④　70⑫　89③　90④
　98⑦　101⑩　102③　110⑥　113⑤　126②　154
　⑩　156④　173⑦　174①　195②⑫⑫　196①
　⑦　203⑨　205②　208①⑥⑪　209②　213④
　⑤　223⑧　225②　234③　245①　246③

かんか　（閑暇）　81④

かんかう　（勘考）　12⑨
　《未然形》ーせ　52⑦
　《連用形》ーし　109⑦

かんかく　（間隔）　97⑦

かんがふ　（考）
　《連用形》ーへ　69⑫
　《連体形》ーふる　68⑩

かんがへる　（考）
　《終止形》ーへる　26①

かんき　（寒気）　38④　60⑨　69⑨

カングー　【茶名】　35⑪

かんく　（艱苦）
　《連用形》ーし　251⑧

カンジタンテー　【地名】　180⑥

かんしむ　192⑦

かんじやうぶぎやう　（勘定奉行）　47⑪
　99③　221②⑨

がんしよく　（顔色）　51⑥

かんず　（感）
　《連用形》ーじ　88⑧　135⑨

カンスタンテーナー　【地名】　87⑭

カンスタンテノボロ　【人名】　121⑬

かんだん　（寒暖）　101⑧

かんだん　（間断）　103⑧

かんだんけい　（寒暖計）　38⑤　60⑨　68③

かんぢやうがかりらうぢゆう　（勘定掛老中）
　49⑨

かんぢやうがた　（勘定方）　11⑤　29⑭

カントブレイ　247⑧

かんびやう　（看病）　51⑯

カンフトローフ　【人名】　48⑮

かんべん　（勘弁）　173⑦

かんぼう　（奸謀）　219⑩

かんむり　（冠）　13⑩

かんるい　（感涙）　50⑫

き

き　（器）　33⑥

き　（奇）
　《連体形》ーなる　51⑫

き　（期）　95⑨

き　（気）　112②　117⑥⑦

き　（木）　40⑬　113⑪　179⑫⑬

き　《助動詞》
　《終止形》き　15④　24⑦　25⑨　35⑩⑫　38
　⑥　51④　52⑮　71⑬　107⑥　112①　120④
　145⑤　160④　161④　194⑥

《連体形》し 9②⑩ 10⑮ 11⑤⑥ 12①
⑮⑮ 13①②⑪⑬⑮⑯ 14①④⑪ 15③
16①③④④⑯⑯ 17④ 19⑥ 21①⑤⑥
22⑥⑦⑧⑩⑪⑫ 23②⑥⑦⑧⑧⑬⑮ 24
③③④⑥⑧⑪⑮⑮⑯⑯ 25②②⑤⑧⑪⑫
⑭⑭ 26④⑥⑥⑦⑧⑧⑩⑪⑫⑭ 27①⑤
⑨⑪⑬ 28①②④⑦⑧⑨⑬ 29⑤⑥⑭ 30⑤
⑫⑭⑮ 31②⑨ 33①⑤⑥⑧⑨⑩⑬⑯
⑯ 34②③⑦⑨⑪ 35③④⑦⑧⑩⑪⑫⑬⑮②
⑤⑦⑨⑩⑯ 37⑦⑦⑦⑩⑫⑬ 38②④36
39①②⑧⑬⑮⑮⑯ 40①②⑧⑧⑩⑪
⑪⑯ 41②③⑤⑤⑦⑧⑨⑩⑩⑫⑫⑭⑮⑮
⑯ 42②④⑥⑥⑦⑦⑧⑧⑩⑫⑬⑬ 43⑨①
45③④⑥⑥⑧⑨⑩⑪⑫⑬⑭⑯ 46⑥
⑦⑨⑪⑮ 47①②③④⑥⑦⑪⑬⑮⑯ 48④
④⑫⑯ 49②③④⑤⑨⑬⑬⑮⑯ 50①③
④⑥⑥⑦⑦⑨⑫⑫⑭ 51⑥⑩⑪⑫⑬⑭⑭
⑮⑯ 52①②③④⑤⑥⑥⑦⑨⑩⑪⑫
⑭⑯ 53②②⑤⑧⑨⑨⑩ 57①④⑦⑫⑮
58②②⑦⑦⑫⑯ 59①⑩⑪⑫⑬⑭⑯ 60①
②③④⑤⑥⑥⑦⑪⑭⑭⑮⑯⑯ 61①②
②③③⑤⑨⑫⑮⑮⑮⑯⑯⑯ 62①①②
④⑤⑤⑧⑮ 63①③③④⑤⑤⑧⑨⑨⑩⑬
⑮⑯ 64①④⑪ 65①⑨⑩⑫⑭⑮ 66②③
③④⑤⑦⑦⑧⑩⑪⑬⑮⑯⑯ 67①③④
④⑤⑦⑧⑧⑩⑪⑫⑬⑭⑮⑯ 68①⑤⑦
⑬⑬⑭ 69②③⑥⑦⑦⑧⑨⑩⑩⑩⑪
⑬ 70①③④⑤⑥⑦⑧⑨⑪⑪⑬⑭⑯ 71①
②⑤⑤⑪⑭⑭⑯ 72①②③⑥⑦⑧⑩
⑪⑪⑬⑬⑭⑭⑮ 73①③ 75③④⑥⑦⑧
⑧⑨⑨⑩⑬⑭⑮ 76⑥⑥⑦⑧⑨⑨⑩⑫⑮
⑮ 77②⑥⑦⑨⑩⑪ 78④⑦⑨⑩⑪⑫ 80
⑩ 81③③④⑩⑭⑮⑮ 82③⑨⑮ 83⑮⑯⑯
84⑧⑧ 85③④⑤ 87⑩⑫⑬ 88①⑨⑪ 90⑪
⑭⑮⑯⑯ 91①③④⑪⑫⑬⑮⑯ 92⑤⑥
93⑤ ⑥ 94①② 98⑧ 99①⑪ 100②③
⑩ 101① 102④⑤⑦ 107①④⑦ 108⑬ 110
⑥⑦⑦⑨⑪⑫ 112②③ 113③⑩ 117② 118

⑤ 119②③③ 120⑤⑤⑦⑩ 121①④⑦
⑨⑫ 122①②⑥⑩ 123③⑥ 124①③⑩
⑪ 125④⑧⑨ 126④⑧⑪⑫⑬ 129①⑪⑬
⑬ 130②⑬ 131①①②③⑥⑦⑪ 132⑤⑧⑧
135①⑦⑧⑩ 136③④⑥⑧⑩ 137⑪ 138④
⑥ 139①①⑤⑩ 140⑥ 141④⑧⑨ 143③④
⑤⑨ 144①⑤⑥⑦⑩⑫ 145②③④⑪ 146
②⑤⑧ 151①⑥⑥⑨⑪⑪ 152①②③⑤
⑥⑥⑨ ⑩ 153② 154③③⑧ 155⑤⑧⑩
156④⑧ 157①②③③⑤⑦ 158④⑧159
⑨⑩⑪ 160③⑨⑪ 161⑤ 162③④⑥164
②③③⑪ 168③⑥ 169②⑥⑧ 170⑦ 172
⑩⑪ 173①④⑦⑧⑩⑪ 176②③③179⑫
⑬ 180①③④⑧⑩⑫ 181④⑤ 182③④⑦
⑨⑬ 183①①⑥⑦⑬⑮ 185②③③189⑤
190③⑤⑨⑩ 191③④⑦⑧ 192⑤⑥⑦⑧
193⑥⑪ 194①⑤⑧⑨⑪ 195⑤⑨⑪⑫ 196
③⑤⑦⑧ 197⑨ 198②④⑧ 200②③ 203
①⑤⑦⑧ 204⑩ 205⑩ 206①③⑥⑧⑨ 207
②⑦⑩ 208④⑨ 209②④ 211②④ 212③
④⑧ 213③⑨⑪ 214④⑤⑥⑨⑩⑪ 216
②③③ 219⑧ 220②⑨⑩ 221⑩ 222⑤⑤
⑪ 223①③⑪ 224⑥ 225⑥⑧ 226①②③⑦
⑩ 230②③③ 234① 235② 236① 237②
⑨⑩⑪ 239⑦ 240⑩ 243⑤⑥⑪ 244④⑩
245⑥⑦ 246⑥⑩ 251⑧ 252④⑥⑨

《已然形》ーしか 22⑬ 30⑨ 38⑧ 42⑬
59① 62③ 66⑥ ⑦ 68⑭⑮ 69⑩ 83⑪
91⑭ 97⑧ 136①⑤ 138⑨ 140⑨ 141②⑤
145⑥⑦ 157⑩ 160⑧ 180⑩ 193⑪ 194②
⑦ 195② 205① 221⑥ 233⑥

ぎ （議） 10⑤ 11⑨ 46⑮ 100④
ぎ （儀） 24⑬
ぎ （妓） 28⑩
ぎ （義） 82④ 85⑥ 88⑫ 97⑪ 98③④ 233
⑩ 236②
ギアントウ 【人名】 75④
きいと （生糸） 24④ 42④ 52⑩ 59⑭ 93⑧

99⑧ 100⑪ 120⑨ 123⑧ 127③ 132⑪⑫ 153③ 168⑨ 180⑫ 194⑩ 235⑦ 246③
キウーハ 【国名】 225③
ぎうえき （牛疫） 244⑩
きうか （旧家） 59⑩ 121⑤
きうくわい （休会） 99⑥ 100①
きうじつ （休日） 146⑨
きうじふにん （九十人） 195③ ⑩
きうせんさんびやくきうじふななハウン （九千三百九十七） 23⑫
きうせんろつぴやくこじふまんきん （九千六百五十万斤） 204④
ぎうば （牛馬） 235②
キウバア 【国名】 126⑪
ぎうびやう （牛病） 112⑦
きうひやくごじふごまんパゥン （九百五十五万） 79⑫
きうひやくごじふよんせんごひやくななじふごハウン （九百五拾四千五百七十五） 108⑥
きうひやくさんじふにせんよんひやくはちじふいちハウン （九百三十二千四百八十一） 108⑧
きうひやくにじふろくまんきうせんごじふいちハウン （九百二十六万九千五十一） 23⑪
きうまい （九枚） 53⑫
きうまんよんせんかうり （九万四千行李） 75⑪
きうめい （糺明）
  《未然形》ーせ 154⑩
きうゑん （旧怨） 238④
きうゑん （仇怨） 236③
きえつ （喜悦） 95① 223⑤
  《終止形》ーす 90⑭
きおくれ （気憶）
  《未然形》ーせ 66⑯
きか （貴家） 95⑧ 109⑥

きかい （器械） 34③ 109⑥⑨ 147⑧ 163⑧ 175⑧ 184⑧ 199⑧ 215⑧ 229⑧
きかう （貴港） 91⑩
きかう （紀行） 144①
ききあたる （聞当）
  《連用形》ーり 111②
ききいだす （聞出）
  《連用形》ーし 51⑨
ききいる （聞入）
  《未然形》ーれ 173⑦
  《連用形》ーれ 70⑤
ききうく （聞請）
  《連用形》ーけ 129⑪
ききずみ （聞済） 243⑦
ききただす （聞糺）
  《連体形》ーす 23②
ききつく （聞）
  《連用形》ーけ 27⑮
ききとる （聞取）
  《連体形》ーる 64②
きく （聞）
  《未然形》ーか 138④ 162③ 235④
  《連用形》ーき 9⑤ 10⑮ 17④ 34② 49⑬ 51⑮ 52⑤ 58⑫ 63⑤ 94⑤ 102⑤ 113⑪ 152② 243⑨
  《終止形》ーく 154④
  《連体形》ーく 66③ 68⑨
きぐ （器具） 96③
きくわい （揮廻）
  《連用形》ーし 66①
きくわん （機関） 109⑥
きこう （気候） 38⑦
きこく （貴国） 14①① 91⑩⑮ 92④ 98③⑤⑥ 138⑥⑪ 157①②④ 158④ 171③ 223③
きこく （帰国） 42① 152⑩
  《未然形》ーせ 152⑦
きこへ （聞） 135⑨

きこへをり　（聞居）
　《已然形》―れ　147⑪　163⑪　175⑪　184⑪　199⑪　215⑪　229⑪
きこゆ　（聞）
　《連用形》―へ　117①　147⑪　163⑪　175⑪　184⑪　199⑪　215⑪　229⑪
　《已然形》―ゆれ　26⑯
きさい　（記載）　81⑩⑬　88⑩
　《未然形》―せ　124③
　《連用形》―し　129④
きさき　（后）　35⑦⑧　38⑧　50③　62④　63⑪　70⑥　76⑭⑭　107④　119①　120①　122②　154⑦　206⑥
ぎしき　（儀式）　35⑨　46⑪　50③
きじやう　（帰城）　50⑪
きしよく　（気色）　220①
キシントン　【地名】　113⑧
きす　（記）
　《連体形》―する　9⑮　10⑦
きず　（疵）　66⑩⑫　75⑨
ぎす　（犠）
　《連用形》―し　141⑪
きずあと　（疵痕）　83⑯
きせう　（稀少）　113⑩
きせん　（貴賎）　249②
きそ　（基素）　88⑥
きそく　（規則）　29⑮⑮　51⑩　53⑦　92③
きた　（北）　67⑩　76①⑨　82③　89⑯　118⑨　122⑧⑩　172⑧　253④
きたアメリカ　（北）　15⑨　41⑩　182⑥⑫　183②
きたアメリカこく　（北一国）　21⑤
きたしやうぐん　（北将軍）　76②⑥　82⑪⑬　89⑯
きただいしやうぐん　（北大将軍）　63⑦
きただいとうりやう　（北大頭領）　90⑦
きたりくぐん　（北陸軍）　75⑦
きたりをり　（来居）
　《連用形》―り　41⑭
　《終止形》―り　116⑬
　《連体形》―る　179③
きたる　（来）
　《未然形》―ら　63③　179④
　《連用形》―り　10⑬　12⑮　13⑬　16④　33⑨⑨　36③　37⑬　38②　41⑯　47④　50⑥⑨　61③　91⑭　117③　126⑧　147⑨　155②　163⑨　175⑨　181⑮　183②　184⑨　199⑨　211⑦　212⑤⑧⑧　215⑨　229⑨
　《終止形》―る　238⑤⑧
　《連体形》―る　17⑩　27⑮　31⑥　36⑨　43⑥　50⑩　65⑪　98⑪　112⑬　116⑦　119⑦　137⑦　213③　234①　235③
きたる　（来）　34⑬　47⑦　48①
きだん　（奇談）　103⑨
きたん　（忌憚）
　《未然形》―せ　240⑧
きちやく　（帰着）　226⑨
　《已然形》―せ　192⑤
きづく　（築）
　《連用形》―き　37③　46④　62⑫　198⑦
きつて　（切手）　76⑨
きつと　（急度）　84⑤
きなん　（危難）
　《連用形》―なり　13⑮
きぬ　（絹）　30⑪
きぬいと　（絹糸）　80⑩　85⑤
きぬおりや　（絹織屋）　68⑬
キネラー　【施設名】　37②③
ぎねん　（疑念）　23①③
きのとうし　（乙丑）　81①　121①　124①　129①
きのとうしどし　（乙丑年）　21①　33①　45①　57①　65①　75①　87①　93①　107①
きのどく　（気の毒）　77⑬　78⑤⑫
　《連体形》―なる　52②
きは　（際）　225⑥

きはまる（極）
　《終止形》ーる　241②
　《已然形》ーれ　208⑦
きはむ（極・究）
　《未然形》ーめ　12⑦　26①
　《連用形》ーめ　109⑨　126①　207③
きはめて（極・極而）　25①　27⑫　59⑪　68
　⑬　99⑨　197④
きはん（帰帆）　225⑧
きびし（厳敷）
　《連用形》ーく　27⑬　28④　38⑥　46④　61
　①　159⑥
　《連体形》ーき　12⑨　34⑬　62⑧
きふ（帰府）　87⑫
きふ（貴府）　91⑪⑪⑬⑯
きふ（急）
　《連用形》ーに　27⑫　⑮　38⑯　40①　61③
　⑥　70⑤　72⑪　⑬　162③　193⑩　220③
きふきん（給金）　23⑧　29⑩　30①②　34⑥
　⑦　59⑤　79⑥　93④　167⑥
きふく（帰伏・皈伏）
　《未然形》ーせ　183①
　《連用形》ーし　244④
きふくわ（急火）　96⑤
きぶし（生附子）　93⑪
きふそく（急速）　21⑫　233⑦
きぶつ（器物）　96⑥　102②　147⑨　163⑨
　175⑨　184⑨　199⑨　215⑨　229⑨
きふびやう（急病）　190⑪
きへい（騎兵）　75③　125②④
きへいたい（騎兵隊）　27⑨　83⑦
きぼ（槻模）　48⑦
きほんでうやく（基本条約）　11⑨
きみ（君）　152⑥　171①
きめう（奇妙）
　《連体形》ーなる　197④
キヤーライナ【国名】　45⑩⑪
キヤーライナこく（国）　45⑧

きやう（響）　52②
きやうおう（饗応）　40⑪　141⑧
　《未然形》ーせ　121⑨　249①
　《連用形》ーし　249⑦
きやうおうなす（饗応）
　《連用形》ーし　87⑪
　《已然形》ーせ　243⑥
きやうだい（兄弟）　10⑧　13①　75⑦　162
　⑤
きやうたん（驚嘆）
　《已然形》ーせ　235⑤
きやうだん　（忝談）
　《連用形》ーし　129⑥
きやうと（京都）　29⑪
きやうへい（強兵）　88⑥
きやく（客）　102⑫
きやくじん（客人）　50⑯
ぎやくぞく（逆賊）　97⑨　98②
きやくま（客間）　50⑮
きやくゐん（客院）　36⑥
キャスヴヰル【地名】　15⑫
キヤナタ【国名】　75⑧
キヤナダー【国名】　21⑤⑨⑬⑭⑯　22①
　③⑤⑦⑨⑭　23②③　41⑩⑫　46⑧　50⑤　82
　⑮
キヤマン　34⑪
キヤライナ【国名】　67⑩　76①
キヤライナこく（国）　122⑩
キヤラトン【地名】　107⑪
キヤラナイ【地名】　84①
キヤラホーナヰ【地名】　64③
キヤラキナ【国名】　67⑭
キヤラキナとう（島）　61⑩
キヤリオー【地名】　182④
ギヤリバレダー【人名】　206②
キヤリホーナイ【地名】　156④
きゆうりがくしよ（窮理学所）　29⑯
キュラントー【人名】　28⑬

きよ（虚）34⑤
きようわせいじ（共和政事）12⑪ 49①
ぎよくやく（玉薬）33⑥
きよこ（據姑）49④
きよし（清）
　《未然形》ーから 69④ 70⑮
　《連体形》ーき 69④ 70⑭
ぎよしや（御者）94④⑥
ぎよしやぢゆう（御者中）94②
きよせつ（虚説）10⑪ 81⑩ 181⑤ 236⑩
きよぢゆう（居住）
　《未然形》ーせ 223⑩
　《終止形》ーす 253④
きよねん（去年）15②⑥ 16⑧ 38④ 41②
きよよう（許容）27④
きらひ 66⑩
きらふ（生臘）93⑩
きらふ（嫌）
　《連用形》ーひ 219⑧
　《連体形》ーふ 57⑪ 181⑨
キララントン【人名】124⑤
ギラリストン【人名】124⑥
キラヰナこく（国）62⑪
キリシタパルス【地名】245②
キリシタン【神名】214② 237⑤
キリストフェヤコロンボス【人名】143②
きりなびかす（切靡）
　《未然形》ーか 81⑬
きりやぶる（切破）
　《未然形》ーら 60⑦
きりよく（気力）66⑪
きる（切）
　《連用形》ーり 41⑫
　《連体形》ーる 34⑪
きれやすし（切易）
　《連用形》ーく 58②
キロラヰテー【薬品名】40⑬
ぎろん（議論）9⑨ 34⑦⑧ 48④ 158⑪ 221
⑥
　《連体形》ーする 60⑤
きわ 211⑦
きわた（生綿）93⑨ 100⑩ 101②
キン【人名】132⑤
きん（斤）59⑭ 235⑥
きん（金）19⑨ 36② 63⑩ 64⑬ 77③ 164
　③ 168① 176③ 185③ 193⑧ 200③ 216
　③ 230③
ぎん（銀）110⑦⑧
きんえう（緊要）58⑯
きんえきちゆう（勤役中）112①
きんかい（近海）91⑭
きんきん（近々）141⑩
きんぎん（金銀）9⑦ 12⑥⑦ 36⑪ 96③
　102⑧ 179⑥
きんぎんかざい（金銀家財）170⑩
きんけい（謹啓）147⑤⑫ 163⑤⑫ 164③
　175⑤⑫ 176③ 184⑤⑫ 185③ 199⑤⑫
　200③ 215⑤⑫ 216③ 229⑤⑫ 230③
キンコ 61⑩
きんこう（勤功）93⑤
きんごく（近国）180①
きんさう（金瘡）66⑪
きんさうば（金相場）16⑧
きんざん（金山）42⑯
ぎんざん（銀山）42⑯
きんじつ（近日）113⑥ 248⑤
きんじふ（近習）248⑥
きんす（金子）24① 77③ 167⑩⑪
きんず（禁）
　《連用形》ーじ 94④ 233⑧
　《連体形》ーずる 82①
　《已然形》ーずれ 12③
きんすう（金数）23⑮⑯
きんすう（斤数）204④
きんせん（金銭）14⑫ 95② 195⑤
きんだか（金高）23⑥ 47⑪ 49⑨⑮ 59⑨

76⑧ 140⑦ 156⑧
きんてつ （金鉄） 179⑪
きんねん （近年） 14⑪ 38④ 80⑤ 120④
きんぼう （近傍） 97⑤
きんぺい （金瓶） 36③
きんぺん （近辺） 25⑦ 214⑧ 234⑩ 244⑩
ぎんみ （吟味） 62⑨ 66⑮ 77⑨ 89⑪ 113⑦ 116⑤
　《連体形》―する　10
ぎんみなす （吟味）
　《連体形》―なす　155⑤
きんらい （近来） 10⑫ 17④ 21⑥ 78⑪ 95⑪ 117① 140⑩ 233⑪ 234⑥
きんり （金利） 42② 79①
ぎんれい （銀礼） 221⑧
きんろう （勤労）
　《未然形》―せ　246⑥

く

く （苦） 78⑫
く （来）
　《連用形》き　132⑦
ぐあひ （工合） 85③
クウイストパルス　85②
くうきちゆう （空気中） 146②
くうちゆう （空中） 146⑦ 154④
くぎ （釘） 33⑤
くぐわつ （九月） 41② 233②
くぐわつここのか （九月九日） 233③
くぐわつにじふいちにち （九月廿一日） 71⑥
くぐわつにじふはちにち （九月廿八日） 107④ 243②
ぐしや （愚者） 240⑧⑩
くしやく （九尺） 117⑬
くずす

　《未然形》―さ　203⑧
くすり （薬） 40⑫⑬ 66④
くだく （砕）
　《連用形》―き　81⑦
くださる （下・被下）
　《未然形》―ら　78⑥ 116⑪
　《連用形》―り　98② 129⑨ 164⑤⑨ 176⑤⑨ 185⑤⑨ 200⑤⑨ 216⑤⑨ 230⑤⑨
　《終止形》―る　98⑦ 101⑩ 249④
　《連体形》―る　173⑩
　《命令形》―れ　164① 176① 185① 200① 216① 230①
くだす （下）
　《未然形》―さ　222⑤
くだもの （果物） 51③
くだる （下・降）
　《連用形》―り　27① 76⑥ 82⑩⑩ 113⑪
　《已然形》―れ　16⑬
くち （口） 172④
くちりぞんす （朽損）
　《連体形》―する　58⑦
くに （国） 9⑦ 11② 13⑯ 21⑦ 22⑨ 23③ 26④⑥⑯ 27③ 29①③⑭ 30③⑨ 35② 36①④⑧⑪⑬⑬⑮⑯ 37①④⑤⑯ 38②⑬ 40⑨ 41⑥⑩⑭ 42①③⑮ 46⑧ 47⑭⑮⑯ 48①⑥⑦⑫ 49⑨ 50④⑬ 51⑩⑬⑭⑮ 53① 57③⑤⑩⑫ 59⑧ 61⑥⑨⑮ 65⑪⑫⑬ 68⑧③⑬ 70③⑩⑪ 71⑥ 81⑧ 82① 85⑪ 87⑪ 88② 91⑨⑬ 93① 94①⑪ 95⑥ 97③ 99③ 100①③ 101⑦ 112⑬ 116⑬ 121⑪ 122⑤ 124③⑬ 125⑨⑩ 126④⑦ 129⑤ 131⑥⑪⑫ 132② 139⑩ 141⑦ 144⑧⑩ 151⑥ 152⑤⑥ 153⑩ 155① 156⑨ 157⑩ 158③⑪ 159② 167⑤ 169②④⑥⑦⑩ 170①②③⑥⑩ 171①⑧ 172⑦ 173③ 180⑥ 181⑧⑧⑫⑭ 182③③④⑬ 190⑧ 191⑥ 192①⑪⑤ 193⑨ 196① 197③④ 204⑨⑩⑩ 206①⑤ 207② 212⑥

213⑥⑪ 214③⑨ 221① 222⑩ 226②⑥ 233⑤⑧ 234①⑨ 235③⑩⑩ 236⑤⑩ 237①②②⑦⑨⑩ 238③⑤⑧⑩ 243④⑨ 246⑥⑨ 247⑩ 248⑩ 249⑨ 250② 251②⑤ 253②④⑦

くにぐに （国々） 57④ 65⑪ 112⑩ 180④ 244③

くにぢゆう （国中） 12⑤⑥⑦ 33⑪ 35⑥ 38⑨ 42⑮ 77① 78⑦ 81⑫ 109⑪ 112⑩ 121⑦ 130⑧ 154⑨ 169③ 219⑦ 220④ 221④ 224② 249②

くにべつ （国別） 80⑫

くはだつ （企）
　《連用形》ーて 116④ 125① 126⑩ 180⑧ 191⑦
　《連体形》ーつる 233⑥

くはだて （企） 42⑮ 152③

くはだてをり （企居）
　《已然形》ーれ 144⑨

くははる （加）
　《未然形》ーら 37⑩
　《連用形》ーり 70⑭

くはふ （加）
　《連用形》ーへ 76⑪

くび （首） 75⑤

くひつくす （喰尽）
　《連用形》ーし 179⑨⑬

くふ （喰）
　《連用形》ーひ 179⑨

くふう （工夫・工風） 9⑦ 10⑫ 40⑧ 70⑮ 116③ 122① 161⑤ 194④⑦ 196① 203⑩
　《連用形》ーし 179⑩

くみ （組） 57⑪ 107⑪⑪⑫⑬ 108①①② 131③ 224①

くも （雲） 162③

くやみ （悔） 35⑩

くやみじやう （悔状） 76⑮ 77⑬ 78⑤⑥⑨

80⑥ 84⑫ 122②③

くら （蔵） 194④

くらい （位） 15①②

くらし （暮） 68⑮⑯

くらし （闇）
　《連用形》ーく 83⑨

くらしかた （暮） 68⑭

くらす （暮）
　《連用形》ーし 51⑨

グラネーベレ 【人名】 124⑤

くらぶ （比）
　《已然形》ーぶれ 13⑤

くらゐ （位） 《副助詞》 10⑧ 40⑧ 41⑯ 42⑫ 46⑤⑥⑩ 48⑮ 52⑬ 57⑯ 58⑥⑧ 59⑯⑯ 62⑫ 66⑦ 67⑪ 71⑧ 75⑪ 87⑪ 93⑨ 115⑧⑫ 117⑬ 118① 120⑪ 156② 197⑤⑥ 204⑦

グラント 【人名】 75⑭ 76①④⑥

グランドウ 【人名】 126③

クラントー 【人名】 63⑦ 67⑥⑦

グラントー 【人名】 27⑧ 45⑪ 63⑧ 65⑥⑮ 141⑨ 222⑦

グリース 【国名】 71⑦⑨ 253②

グリースこく （国） 180⑤ 213⑪

グリースこくだいわう （国大王） 180⑤

くりいたす
　《連用形》ーし 172④

くりだす （繰出）
　《連用形》ーし 45⑯ 125②③ 126⑬

くりもどす （繰戻）
　《終止形》ーす 119④

グリンポローフ 【人名】 83⑩

くる （呉）
　《連用形》ーれ 110⑦⑬ 173⑦ 214①
　《連体形》ーるる 68⑯

くるし （苦）
　《未然形》ーしから 83⑪

くるしむ （苦）

《終止形》ーむ　11②　78⑪
　　《連体形》ーむ　121⑪
　　《已然形》ーめ　112⑦
くるしめる　（苦）
　　《未然形》ーめ　89⑦　90⑩
くるま　（車）　45⑮　76⑧　109⑥　153⑪
くれ　（暮）　107⑥
クレイトーノウトルラン　【地名】　107⑫
クレイトーヰストロン　【地名】　107⑪
クレーテオワイストン　【地名】　107⑫
グレートーイーストランド　【船名】　192⑪
くれがた　（暮方）　13⑨
クレムスウヲト　【人名】　99④
くれをり　（居）
　　《連用形》ーり　102④
グレント　【人名】　16⑭
グレントー　【人名】　46②
くろ　（黒）　46⑯
くろし　（黒）
　　《終止形》ーし　212⑥
　　《連体形》ーき　39④　59⑫　72⑯
くろちや　（黒茶）　85④
くわ　（貨）　172⑪
くわい　（会）　249⑤
ぐわいかう　（外港）　173⑦
くわいがふ　（会合）　34⑭　57⑧　60④　70
　　⑨　181②③④
　　《連用形》ーし　21④　109⑨　181①
くわいがふきようだん　（会合恭談）
　　《連用形》ーし　109⑦
ぐわいこく　（外国）　29⑪　47⑭　59⑨　76⑩　77
　　⑪　130⑫　144①　147⑩　155①　163⑩　170⑦
　　175⑩　184⑩　198④　199⑩　215⑩　229⑩
ぐわいしゆくてい　（外宿碇）　82①
くわいしよ　（廻書）　98⑧
ぐわいじん　（外人）　198⑥
くわいせん　（回船）
　　《未然形》ーせ　243⑪

ぐわいていはく　（外碇泊）　81⑭
くわいどう　（会同）　11⑯
くわいはう　（快方）　84①
くわいぶん　（廻文）　121⑫
ぐわいめん　（外面）　58③
くわうごう　（皇后）　87③
くわうだい　（広大）
　　《連体形》ーなる　59⑧
くわうたいし　（皇太子）　50③⑬
くわきふ　（火急）　66①
くわぎん　（貨銀）　109⑩
ぐわこう　（画工）　30⑩
くわし　（委・悉敷・委敷）
　　《連用形》ーく　12①　66⑤　111⑤　223⑧
くわじ　（火事）　72⑩　156⑦
くわじつ　（過日）　83②
ぐわずかいかく　（画図改革）　180①
くわた　（過多）　240②
ぐわつぴ　（月日）　224④　246⑨
くわはん　（過半）　99①
くわもん　（火門）　33⑤
くわやく　（火薬）　40⑫⑬⑭⑭⑯　233⑦
くわん　（官）　111⑤
くわん　（寛）
　　《連体形》ーなる　190⑤
くわんい　（官医）　121⑬
くわんえう　（管要）
　　《連体形》ーなる　48⑤
くわんけい　（関係）
　　《未然形》ーせ　159②④
　　《連体形》ーする　12⑬　159①
ぐわんこ　（頑固）
　　《連用形》ーに　88②
ぐわんしよ　（願書）　11⑬　88⑭　113⑦　162
　　⑤　183⑥
ぐわんず　（願）
　　《未然形》ーぜ　162⑤
ぐわんぜん　（頑然）

海外新聞総索引　41

《連体形》―たる 145⑤
くわんめい（官名）46⑧ 99④
ぐわんめいむち（頑冥無智）
《連用形》―に 12⑪
ぐわんらい（元来）9⑦ 22⑭ 53① 57⑯ 58⑥ 95⑥ 135⑩ 144⑥ 155① 182⑬ 237⑦ 249④
くわんらん（観覧）251⑩
くわんり（官吏）107⑤ 116②④ 126①
くわんゐ（官位）61⑫ 135⑩⑪
ぐん（軍）45⑦ 46④ 94⑩ 169⑩ 170②
ぐんかん（軍艦）9⑭⑮ 10② 11⑬ 15⑧ 16⑥ 22⑮⑯ 23④ 24⑭ 30⑪⑫⑫ 34⑮⑯ 37④ 46⑧ 50⑤⑦ 52⑯ 53③④⑤⑨ 62① ⑬ 65⑩ ⑫ 72⑧ 81⑭ 82① 87③ 89⑯ 90①③④ 92⑤ 97⑫ 101⑤ 117① 119② 125⑩ 130⑨ 139⑥ 140① 158⑧ 172④ 173③ 181⑭⑮ 182③ 192⑤ 193④ 208②④
ぐんかんがかりらうぢゆう（軍艦掛老中） 82⑩
ぐんかんがた（軍艦方）117③ 141⑩
ぐんかんちゆう（軍艦中）84②
ぐんかんぶぎやう（軍艦奉行）11⑫ 39⑨ 40② 81⑦ 97⑦ 117④ 126⑫ 129⑫ 173⑤⑥
ぐんき（軍器）10⑭ 45⑮ 170⑦ 233⑧ 244①
ぐんじ（軍事）21⑫
ぐんしふ（群集）81⑤ 118③
《未然形》―せ 124⑪
ぐんじゆ（郡聚）24⑭
ぐんぜい（軍勢）17③ 34①① 45④⑯ 48⑨⑩ 91⑩ 125③⑤ 138⑦ 157③ 170⑥ 172① 181⑭ 182③ 183⑫ 189⑤⑦⑧ 191⑥ 205⑧ 236⑧ 237② 239⑨
ぐんせん（軍船）130⑨
ぐんそつ（軍卒）10② 11⑪ 27⑧ 28③⑤⑩ 33④ 34⑯ 36⑪ 40③ 47⑯ 61② 67⑧ 76⑤ 81⑤ 83② 89⑬ 98⑥ 125⑩ 126④ ⑬ 130⑧ 239⑩ 240②
ぐんび（軍備）21⑭ 22①⑦ 137⑦ 157③ 173⑥
ぐんぺい（軍兵）61⑪ 63③⑥ 138⑪ 172③
くんめい（君命）233⑦
ぐんよう（軍用）147⑨ 163⑨ 173④ 175⑨ 184⑨ 199⑨ 215⑨ 229⑨

け

け（毛）143⑪ 207② 212⑥
げ（下）21④ 22⑦⑪ 34⑧ 57⑧ 78⑭ 124⑦⑨
けいおうがん（慶応元）45① 57① 65① 75① 87① 93① 107① 115①
けいおうがんねん（慶応元年）81① 121① 124① 129①
けいおうにねん（慶応二年）151① 167① 179① 189① 203① 219① 233② 243②
けいかう（繋纜）223③
けいき（景気・競気）13⑥ 52⑪ 62③ 68⑤⑤ 72⑯ 73②⑥ 80⑩⑩⑪ 84⑬⑭⑭ 85④⑥⑥ 87⑥ 109① 180⑩ 204② 235⑧ 246③
けいけい（敬啓）19⑩ 64⑭
けいこ（稽古）140④
けいご（警固）14⑦ 119③
けいさく（計策）23②
けいす（敬）
《未然形》―せ 237⑥
けいちよう（軽重）58⑨
けいはく（敬白）31⑪ 43⑪
けいりう（繋留）223⑥
《未然形》―せ 238⑩
《連用形》―し 244②
けいゐ（警衛）36⑥ 48⑭

けいゑいぶね（警衛舟）36④
けうし（教師）29⑯ 59④ 197⑤⑦
けうぶ（教誨）
　《連体形》ーする　10④
ケーフ【地名】111④
ケーブル　58②⑧⑧
ゲール　193⑨
けが（怪我）12⑭⑯⑯ 66③③⑪⑬ 111⑥
　206②⑧
けがにん（怪我人）244⑦ 245⑥
げくわん（下官）45⑭
けさ（今朝）94⑨
けしき（景色）68③
けす（消）
　《連用形》ーし　194⑦
ケストール【人名】45⑬⑯
けだし（蓋）10② 33⑧ 40⑨ 151⑪ 160
　⑩
けつこう（結構）36③
けつして（決・決而）21⑦ 25⑮ 90⑤ 97
　⑪ 98⑨ 113⑤ 139③ 158① 159①
けつす（決）
　《未然形》ーせ　63⑫ 82⑤
　《連用形》ーし　48⑥
　《終止形》ーす　80⑦
けつだん（決断）16⑧ 34⑨
　《連用形》ーし　122⑫
けつてい（決定）34② 46⑪ 183⑨
　《未然形》ーせ　221⑦
　《連用形》ーし　222④
　《連体形》ーする　11⑨
けつばふ（欠乏）88④
けつめい（結盟）
　《未然形》ーせ　223⑥
けづる（削）
　《連用形》ーり　46⑭
げひやうぢやうしよ（下評定処）80⑥
げひん（下貧・下品）95⑥

　《連用形》ーに　113⑪
けふ（今日）52⑩ 59⑭ 60② 91① 208⑥
げふ（業）94④ 121⑧
ゲプシン【人名】82⑪
げぶつ（下物）42⑤⑤
けむ（けん）《助動詞》
　《終止形》けん　72⑩
　《連体形》けん　66⑯
げらく（下落）63⑩ 235⑥ 246②
　《未然形》ーせ　87⑦ 99⑪ 100⑩
　《連用形》ーし　52⑩ 123⑨
　《終止形》ーす　99⑦
ケラバートレキ【人名】132③
けり《助動詞》
　《終止形》けり　84⑫ 88⑧⑭ 93⑤ 99④⑥
　100⑤ 118③⑫ 123④ 146⑨ 154⑦ 193⑨
　《連体形》ける　45⑥ 58⑪ 60⑤ 63⑬
　⑤⑥⑧ 66①⑪⑭ 68⑯ 70② 75⑥ 82③⑦
　84⑨ 88②⑪ 90①②③③⑤⑧ 94② 101
　⑧ 136③ 146⑧ 191⑩ 221③ 243⑨
　《已然形》けれ　82⑥⑧ 87⑬ 88⑦⑬⑭ 90
　⑥ 94③ 95② 101⑫ 102⑥ 117⑧
ケレホル【人名】25⑩
けん（剣）65⑯ 66①
げん（言）9⑩ 21⑩ 22⑤⑦ 25⑬⑮ 26⑤
　⑫ 27② 45⑫ 48⑦ 50⑫ 52⑧ 69⑬ 82⑦
　160⑨ 223⑨ 224⑤
けんい（権畏）121⑤
げんかい（厳戒）76⑪
げんきやく（減却）97⑤
けんくわ（喧嘩）83⑫ 94⑥ 112②
けんげう（検校）31⑦ 43⑦
げんじ（減）130⑤
げんじかた（減方）130⑥ 157⑥
げんじぶん（減分）130⑤
げんしよ（元書）31⑨⑩ 43⑨⑩
ケンシン【人名】63⑥
げんず（減）

《未然形》ーぜ　67⑧　136⑥
《連用形》ーじ　9⑭　24⑦　126④　130⑥　157⑦　180⑬　250③
《連体形》ーずる　9⑨⑫　49⑬　130⑦　157⑦

げんずる　（減）
《終止形》ーずる　130③

げんせう　（減少）　29⑥　36⑧　70⑪　108⑫　140⑧　245①
《未然形》ーせ　244⑩
《連用形》ーし　10③　30②　67⑦　76⑦
《終止形》ーす　126⑤
《連体形》ーする　130②　248⑦
《已然形》ーすれ　49⑮

げんぢに　（元治二）　9①　21①　33①
げんぢゆう　（厳重）　97⑥　173⑩
《連用形》ーに　82⑭　89⑥

けんぱく　（建白）　9⑨　77⑬
げんばつ　（厳罰）
《連体形》ーたる　84⑥

けんぶつ　（見物）　29⑤　30⑩　37⑬⑭　38⑧　65⑭　115⑪　245③
けんぶつにん　（見物人）　24⑭　153⑪　154①　245③
けんぶん　（見分）　192⑥
ケンベー　【人名】　82⑩　89⑯
けんぺー　（権柄）　197⑤
ケンボノル　【地名】　15⑬
ケンボル　【地名】　15⑫
けんやく　（倹約）　29⑮
《連用形》ーし　248⑤
けんらう　（堅牢）　25①

こ

こ　（子・児）　110⑬　129⑫　160④　172⑧　197②　214⑦⑦　237⑧　253⑧
こう　（功）　57⑩

こうえきでうやく　（交易条約）　48①
こうかう　（厚交）　223⑦
こうき　（鮫鰭）　53⑫
こうし　（公子）　37⑫
こうじやう　（口上）　25⑫　182⑫
こうじゆ　（口授）　66⑤
こうずい　（洪水）　160②　245⑩
こうずいご　（洪水後）　237④
こうせい　（後世）　198①⑧
こうはい　（興廃）　103⑨
こうはくせい　（赤白青）　234⑥
こうはくせいせん　（紅白青船）　245②
コウバットウ　【人名】　252③
こうへん　（公辺）　10④　11⑬
こうらい　（後来）　71②
ごおくごせんごひやくななじふにまんはつせんひやくきうじふリヤール　（五億五千五百七十二万八千百九十）　49⑩
コーケンチヤナこく　（国）　100②
コーチンチヤナ　【国名】　47⑫
コーベースメット　【人名】　82⑩
ゴールスベレー　【人名】　16④
ごかげつまへ　（五ヶ月前）　50⑨
こがた　（小）　247⑩
ごかんぢやうがかり　（御勘定懸）　79⑤
ごかんぢやうぶぎやう　（御勘定奉行）　71⑩　78⑭　80④
こく　（告）　15⑭
こく　（穀）　116④
ごく　（極）　59⑮
こくい　（黒夷）　235③
こくえふ　（黒葉）　93⑦
こくきやう　（国境）　28⑧　189⑩
こくきやうりやうぶん　（国境領分）　180⑨
ごくげくわん　（極下官）　30②
こくげん　（刻限）　109⑤
ごくごく　（極々）　17⑤　38⑨
こくじ　（国事）　12⑬　68⑪

ごくじやう　（極上）　42⑪　52⑫　59⑯　73②　85⑤　153⑧

ごくじやうひん　（極上品）　59⑮

こくしゆ　（国主）　246⑦　247⑤　248⑥

こくじん　（国人）　9⑤　13⑩

こくじん　（黒人）　26⑩⑩　28⑩　45⑪⑫　63⑬　122⑩⑫　126①

こくじんども　（黒人共）　83⑪⑪　126⑩

こくせい　（国政）　12⑧　121⑥　213⑧

こくたい　（国躰）　26⑨⑩　27④　155⑪　172⑦

こくない　（国内）　34⑧

こくはふ　（国法）　12②　27②　156①

ごくひん　（極品）　142⑧

こくふう　（国風）　135⑩

こくみん　（国民）　10④　12⑪

こくめい　（国名）　253②

こくもつ　（穀物）　29⑯　38⑩　39⑤

ごくらくまはり　（極楽廻）
《未然形》ーせ　81③

こくろう　（酉長）　235⑩

こくわう　（国王）　9④⑬　10⑧　12④⑤⑭　13⑨　23⑧　29③　30⑨⑪　35⑦⑩　36①②⑦　37⑫　38⑧　40⑧　47⑬⑬⑭　50④　59③　62③　68⑧⑨⑩⑪⑬　70⑥⑦　71①⑦　81⑥⑫⑬　84⑤⑪　87③⑩　88⑤　89②⑪　90⑬　91③　112⑤⑩　116③　119①　120①　121⑤　122②　124⑨　129⑫　130⑪　138③　156⑤　162①①⑤　169②⑧　170③　171②　189⑥⑨　190③　191②　192⑤　195②　207⑥　209③④　219⑥　220⑥　249⑥　252⑧

こくわうぜい　（国王勢）　98⑫

ごぐわつ　（五月）　19⑩　64⑭　252④

ごぐわついつか　（五月五日）　151①

ごぐわつここのか　（五月九日）　80⑦　83①

ごぐわつさんじふごにちづけ　（五月三十五日附）　89⑤

ごぐわつさんじふにち　（五月三十日）　241①

ごぐわつじふいちにち　（五月十一日）　57①

ごぐわつじふしちにち　（五月十七日）　84⑪　167①

ごぐわつじふににち　（五月十二日）　85⑧　207⑩

ごぐわつじふはちにち　（五月十八日）　204④

ごぐわつじふよつか　（五月十四日）　189③

ごぐわつついたち　（五月朔日・五月一日）　29④　78⑥　80⑥

ごぐわつとおか　（五月十日）　75①

ごぐわつなのか　（五月七日）　76⑭　77⑤⑨

ごぐわつにじふしちにち　（五月廿七日）　167①

ごぐわつにじふはちにち　（五月廿八日）　87⑭

ごぐわつにじふよつか　（五月廿四日）　81⑬

ごぐわつにじふろくにち　（五月廿六日）　65①　81①③

ごぐわつやうか　（五月八日）　36⑭

ごけねん　（御懸念）　98②

ここ　（此・斯・爰・茲）　26⑪　40⑤　51⑫　87⑪　108⑤　110④　145②　159⑩

ごご　（午後）　27⑫

ごごさんじ　（午後三時）　15⑧

ここに　（茲）　57⑧

ここのつはんどき　（九ツ半時）　147③　163③　175③　184③　199③　203⑥　215③　229③

こころ　（心）　9⑬　48⑥　49⑤　67⑭　71⑩　81⑦　83③　97⑦　135⑧　144⑥　146⑤　162④　211⑩　219⑨　226①　249③

こころえ　（心得）　116⑤

こころおきなし　（心置）
《連用形》ーく　113⑤　234③

こころがけ　（心懸）　112⑩
こころくみをり　（組居）
　《連体形》―る　81⑧
こころざす　（志）
　《連用形》―し　41② 72⑨
こころざし　（志・意）　78⑬ 104②④ 126
　① 135⑨ 143⑨ 152⑨
こころづく　（心）
　《連体形》―き　48⑭
こころながし　（心）
　《連用形》―く　162②
こころならず　（心）　152⑩
こころみ　（試）　45⑦ 101⑨ 179⑪ 194①
こころむ　（試・心）
　《未然形》―み　194②
　《連用形》―み　40⑯ 60⑥ 110⑥
　《終止形》―む　161⑨
　《連体形》―むる　57⑭ 68⑩ 193⑪
こころよし　（快）
　《連用形》―く　70④ 207④
ここん　（古今）　41 ① 239⑤ 247②
ごこんとく　（御懇篤）　249⑤
ごさい　（後妻）　52⑤
ごさう　（五艘）　16⑬ 40②
こし　（輿）　41⑨
ごじ　（五字）　224⑥
ゴシアン　【地名】　213⑩
コシカー　【地名】　57⑭ 58①
ごじふかうり　（五十行李）　80⑧
ごじふごさい　（五十五歳）　195⑪
ごじふにまんさんぜんごひやくパウン
　（五十二万三千五百）　59⑥
ごじふにん　（五十人）　16②
ごじふねんいらい　（五十年己来）　109②
ごじふまい　（五十枚）　53⑫
ごじふまんげん　（五十万元）　135⑤
ごじふまんトロ　（五十万）　64④

ごじふまんハウン　（五拾万）　130⑤
ごじふよんまい　（五拾四枚）　87⑧
こしやう　（故障）　90⑥
ごじやうか　（御城下）　169④
ごしやくごすん　（五尺五寸）　115⑥
ごしようち　（御承知）　98⑦ 249④
ごしようもん　（御證文）　68⑫
こしらふ　（拵）
　《連用形》―へ　51④ 179⑪
　《イ音便》―ひ　168② 173①
こす　（越）
　《連用形》―し　78②
　《連体形》―す　110②
ごす　（期）
　《連用形》―し　171④
こすい　（湖水）　50⑤
こすう　（箇数）　52⑭
ごせいめい　（御姓名）　19⑥ 64⑪
ごせん　（五千）　115⑬
こせんぢやう　（古戦場）　94⑪
ごせんにん　（五千人）　65⑤
こたふ　（答）
　《連用形》―へ　47⑬ 157⑤
　《イ音便》―ひ　223⑤ 136③ 138⑨
こたへ　（答）　87⑭ 139① 205①
ゴチカウフ　【人名】　171①
こちや　（古茶）　123⑥
ごぢやう　（五丈）　115⑨⑩
ごぢゆうしよ　（御住所）　19⑥ 64⑪
こつか　（国家）　26⑦ 88④ 109⑪ 191⑪
こつかたいえき　（国家大益）　109⑤
こづかひ　（小遣）　28⑩
こつき　（国旗）　33⑫ 38⑬
こつせつ　（骨節）　13②
ごてうはつぴやくまんドルラル　（五兆八百万）　34⑥
コテンジン　【地名】　189⑦
こと　（事）　9④⑦⑧⑧ 11③④⑤ 12②②③

⑦⑧⑨⑭⑯ 16⑧ 17⑤ 19④ 21⑦⑧⑫⑮⑯ 22①④⑤⑧⑩⑬ 23①③⑤ 24⑫⑬ 25⑧⑭⑮ 26①⑤⑩⑩⑬ 27②③④⑤⑤⑥ 28⑥⑭ 29⑨⑫⑮ 30⑧ 31⑦⑧⑩33⑤⑬ 34②⑨⑫ 35③⑬ 36⑧⑨⑫⑬⑯ 37⑦⑩ 38③③④⑧⑩⑩⑪⑬ 39⑧⑩⑬⑮ 40⑥⑦⑨ 41⑪⑯ 42③④⑬ 43①⑦⑧⑩ 45⑥⑩ 46⑤⑦⑨⑨⑩⑮ 47①⑦⑦ 48①④⑤⑤⑦⑩⑮⑯⑯ 49①①②⑥⑨⑭⑯ 50⑧⑩ 51③⑦⑦⑪⑫⑮ 52③⑤⑦⑫ 53⑥⑨⑬⑬⑭ 59①⑨ 60④⑤⑤⑥⑦⑩⑪⑫⑬ 61①⑨⑯ 62②⑥⑧⑭ 63⑫⑬⑮⑮ 64①④⑤⑨ 65⑪ 66①②⑯ 67①④⑧⑨ 68④⑤⑬ 69②④⑫⑯ 70①⑪⑬ 71⑤⑨ 72⑦ 73① 75⑧⑨⑬⑬⑮ 76③④⑥ 77⑨⑬ 78⑤⑤⑬ 80⑥⑦ 81⑫ 82① 88⑦⑨ 89⑨⑪ 91⑨⑨⑪⑫⑮ 92③③④⑥ 94③⑦ 95②⑪⑫ 96④ 98⑨ 99⑧ 100② 102⑩ 110①②⑤⑤⑨ 111③④ 112①②③⑥⑦⑪⑫ 115③⑤⑦ 117①②⑪ 119⑤ 121⑥⑧ 122⑪⑬ 124⑬ 129⑤⑪⑬⑬ 131③⑪ 132②⑤⑥⑥⑬ 135⑦⑧⑪ 137⑨ 138④⑧⑧⑨ 139①②③⑧⑩ 140④ 141⑥ 143⑦⑨⑪ 144①③③ 146⑧ 151⑨⑨ 152①⑦⑨⑩⑩⑪ 153⑤ 155④⑤⑧ 156②⑤⑩⑩ 157②④⑤⑦⑨⑩⑩⑪ 159①③⑤⑨⑨ 161⑧ 167⑦ 168①⑥⑧⑩ 169②③③⑧ 170③⑧ 171③③⑨⑩ 172⑨ 173⑪ 179⑥ 180②⑦⑨⑪ 182③⑪ 183⑦ 189⑨ 190③⑤⑨ 191⑪ 193⑩⑪ 194⑥⑦⑨ 195⑩ 196①② 197④ 203⑤⑪ 204③ 205① 207①②③ 208①④ 209⑧ 211③④④ 214① 220⑤⑧ 221①⑤⑦⑨ 222④⑪ 223④⑥ 226②③⑦⑨ 233⑧ 234⑦ 235①⑩ 236①③⑧⑨⑩ 238① 239②⑥⑦⑩ 243⑦⑦ 246⑧ 251⑧

ごと （毎） 17⑩ 67⑯ 97⑤ 220②
ことごと 170⑨
ことごとく （尽・委・悉） 29⑨ 34⑭ 42⑦ 62⑭ 102① 141⑤ 158⑧ 160② 168⑥ 179⑬ 223⑤ 240②
ことさら （殊更） 111⑥ 113⑪
ことし （今年） 29③ 30⑩ 49⑨ 62⑭ 71⑤⑪⑬ 95① 204④
ごとし （如）《助動詞》
　《連用形》―く 12⑪ 16② 17⑦ 22③③⑥⑬ 25⑮ 26⑨ 28⑤⑮ 31③⑨ 34⑬ 36②⑫ 37⑥ 39③ 41⑤ 43③⑨ 45⑬ 47⑤ 48④⑭ 49②⑦ 51①② 57⑦ 58① 60⑫ 65⑬ 69⑤ 81⑮ 97⑩ 108② 110①⑫ 117⑩ 136③ 146④ 153⑩ 168① 180④⑪ 212⑥ 223⑤ 237⑥ 240⑦ 246⑩ 251⑦
　《終止形》―し 16⑨ 23⑥⑨ 25⑨ 27⑤ 36⑯ 49⑨ 53⑩ 59③ 73⑧ 100⑪ 107⑤⑦ 109① 121⑧ 122⑬ 183⑤
　《連体形》―き 9⑩ ⑫ 23⑭ 26①②⑮ 28⑩ 29⑪⑫ 30⑤ 38⑩ 49①⑤⑤ 62⑦ 68⑮⑯ 69⑥ 82⑧ 95⑪ 96⑪ 113④ 116 117⑦ ⑩ 151⑨ 160⑦ 233⑩ 244⑥ 245③ 249④
ことなる （異）
　《未然形》―なら 101⑧ 164③ 176③ 185③ 200③ 216③ 230③
　《連用形》―り 30② 40⑭ 161④
　《連体形》―なる 40⑪ 99⑧
ことに （殊） 48⑬ 64② 66①⑪ 87⑪ 102⑧ 107⑥ 121⑥ 145⑤
ことのほか （殊外） 87⑬
ことば （葉・詞） 17⑦ 24⑬ 31③ 43③ 119①
こども （小供） 69②⑤
ことワリ 65⑧
ごトン （五） 194③
ゴナハニ 【島名】 211⑧
ごにん （五人） 25⑪ 65④ 83⑨ 88①
コネグラツ 【地名】 208⑦

海外新聞総索引　*47*

こねずみ　（小鼠）　115④

この　（此・是）　9②⑧　11⑩　12⑯　13④⑤⑥⑥　14⑪⑭⑯　15⑪⑯　16④⑯　17⑩　21①⑧⑨⑫　22⑬　23⑮　24③④⑦　25⑤⑤　26②⑩　27⑦⑫⑫⑬　28⑩　29⑪　30③⑨⑭⑮⑮　31⑥　33①⑬　34⑥⑪　35①⑦⑧⑨⑫⑬　36①③⑧⑩⑪⑬⑮⑯　37①④⑯　38②⑨　39⑩　40③⑥⑨⑬⑬　41④⑥⑧⑭⑮　42①①②②③④⑨⑨⑬⑯　43①⑥　45⑥⑩　46⑤⑬⑮　47①②⑥⑦⑫　48①⑦⑫⑮⑯　49⑥⑨⑯　50④⑨⑩⑬　51④④⑤⑦⑦⑩⑬⑭⑮　52⑤⑥⑦⑨⑩⑩⑫⑯　53①③⑦　57①③⑨⑪⑫⑮　58⑬⑭　59②⑧⑪　60②⑩⑯　61④⑥⑨⑩⑪⑬⑭⑭⑮　62②⑥⑫⑬　63⑤⑧　64①④　65⑨⑨　66⑩⑭⑯　68④⑨⑬⑯　69①⑫⑯　70③⑤⑪⑪⑬　71①②⑧⑮　72⑥　73⑤　75④⑧⑬⑭　76⑥　77③⑬　78④⑦　80⑫　81⑥　82④⑤　83⑪⑮　84⑦⑫⑭　85②⑪　87⑥⑦⑩　88①②⑪　89⑮　90①③④⑥　93③⑦⑨　94①⑨⑪　95⑥　97③　99③⑦⑧⑨⑩　100①④⑩　101⑦⑩⑫　102⑤　107⑤　109⑥　110⑬　111⑦　112⑦⑩⑪　115⑧⑫　116⑨⑬　117③⑨　120⑦　121④⑪　122⑤⑪　123⑨　124③⑬　125②③⑩⑬　126①⑦　129⑤　130④⑫　131⑥⑯　132②　135①⑥⑥⑧　136⑥　137③　138④⑧　139③⑤⑪　140⑨　141⑥⑦　143④　144⑥⑨　146⑧⑧　151①⑥　152⑨　153④⑩　155①①　156⑨　157④⑥⑩⑪　158⑪　159②⑨⑨　160②③⑥⑧　161②⑤⑨　167②⑤　168⑨　169②③④⑥⑦⑩　170③⑥⑦⑩　171①⑥　172⑦　173③④⑥⑧⑩　179①⑥⑭　180⑦⑧⑨⑩　181②⑧⑫⑭　182③⑨　183②　190⑧　191⑥　192①②⑤⑤⑩　193①⑨　195③　197③④⑧⑪　198⑧　204⑥⑨⑩⑩　206①⑤　207②　208⑧　209⑦　211③⑥⑨⑩　212⑦⑩　214⑪　219⑥⑩　220③　221③　222⑤⑩　223②③⑦⑪　225②⑥　226①⑤⑩　233⑤⑧　234①②③⑦⑨　235②③⑩　236⑤⑩　237①②②②④⑦⑩　238③⑤⑧⑨⑩　239⑨　240①⑥　241②　243④　245①⑦⑦　246⑥⑧⑨　247⑤　248⑥⑩　249①⑤⑨　250②　251②⑤⑦⑨　252③④⑥　253②④⑦

このごろ　（此頃）　42⑤⑧　49⑤　50④　58⑪　62④　63⑩　67⑮　68③⑩⑭　70⑫⑫　72⑫　81③　138⑥　158⑪　159⑤　190⑩　205①　208①　223①　239⑧　253③

このせつ　（此節）　42⑥

このたび　（此度）　182⑪　223⑩

このほか　（此外）　46⑮

このむ　（好）
　《連用形》―み　61⑨　143⑨
　《連体形》―む　143⑪　195⑩

こばむ　（拒）
　《連用形》―み　66⑥　180⑦

こはる　（摧）
　《連用形》―れ　16②

ごびう　（誤謬）　31⑧　43⑦

こひねがふ　（請願）
　《連体形》―ふ　12⑦

ごひやくごじふしちにん　（五百五十七人）　72②

ごひやくじふにせんななひやくななじふいちハウン　（五百十二千七百七十一）　108⑪

ごひやくななじふまんパウン　（五百七十万）　59⑤

ごひやくにん　（五百人）　15⑪

ごひやくはちじふごまんろつぴやくよんじふほ　（五百八十五万六百四十歩）　83④

ごひやくまん　（五百万）　248⑤

ごひやくもん　（五百文）　19⑧　64⑬

コピラノー　【新聞名】　49⑬

こふ　（請・乞）
　《連用形》―ひ　35⑧　41⑭　90③　140①
　《終止形》―ふ　96⑫

《連体形》ーふ 51⑦
ごぶ （五分） 24⑧ 34⑫
ごぶいち （五分一） 119⑪
こふかいす （航海）
　《連用形》ーし 10⑬
こぶし （木倍子・五倍子） 52⑮ 60③ 80⑪
コブデン 【人名】 57⑨⑪ 62⑤
こぶね （小船） 91⑭
こほり （氷） 38⑦⑨ 60⑦⑨
ごほんばしら （五本柱） 85③
ごまい （五枚） 53⑫ 119⑪
こまる （困）
　《連用形》ーり 38⑩ 211⑤
ごまんタキラ （五万） 11⑫
ごまんにん （五万人） 97④
こみ （込） 164⑥ 176⑥ 185⑥ 200⑥ 216⑥ 230⑥
こみいる （込入）
　《連用形》ーり 25⑭
こみおく （込置）
　《連用形》ーき 179⑪
コメセロフ 【人名】 155③
ごめんきよ （御免許） 101⑩
こやく （小役） 82⑦
こゆ （越）
　《連用形》ーへ 191④
ごよう （御用） 164①⑧ 176①⑧ 185①⑧ 200①⑧ 216①⑧ 230①⑧
こらい （古来） 97⑥⑨ 98⑪
ごらうぢゆう （御老中） 90⑮
ごらん （御覧） 164① 176① 185① 200① 216① 230①
コリヤス 【人名】 84⑤
ごりん （五厘） 42②
コルフオ 【地名】 111⑪
これ （是・之・此） 9⑤ 10⑪⑫ 11⑬ 13⑩ 14⑥ 16⑫⑭ 17②⑤ 19② 21⑩ 23①⑥⑨⑩⑪⑫⑬⑭⑯ 24⑮ 25⑥ 26⑪ 27⑩⑯ 28①⑭ 29② 30①② 33⑧⑩⑫ 34④⑪⑯ 35③⑥⑦⑧⑩ 36⑨⑩⑫ 37② 39⑯ 40⑬⑬ 41①⑫ 42⑯ 45③⑤⑮ 46⑤⑥ 47③⑫⑯ 48⑤⑬ 49⑯ 50⑧⑪ 51⑧⑨ 52④⑪ 53⑤⑩ 57⑩⑮ 58① 60④⑫ 61⑫ 62① 63④⑨⑮ 64⑦ 65①⑬ 66⑤⑭ 68⑩ 71⑬ 72⑦ 73① 75⑥ 76② 83⑯ 88④⑩⑬ 89⑦ 90④ 91⑧ 92⑤⑥ 93⑪ 94⑤⑦ 95③⑦⑨⑪⑫ 96① 99③ 100③⑨⑩ 101③ 104⑤ 110①⑥ 111②③ 112② 113③④ 115⑫ 116⑩⑩ 119④ 121⑪ 122⑬ 124⑥ 136① 137⑤⑥ 139② 141② 142⑥⑧ 143③ 145⑦⑧⑪ 146⑤⑨ 151⑨ 154⑥ 155⑨ 156① 160⑧ 161④ 162④ 164②⑧ 167⑪ 168⑥ 171⑤ 173④⑥⑧ 176②⑧ 180⑫ 182⑩ 183④⑥ 185②⑧ 189⑤ 194① 197⑤ 198② 200②⑧ 203⑩ 213⑨ 214①④ 216②⑧ 225④ 230②⑧ 233⑦ 235① 237①⑩ 238①④ 239② 240④⑦ 243⑨ 244① 245⑥ 246⑧⑩ 247⑧⑩ 251③ 253②⑥⑦
これまで （是迄・此迄） 26⑯ 29⑧⑭ 36⑪ 39③ 40⑪ 41⑪ 57⑦ 60④⑥ 67⑪ 70① 83⑩ 95⑫ 113⑥ 124④ 126① 174① 206① 212④ 223④ 244③
これより 139⑧
これら （此等・之等・是等） 156⑩ 160⑤ 164⑦ 176⑦ 185⑦ 196① 200⑦ 216⑦ 225⑨ 230⑦ 251⑨
コレラびやう （病） 121⑪
ころ （頃） 38⑤ 51⑬ 61① 63⑧ 64⑤ 65⑭ 66③ 72⑩ 83⑥⑨⑮ 140⑨ 143④⑩ 169⑦ 182⑨ 192⑤ 195④
ころがる （転）
　《終止形》ーる 253⑥
ごろくぐわつ （五六月） 52②
ごろくにち （五六日） 10⑪ 52⑨

ごろくにちいぜん（五六日以前）151④
ごろくねんいぜん（五六年以前）22⑦
ころす（殺）
　《未然形》ーさ　75⑧　154⑤
　《連用形》ーし　116④
　《已然形》ーせ　66⑬　75③
ごろつぴやくにん（五六百人）191⑧
コロナー【地名】24⑯
コロリ【病名】190⑩
コロリびやう（病）122①　205③
コロンビヤ【国名】33③　75⑪
コロンブス【人名】240④
コロンホス【人名】211⑨
コロンボス【人名】143⑦　161④　162④　195⑧⑪　196②　211③⑪　212⑤　225②④⑤⑧　226①
コワラニテン【病名】112⑫
こわる
　《連用形》ーれ　208④
こゑ（声）13⑪　39⑯　145⑥⑦　146③
こん（今）47⑬　50⑩⑬　77①　171⑩　208⑨
こんあつ（懇篤）
　《連用形》ーに　223④
こんい（懇意）37⑥　161⑩
こんいん（婚姻）82⑭　238⑧
こんげつ（今月）24⑤　25⑨　28②　33⑭　40⑧　42⑫　46⑤⑩　⑯　48⑤　49⑫　50③　60③　63①　99⑥　100①④　101①　107⑩　121⑤　130②　157⑦　167⑦　191②　237⑤
コンシェル【役職名】126⑪
コンシユール【役職名】101⑦
コンシュル【役職名】30③　36①⑦　132⑦
コンシュルくわん（官）131⑧
こんど（今度）22⑮　41④　99③　220⑦　234⑥　236⑤
コントウ【新聞名】206⑤
こんぱん（今般）19②　26④⑤　64⑦　222③⑥　234①　237⑤⑨　238④　244④　246⑥　248⑨
こんれい（婚礼）24⑪⑬

さ

さ（左）21⑮　95⑦
ざ（座）88①
ざい（財）252①
さいう（左右）83⑧
さいおう（再応）173⑦
ざいきよ（在居）126⑥
ざいきん（在勤）15②　84⑪
さいくし（細工師）164①　176①　185①　200①　216①　230①
さいくもの（細工）34⑫
さいくもの（細工者）83⑯
さいげん（際限）42③
さいこう（西行）160⑪
さいこく（西国）143④
さいし（妻子）67⑪
さいしやう（宰相）121⑤
さいじやうひん（最上品）127③
さいしよ（最初）30⑬
ざいじん（在陣）
　《連用形》ーし　17③
ざいせ（在世）237⑪
さいせうせん（細小船）245③
さいせん（再戦）75⑮
さいそく（催促）172①
さいだい（最大）117⑬
ざいたい（在滞）48⑫
さいたかね（最高直）96④
さいち（才智）62⑥
さいちゆう（最中）116③
さいど（再度）33⑯　41⑭
さいとり　172⑪
さいはひ（幸）

《連用形》―に 27⑭ 31⑩ 43⑩ 154④ 226⑧
《連体形》―なる 102⑥
サイヒリョウこく（国）120⑤
ざいもく（材木）77③ 193⑤
ざいりう（在留）14⑦ 36⑪ 39⑩ 40⑨⑩ 41⑮ 43⑩ 50⑬ 68⑬ 107⑤ 125⑨ 126⑫ 129⑦ 152⑤ 248⑩
《未然形》―せ 51⑭
さいれい（祭礼）95①
ざう（像）52⑤
さうおう（相応）83⑤
ざうげ（象牙）73⑩ 164② 176② 185② 200② 216② 230②
さうげふ（創業）239⑩
さうご（相互）103④
さうざう（創造）145④
《連体形》―する 10⑤
ざうさく（造作）
《連体形》―する 110②
さうじ（双児）116⑦
さうしき（葬式）124⑩
さうせん（争戦）181⑨ 236⑥
ざうせんぢやう（造船場）33⑦
さうそう（葬送）35⑨
さうだん（相談）11⑯ 25⑯ 35⑧ 37⑨⑩ 48⑯⑯ 50⑧ 58⑭ 63⑨ 67⑨ 68⑪ 169⑤ 180①
《未然形》―せ 221⑩
《連用形》―し 180⑧
さうだんあひて（相談相手）68⑪
さうば（相場）16⑫ 17⑧ 24② 31④ 42⑨ 43④ 53⑩ 63⑩ 73⑧ 85⑤ 137⑤ 152⑪ 168⑧ 194⑨
さうはう（双方）81⑭ 89⑭ 132② 152②
さうもく（草木）245⑨
さうろん（争論）14⑤ 22⑫ 30⑧ 136⑦ 158⑪ 179⑭ 181②

さうゐ（相違）16⑨ 147⑩ 163⑩ 175⑩ 184⑩ 199⑩ 215⑩ 229⑩
《連用形》―し 49③
さかい（境）46④ 170⑥ 181⑫
さかう（鎖港）90⑩
さがしだす（探出）
《連用形》―し 60⑤
さがす（探）
《未然形》―さ 41⑦
さかな（魚）146⑦
さからひ（逆）129⑬
さかり 245①
さがりをり（下居）
《已然形》―れ 60⑩
さがる（下）
《未然形》―ら 73⑤
《連用形》―り 13④ 24③④⑧ 35⑫ 38⑤ 42②⑪⑫ 52⑫ 60① 61⑥ 73④ 137⑪ 194⑪
《已然形》―れ 80⑪
さかん（盛）181⑭ 207⑦
《連用形》―なり 15④
《連用形》―に 33⑮ 69⑬ 121⑥ 141⑧
《終止形》―なり 13⑤
《已然形》―なれ 94⑦
さき（先・前）18⑪ 24③④⑮ 25②⑫ 28⑪ 30② 35⑬ 36⑧ 39① 46② 48④ 50⑦ 57⑫ 62②⑪⑭ 70⑩ 80⑨ 85⑥ 90⑯ 94⑤ 104① 124⑨ 136③ 137⑩ 153②②④ 168②⑩ 182⑨ 213⑦ 214④ 221⑧ 222⑤
さきごろ（先頃）138⑪
さきざき（先々）240⑩
さく（策）16⑮⑮ 21⑪
さく（避）
《未然形》―け 72⑫
さく（割）
《連用形》―き 181④
さぐ（下）

《連用形》ーげ 42⑥
さくじつ（昨日）67⑥
さくねん（昨年）11⑤⑧ 14⑭ 26⑬ 36⑮ 41⑬ 52⑭ 59⑭ 60② 71⑪⑪ 107⑥ 109①
さくねんちゆう（昨年中）71⑭
さくむく（向）
《未然形》ーけ 48⑩
さくもつ（作物）245⑩
サクラメント【船名】53②⑨⑩
さぐりいる（穿入）
《連用形》ーれ 102⑥
さぐる（探）
《連用形》ーり 144⑧
さけ（酒）34⑫ 46⑥
さけがたし（避）
《連用形》ーく 72⑪
ささい（些細）88③
ささゆ
《連体形》ーゆる 195④
さしあぐ（差上）
《連用形》ーげ 13⑪ 66④ 164⑥⑦ 176⑤⑦ 185⑥⑦ 200⑥⑦ 216⑥⑦ 230⑥⑦
《終止形》ーぐ 147⑩ 163⑩ 175⑩ 184⑩ 199⑩ 215⑩ 229⑩
さしあたり（差当）21⑦ 161⑨ 221⑤
さしおく（差置）
《連用形》ーき 23⑧
さしおもる（差重）
《連用形》ーり 233⑨
さしかふ（指替）
《連用形》ーへ 98⑤
さじき（桟敷）65⑮
さしこす（差越）
《連用形》ーし 192⑩
さしだす（差出）
《連用形》ーし 25⑨ 39⑨ 88⑭ 113⑦ 174①

《連体形》ーす 71⑥
さしづ（差図）71① 234②
さしつかはす（差遣）
《未然形》ーさ 139⑦
《連用形》ーし 58⑯ 140①
《終止形》ーす 16⑤
さしつかへ（差支）14① 25⑯ 68⑭
さしつまる
《連用形》ーり 207⑥
さしとほす（刺透）
《連用形》ーし 66⑩
さしとむ（指留）
《連用形》ーめ 91⑫ 220③
さしのばす（延）
《連用形》ーし 140⑪
さしひき（指引・差引）80④ 108④
《連用形》ーし 23⑭ 49⑫
さしひきまうけざん（差引儲残）108⑪
さしひきまうけだか（差引儲高）108⑦⑨
さしむ
《連用形》ーめ 136⑤ 156⑤
さしむく（指向・差向）
《連用形》ーけ 81⑧ 101⑤
さしわたし（差渡）118①①
さす
《未然形》ーせ 131⑦ 239⑧ 240⑧
《連用形》ーせ 91⑬ 237⑩
《連体形》ーする 245③
さすれば（左）《接続詞》126⑤ 130③
さた（沙汰）180① 181④ 189⑧ 193⑪
さたう（砂糖）68⑤ 80⑪ 100⑤
さたうぜい（砂糖税）77⑨
さだか
《未然形》ーなら 89⑭
サタツリー 99⑩
さだまる（定）
《未然形》ーら 26② 50⑩ 140⑤ 159③

《連用形》―り　41⑯　46⑨　48②　51⑫　64⑤　69⑥　140⑨　145④　155⑧　167⑦
《連体形》―まる　167⑥
さだむ　（定）
　《連用形》―め　19⑦　24①　28⑮　29⑦　31②　64⑫　109⑫　126③　152⑧　207②　224⑦　252⑨
　《終止形》―む　28⑭　34⑥　221⑨
さだめ　（定）　136⑩
さだめがたし　（定難）
　《終止形》―し　58⑩
さだめし　（定）　52⑥　95③　102⑤
さだめて　（定・定而）　9⑤⑧　10⑪　26①　52⑧　53⑨　58⑬　61⑮　62①　63⑧　87④　118⑥　161⑦　196③　225⑥
サタリー　42④
サタリーいと　（糸）　14⑯
さつ　（札）　168②
ざついりよう　（雑入用）　23⑪
さつがいす　（殺害）
　《未然形》―せ　63⑮　82⑮　101①
　《終止形》―す　116⑤
さづく　（授）
　《未然形》―け　135⑩
　《連用形》―け　145⑩
さつこん　（昨今）　219⑧
ざつじ　（雑事）　23⑦
さつす　（察）
　《連体形》―する　102⑪　196②
さつするに　（察）　43①　45⑫
さつそく　（早速）　19⑥　45⑦　51⑧　64⑪　76⑦　82⑬　147④　154⑪　163④　175④　184④　199④　215④　229④
ざつぴ　（雑費）　234③
ざつぴいりよう　（雑費入用）130⑦
さて　（扨・偖）　12⑯　36②　61⑭　159⑩　196③　211②　240④　251⑦
さとす　（諭）
　《連用形》―し　112②
　《連体形》―する　31⑩
サニタードー　【地名】　39⑪
サバナ　【国名】　35②
さはり　（障）　129⑦
さはる　（障）
　《未然形》―ら　40⑦
さび　（錆）　58④
さふらふ　（候）
　《未然形》―は　90⑥　98⑥　101⑨　164⑤　176⑤　185⑤　200⑤　216⑤　230⑤
　《連用形》―ひ　78⑦　126⑥
　《終止形》―ふ　18⑫　19⑨　31⑪　43⑪　78⑤⑥　83⑪　88⑫⑬　92③　98②⑤　147⑤　163⑤⑩　164②④⑤⑥⑧⑨　168②　172①⑤⑩　176②④⑤⑥⑧⑨　182⑪　184⑤⑩　185②④⑤⑥⑧⑨　199⑤⑩　200②④⑤⑥⑧⑨　215⑤⑩　216②④⑤⑥⑧⑧⑨　229⑤⑩　230②④⑤⑥⑧⑨　246⑧
　《連体形》―ふ　77②③⑬　78①②⑤⑧　82④　83⑤　89③⑥　90⑦⑨⑩　98②④　111①②　112②　124⑦　129⑪　131⑧　168①　171②　173⑦⑦⑪　182⑪　234③　250③
　《已然形》―へ　98⑥　173⑦　174①　（候得）
さべつ　（差別）　31①　69③④
さほど　（左程）　66⑪
さまたぐ　（妨）
　《連用形》―げ　91⑭　92④
さまたげ　（妨）　48⑬　241①
サミヲルネバトン　【人名】　24⑩
さむさ　（寒）　14⑪　38⑤　38⑥　60⑩
さむし　（寒）
　《連体形》―き　38⑨　69⑨
さやう　（左様）　49⑭　58②⑤⑬　98⑦
サヤム　【国名】　36③
サヤムこく　（国）　36①
さらに　（更）　45⑥　58④　60④　81⑮　93⑤⑪　94①　98⑧　160③　173⑦　233②

さりながら （乍然） 34⑪ 46⑯ 47⑦ 236
⑧ 240⑨
さる （去）
　《未然形》ーら 156②
さるつき （去月） 84⑦
される
　《連用形》ーれ 81⑬ 120① 213③
さわぐ
　《未然形》ーが 226②
　《連用形》ーぎ 167⑧
さわだつ
　《連用形》ーち 138③
サヲワイストロン 【地名】 107⑬
さん （三） 182⑭
さん （算） 115⑫
さん （産） 84⑭ 87⑧ 99⑦ ⑪ 155① 239
④ 246③ 251④
さんかうす （三向）
　《連用形》ーし 249⑨
　《終止形》ーす 243⑪
さんかこく （三ケ国） 100③ 182⑬ 189④
さんかこくぢやうやく （三ケ国定約） 100
⑤
さんかねん （三ケ年） 71⑨ 246⑥
さんかねんぶん （三ケ年分） 108④
さんきやう （三卿） 10⑧
さんぐわつ （三月） 52⑭
さんぐわついつか （三月五日） 59⑬
さんぐわつここのか （三月九日） 36①
さんぐわつじふいちにち （三月十一日）
　60① 65④
さんぐわつじふくにち （三月十九日） 65
⑬
さんぐわつじふさんにち （三月十三日）
　9②
さんぐわつじふににち （三月十二日） 58
⑪ 151④
さんぐわつついたち （三月一日） 37⑯

52⑯ 57③
さんぐわつとおか （三月十日） 39⑮ 45③
さんぐわつにじふくにち （三月廿九日）
　60⑧ 71①
さんぐわつにじふしちにち （三月廿七日）
　52⑮ 57③ 156⑦
さんぐわつにじふはちにち （三月廿八日）
　68③
さんぐわつにじふろくにち （三月廿六日）
　21① 47⑪ 48④
さんぐわつふつか （三月二日） 39⑧
さんぐわつみそか （三月晦日） 59⑬ 61⑥
さんぐわつやうか （三月八日） 35⑥ 57⑤
さんぐわつよつか （三月四日） 34⑬ 66⑮
さんけい （三詣） 40⑨
さんげふす （産業）
　《未然形》ーせ 251⑨
さんざいす （散在）
　《連用形》ーし 240⑩
さんさう （三艘） 16⑬ 17① 193④ 195③
　⑦⑧ 196③
さんざん （散々）
　《連用形》ーに 205⑥
さんじ （三時） 75⑤
ざんじ （暫時） 26⑪ 28① 83⑧ 91⑫ 208
　①
さんしう （三周） 87④
さんしじふにち （三四十日） 68④
さんしふ （三集） 221③
さんじふ （三十） 120⑪ 180⑬
さんじふいちばん （三十一番） 164③ 176
　③ 185③ 200③ 216③ 230③
さんじふいちまんごせんさんじふパウン
　（三十一万五千三十） 79⑯
さんじふごしリング （三十五四） 246③
さんじふごまい （三十五枚） 120⑪
さんじふごり （卅五里） 60⑯
さんじふさん （三十三） 155⑩

さんじふさんシリング　（三十三）　180⑬
さんじふしちにん　（三十七人）　131④
さんじふシルリング　（卅）　204⑥
さんじふに　（三十二）　246③
さんじふにたる　（卅二樽）　194④
さんじふにち　（卅日）　13⑬　91③　192⑪　203
　　⑤
さんじふにん　（三十人・卅人）　72⑤　195
　　⑩　245⑥
さんじふねん　（三拾年）　99⑨
さんじふはちまい　（卅八枚）　53⑪
さんじふはちまんごせんパウン　（三十八万五
　　千）　59⑧
さんじふまい　（三十枚・卅枚）　53⑬　246
　　③
さんじふまんドル　（三拾万）　172⑪
さんじふまんドルラル　（三十万）　156⑧
さんじふまんろくせんひやくきうじふこ
　　（卅万六千百九十箇）　52⑭
さんじふよもじ　（三十四文字）　223⑧
さんじふよんまんにん　（三十四万人）　29
　　⑧　29⑪
さんじふろくちやういちり　（三十六丁一里）
　　41⑧
さんじやくごすん　（三尺五寸）　118①
さんしゆ　（蚕種）　101⑨
さんしゆし　（蚕種紙）　101⑦
さんじよ　（三所）　142⑦
さんじん　（産人）　253②
さんす　（産）
　　《連体形》ーする　61⑬
さんず　（散）
　　《連用形》ーじ　160⑩
さんず　（算）
　　《連用形》ーじ　224⑥
さんぜんかうり　（三千行李）　77⑪
さんぜんごひやくこり　（三千五百箇李）
　　123①

さんぜんよんじふににん　（三千四十二人）
　　72②
さんぜんり　（三千里）　222⑩
さんぜんろつぴやくまんドロ　（三千六百万）
　　11⑬
さんたう　（算当）　47⑪
　　《連用形》ーし　109⑩
ざんたう　（残党）　82⑮　90⑧
さんたつしや　（算達者）　221②
サンタマリヤ　【船名】　195⑧⑦
サンダラン　【船名】　51⑫
さんたん　（三等）　197⑥
さんちやう　（三挺）　63②
さんちゆう　（蚕虫）　153④
さんちゆう　（山中）　69②
さんど　（三度）　85⑧
さんとう　（三等）　252①
サンドウーチとう　（島）　233⑪
サンドウチとう　（島）　121⑧
サンドーメントー　【地名】　49⑮
さんどめ　（三度目）　240⑤
さんにん　（三人）　25⑥⑩　26⑤　83⑩　96⑩
　　119①　131④　192②
さんにんめ　（三人目）　71⑦
さんねん　（三年）　195④
さんねんまへ　（三年前）　91⑩
さんばい　（三倍）　40⑭
サンピール　【地名】　33⑬
さんびやくきん　（三百斤）　75⑪
さんびやくごじふにん　（三百五十人）　158
　　⑦
さんびやくさんじふごまんパウン　（三百三十
　　五万）　79⑭
さんびやくしちはちじふねんいぜん　（三百
　　七八十年以前）　143②
さんびやくにじふひろ　（三百廿尋）　57⑯
さんびやくにじふろくしやく　（三百廿六尺）
　　40③

海外新聞総索引　55

さんびやくにん （三百人） 102⑨
さんびやくひろ （三百尋） 58⑥
さんびやくまん （三百万） 239⑨
さんびやくまんドル （三百万）247⑩
さんびやくろくじふメレンプランケッス
　（三百六十） 77①
さんぶ （三分） 42⑪
さんぶつ （産物） 61⑭ 84⑭ 88④
サンフランシスコ 【地名】 35③
サンフランシュスコ 【地名】 75⑪
ざんぺい （残兵） 89⑬
さんまい （三枚） 73⑨
さんまいさんりん （三枚三厘） 80⑨
さんまいしちぶ （三枚七分） 73⑨
さんまいはん （三枚半） 73⑪
さんまんさんびやくこ （三万三百箇） 42⑨
さんまんにせんさんびやくはちじふしちにん
　（三万二千三百八十七人） 72①
さんまんにん （三万人） 67⑫
さんよんすん （三四寸） 235①
さんよんひやくしやく （三四百尺） 117⑧
さんわり （三割） 14⑪

し

し （史） 145③
じ （字） 17⑥
じ 《助動詞》
　《終止形》じ 26⑬ 104⑤ 144⑪
しあん （思按） 102④
じいう （自由） 109⑤
しいくす （飼育）
　《連用形》ーし 101⑨
しいたけ （椎茸） 53⑪
シーメス 【人名】 156③
シーワール 【人名】 66②③④⑦⑨⑯
シーヲル 【人名】 33⑭
しうぎ （祝儀） 40⑨

しうしやう （愁傷） 41③⑤
　《連用形》ーし 121⑧
　《連体形》ーする 57⑪
しうしよ （洲渚） 16③ 17①
しうちやう （酋長） 239⑦
しうふく （修覆） 24⑮
しうぶつ （售物） 30⑮
じうぶつるい （獣物類） 116④
しうりす （修理）
　《連用形》ーし 237③
じうるい （獣類） 136④ 146③
ジエルマニーこく （国） 189②
シオロス 116⑩
しかあれば （然） 252⑤
しがい （死骸） 102⑨
じがいす （自害）
　《已然形》ーせ 132⑤
しがいそんらく （市街村落） 102①
しかうして （而） 60⑨ 69⑤ 87③ 97⑤ 110
　⑦
しかけ （仕掛） 115④⑩ 117⑩ 222⑪
しかける （仕掛）
　《連用形》ーけ 94⑥ 109⑤ 117⑤
しかし （然・併） 《接続詞》 40⑤ 57⑦⑭
　58⑥ ⑧ 60⑥ 69③ 70⑬ 71⑧ 72⑯ 84⑬
　85④⑤ 92③ 98②③ 99⑦ 118① 123⑥ 130
　④ 132⑫ 152② 153③⑤⑦ 159② 162④
　194① 207②⑥ 214⑩ 226⑧
しかして （然） 11③ 30② 34⑭ 36⑤⑥ 37
　③ 50⑯ 58⑩ 145⑧ 160① 194④
しかしながら （然） 9⑨ 21⑦ ⑯ 22② 24
　③ 27③ 38⑥ 49③ 51⑪ 52⑦ 58⑮ 69⑩
しかす （然）
　《連体形》ーする 161⑥
しかず （如）
　《連語》 161⑪
しかた （仕方・仕形） 117⑤⑨ 130⑦ 221
　⑦ 236⑤

しかばね （屍） 75⑤
しからば （然） 90⑥ 157⑤
しかる （然）
　《連用形》ーり　12⑪ 21⑩ 41⑫ 59⑮ 64⑤
　《連体形》かる　30⑨ 33⑨
しかる （叱）
　《連用形》ーり　51⑩
しかるところ （然所・然処）　22⑮ 27⑭ 33⑬ 41④ 50⑥ 53① 70④ 81⑥ 91⑨ 102① 145⑤
しかるに （然）　9⑥ 12⑮ 22⑧ 24⑪ 34④ 38③ 39⑨ 40⑤ 82⑦ 110⑤ 180⑦
しかるべき （然） 88⑥
しかるを （然） 53⑦ 65⑬ 75④
しかれども （然共）　11⑥ 12①③ 14⑮ 16⑮ 34⑯ 35⑭ 37⑩ 65⑬ 95⑪ 97⑩ 104① 109① 112⑦ 115⑦ 116⑩ 130⑥ 132④ 171⑨ 208④
しき （式） 67⑤
じぎ （時宜） 233⑦
しきかざる （敷飾）
　《連用形》ーり 51③
しきす （指揮）
　《未然形》ーせ 239⑨
　《連体形》ーする 76①
しきなす （指揮）
　《連用形》ーし 15⑥
しきもの （敷物） 51③
しきり （仕切） 64⑬
しきる （仕切）
　《連用形》ーり 19⑨
しきをり （居）
　《已然形》ーれ 208⑩
しぐわついつか （四月五日） 75③
しぐわつじふいちにち （四月十一日） 48①
しぐわつじふごにち （四月十五日） 67⑥
しぐわつじふしちにち （四月十七日） 135①
しぐわつじふににち （四月十二日） 33①
しぐわつじふはちにち （四月十八日） 90⑬
しぐわつついたち （四月朔日・四月一日） 53⑦ 69⑯
しぐわつとおか （四月十日） 135④
しぐわつなのか （四月七日） 225③
しぐわつにじふいちにち （四月廿一日） 211⑥
しぐわつにじふくにち （四月廿九日） 68⑧ 75③
しぐわつにじふごにち （四月廿五日） 69⑯
しぐわつにじふさんにち （四月廿三日） 68③
しぐわつにじふしちにち （四月廿七日） 78④⑭
しぐわつにじふはちにち （四月廿八日） 45① 53⑩ 179②
しぐわつにじふよつか （四月廿四日） 71①⑤
しぐわつにじふろくにち （四月廿六日） 151④
しぐわつみつか （四月三日） 57⑤ 167③
しぐわつむいか （四月六日） 60① 65④
しぐわつよつか （四月四日） 47⑦ 53⑩
しくわん （士官） 28⑭⑮ 51⑬ 52②③④ 192⑦
じくわん （次官） 91⑥
しご （死後） 237⑤ 239⑦
じご （爾後） 147③ 163③ 175③ 184③ 199③ 215③ 229③
じこう （時候） 60⑫
しごく （至極） 129⑪ 155② 157⑩
じこく （時刻） 22②
じこく （自国） 14⑦ 26⑤ 28② 49⑯ 57④ 70⑪ 78① 119④⑫ 225⑧ 226⑤
じこくせいふ （自国政府） 68⑫
しごと （仕事） 39⑪⑬ 193③

しごにち（四五日）69⑯
しごねん（四五年）213⑦
しごぶ（四五分）99⑦
しさい（子細）59① 66③ 135⑥ 136⑤ 226⑤ 246⑥
しざい（死罪）101②
じざい（自在）
　《連用形》ーに 234⑨
じさんす（持参）
　《連用形》ーし 247⑨
　《終止形》ーす 78⑦
じじつ（事実）10⑥ 14⑨
ししや（使者）238⑤ 248⑨ 249①
じしや（侍者）248⑥
ししやう（死傷）15⑩⑯ 118⑫ 123③
じじやう（事情）12⑫
しじゆう（始終）50⑤
じしん（自身）13②
しす（死）
　《未然形》ーせ 68⑬ 69⑪ 70⑭ 71② 75⑤ 111⑫
　《連用形》ーし 41⑤ 51⑮ 52③ 57⑨ 61⑮ 62⑤ 179⑬
　《終止形》ーす 69⑥
　《連体形》ーする 49⑥ 70⑫
じす（辞）
　《連用形》ーし 87⑭ 90⑥ 99③
じすう（字数）224⑥
しせつ（使節）25⑤⑥⑦⑩ 26⑤⑧⑪⑭⑮ 47⑦ 85⑪ 90⑯ 91①① 113③ 139⑦ 140① 141① 157① 179④ 181① 192⑩ 249⑥
しぜん（自然）9⑪ 28⑤ 88⑨ 103⑥ 104④
しそく（子息）112⑩
しそつ（士卒）82④⑦ 83④ 90⑯ 91③③
しそん（子孫）160⑥
した（下）15⑦ 25② 124⑦

したあご（下顎）83⑯
しだい（次第）26② 83⑤ 84⑨ 89⑪ 92① 172① 250②
しだいに（次第）93⑦
したう（至当）
　《已然形》ーなれ 251②
したがひかたし
　《終止形》ーし 152⑩
したがふ（従・随）
　《未然形》ーは 84⑧ 197⑧ 213③
　《連用形》ーひ 27② 36④ 76④ 95⑫ 233⑦
　《終止形》ーふ 82⑧
　《連体形》ーふ 52⑧
したがへる（従）
　《連用形》ーへ 154⑧
したく（支度）116②
したぐみ（下組）93⑥
したし（親）
　《連用形》ーしく 22⑭ 50⑪ 223④
したしむ（親）
　《已然形》ーめ 97⑪
したたむ（認）
　《連用形》ーめ 78⑥⑨ 88⑩
したためいだす（認出）
　《連用形》ーし 124⑬
したつ（仕立）
　《連用形》ーて 38⑭ 61⑭ 92⑥ 139⑥
したね（下値）24⑤ 42②
したふ
　《未然形》ーは 78⑪
しちいれ（質入）195⑥
しちぐわついつか（七月五日）189①
しちぐわつじふくにち（七月十九日）233⑤
しちぐわつじふさんにち（七月十三日）101①
しちぐわつじふよつか（七月十四日）93

①　234⑨

しちぐわつとおか　（七月十日）　97③

しちぐわつにじふさんにち　（七月廿三日）
　　207⑩

しちぐわつにじふろくにち　（七月廿六日）
　　100⑧

しちぐわつはつか　（七月廿日）　203①

しちじ　（七時）　147③　163③　175③　184③
　　199③　215③　229③

しちはちにちまへ　（七八日前）　120⑩

しちはちねんまへ　（七八年前）　222⑩

しちぶごりん　（七分五厘）　123⑨

しちぶさんりん　（七分三厘）　11⑫

しちもの　（質物）　221⑨

しぢやうくしやく　（四丈九尺）　40④

しちやとせい　（質屋渡世）　110⑩

しちゆう　（市中）　68⑯　70⑭　84⑦　94⑦　95
　　①

しちゆうとりしまりほそつ　（市中取締歩卒）
　　67③

しちゆうとりしまりやくしよ　（市中取締役所）
　　72①

しちようび　（七曜日）　42⑨

じつ　（実）　152②　156⑩

しづか　（静）
　　《連体形》―なる　121⑧

しつくわ　（失火）　244⑥

じつけん　（実検）　41⑦

じつじ　（実事）　12②

しつせいしよく　（執政職）　88⑪

じつせつ　（実説）　152②

じつに　（実）　9⑪　21⑩　30⑨　40⑯　53⑩　81
　　⑩　88④　96④　102⑨　109⑤　112①　143⑥
　　145⑤　152⑨　158⑤　190④　223⑤　247
　　②

しづめる　（沈・鎮・静）
　　《未然形》―め　181②
　　《連用形》―め　58⑦　169⑤　211⑤

して　《格助詞》　9⑥　11⑥⑫　12⑫⑬　13⑥
　　14⑫　16②⑤　17②　21⑥　23⑯　26②③⑦⑨
　　⑭⑭　30⑧⑭　31⑧⑨⑩　33⑧⑭　34⑪　35⑧
　　38⑥　40②⑭　41⑧　42②　43⑧⑨⑩　45⑮
　　46⑤　47②⑦　50⑩　51⑮⑮　53⑤⑩　57⑮　58
　　④　60⑤⑦⑨　61①⑨　62⑥　65⑪　67③　68
　　⑬　69⑥⑥⑭　71⑨　72②⑦　78⑩　80⑤　82
　　①⑥　83⑧⑨⑭　84⑧　88③　91⑫　93⑩
　　95⑩　96④　99⑧⑨　102②　109⑤　110②
　　111⑪⑬　112⑥　113⑪　115⑧⑩⑫⑬　116⑫
　　120④⑧　121⑤　122⑬　123⑧　125⑩　126
　　⑨　127②　135⑩　136④　138②　139⑩⑪　140
　　①⑤　144①⑥　145⑤　146⑤　159②⑫　170
　　⑧　173⑧　193⑥⑫　196⑧　211⑪　213⑪　237
　　⑧　239⑩　240⑤　253③

じとう　（次等）　91⑮

しな　（支那・志那）　14⑯　16⑥　24⑦　29①
　　③　35③　⑪　38⑬　41④⑭⑭　42①①③④⑦
　　⑧⑧⑫　47③⑫⑬　50⑨　51⑬⑭　52⑧⑫
　　⑮　53⑩　59⑫⑭⑮　60③　62①　64③⑥　72
　　⑯　73⑧　80②⑦　85④⑤　93④⑩　99⑩⑪
　　116⑥　119⑦　120⑦⑩　123⑧　127②③　132⑩
　　139⑤　141①　153⑥　160⑩　167⑥　179③　192
　　⑩　194⑩⑪　204⑤　246③

しな　（品）　13④⑤⑥　14⑭⑯　24③⑥
　　⑦⑦⑧　30⑭⑮　33⑧　35⑫⑬　42②④⑥
　　⑨⑬　46⑮　47①④　52⑨⑪⑫⑬⑮　53
　　⑫　59⑪　60②③　62②③　72⑯　73②③③④
　　④　77⑪　84⑫⑭　87⑥⑦　93⑧　98⑪　99
　　⑩⑩　100⑩　120⑦　123⑥　132⑪　147⑦⑧　153
　　⑥⑦　163⑦⑧　164⑧　168⑨　175⑦⑧　176
　　⑧　180⑫　184⑦⑧　185⑧　194⑪　199⑦⑧　200
　　⑧　204⑤⑥⑥　215⑦⑧　216⑧　229⑦⑧　230
　　⑧

しなあつらへ　（品誂）　147④　163④　175④
　　184④　199④　215④　229④

しなこく　（支那国）　61⑩

しなさん　（支那産）　246②

しなじな（品々）61⑬
しなもの（品物）71⑭ 244⑦
しなゆき（支那行）41⑮
しにん（死人）15⑩
しぬ（死）
　《連用形》ーに 235②
じねん（時年）236⑦
しのうこうしやう（士農工商）121⑦
しのぐ（凌）
　《未然形》ーが 69⑨
　《連用形》ーぎ 30⑭
しのびいる（忍入）
　《連用形》ーり 63⑯
しのぶ（忍）
　《連用形》ーび 102⑩
シノヲー【地名】91②
しはい（支配）26⑨ 37⑤ ⑨ 46① 59⑤ 164⑦ 176⑦ 185⑦ 200⑦ 216⑦ 230⑦
しはいにん（支配人）223⑩
しばらく（暫）10⑭ 22⑯ 23⑤ 41⑭ 51⑫ 63⑦ 99⑥ 102③ 111⑪
しばゐ（芝居）65⑭ 66⑬ 85①
しはん（師範）110⑤
しはんフランケス（四半）77②
じひつ（自筆）36①
しぶ（支部）59⑬
じふいちぐわつ（十一月）238⑧
じふいちぐわつとおか（十一月十日）124③
じふいちぐわつにじふいちにち（十一月廿一日）124①
じふいちぐわつにじふしちにち（十一月廿七日）129④
じふいちぐわつむいか（十一月六日）122①
じふいちじ（十一時）65⑭
じふがう（十号）103⑤
じふくにち（十九日）70① 130②

じふくまい（十九枚）73⑩
じふくメレンテーラ（十九）62⑫
しふくわい（集会）57③ 84⑪ 126⑧ 129⑥
　《未然形》ーせ 122①
　《連用形》ーし 21⑤ 78④ 110④ 122⑪ 130⑩ 243⑤
じふぐわつここのか（十月九日）107①
じふぐわつとおか（十月十日）115③
じふぐわつにじふしちにち（十月廿七日）124⑨
じふぐわつにじふはちにち（十月廿八日）115①
じふぐわつにじふろくにち（十月廿六日）121③
じふぐわつはつか（十月廿日）121④
じふぐわつよつか（十月四日）117③
じふご（十五）155⑩
じふごがう（拾五号）121②
じふごぢやう（十五丈）110⑥
じふごにち（十五日）29⑨ 50⑩ 245⑦
じふごにん（拾五人）131③
じふごねんいぜん（十五年已前）111④
じふごり（十五里）40⑥
じふごろくり（十五六里）211⑪
じふさんにち（十三日）70⑫⑬
じふじ（十時）15⑨ 72⑩
じふしちがう（十七号）129③
じふしちにち（十七日）35⑨ 70⑥ 83⑥ 237⑤
じふしちまい（拾七枚）53⑪
じふぢやう（十丈）115⑩
じふななまんよんせんろつぴやくハウン（十七万四千六百）23⑭
じふにぐわつ（十二月）26⑬
じふにぐわつじふににち（十二月十二日）129①
じふにぐわつじふはちにち（十二月十八日）

15⑥
じふにぐわつにじふさんにち（十二月廿三日）　15②
じふにぐわつにじふろくにち（十二月廿六日）　16⑧
じふにじ（十二時）　65⑫　81⑭
じふにど（十二度）　60⑩
じふににち（十二日）　38⑥　89⑫　208⑨
じふにまんにせんげん（十二万二千元）　140⑧
じふにまんよう（十二万洋）　116⑪
じふにもん（十二門）　15⑮
じふにん（十人・拾人）　45⑮　131④
じふはちにち（十八日）　75⑫　121③　183⑧　191②
じふはちまい（拾八枚）　53⑪
じふはちまんにん（十八万人）　48⑧
じふはつさい（十八歳）　110⑧
じふぶん（十分）　59②　68③　72⑥　194②
《連用形》ーに　29⑯　40⑤　211⑪
じふまい（十枚）　53⑫　73⑨
じふまんドロ（十万）　21⑫
じふまんにん（十万人）　28⑨
じふメリン（十・拾）　52⑩　62⑬
じふよつか（十四日）　15⑭
じふよんがう（拾四号）　115②
じふよんかでう（十四ケ条）　247⑧
じふよんさい（十四歳）　71⑧　143⑩
じふよんちやう（十四挺）　65⑤
じふよんちやうよんじふさんけん（十四丁四十三間）　40⑥　57⑮
じふよんど（十四度）　38⑤
じふよんまんきうせんひやくはちじふななハウン（十四万九千百八十七）　47⑫
じふり（十里）　45⑯　63②
じふりはん（十里半）　115⑦
じふろくがう（拾六号）　124②
じふろくちやう（拾六丁）　115⑥

じふろくにち（十六日）　70③
じぶん（自分）　26⑫　52③　62②　75⑧　124⑬　208④　212①　237④　251　⑥
じぶんだいいち（自分第一）　212①
しほ（塩・潮）　30①　58③　58④
しほいり（塩入）　24⑥
しま（島・嶋）　49⑮　61⑩⑪⑬⑬　126⑨⑩　182⑭　183②　196⑥⑦　211⑦⑧⑨⑩　225②④　226⑩　252⑦
しまじま（島々）　61⑫　179⑨　240④
しまつ（始末）　25⑧　36②　67⑪　71②　76⑤　111②　211⑤　223⑪
しまびと（島人）　179⑪
しみん（四民）　121⑦
しむ《助動詞》
《連用形》しめ　16⑤　28③④　29⑤⑧　103④　107⑦　109⑪⑬　145⑨　146②②　154⑥　156②　160①①②　167⑧　168③⑥　172⑩　198⑤　237④　252④
《終止形》しむ　34⑬　70⑩　109⑤
《連体形》しむる　14⑥
じむさいしやう（時務宰相・事務宰相）　13⑯　22⑥　25⑥⑪⑬　33⑭　63⑭　66②　75③⑨　78④⑦⑨　83⑯　90⑬　92①　97⑥　98①　124④⑤　129⑨　135⑨　141⑦　151⑦⑩　179③　182⑫　183④⑧　234③　236①　246⑥
しめいす（使命）
《未然形》ーせ　240①
じめいす（自鳴）
《未然形》ーせ　85⑧
ジメカツ【地名】　126⑩⑬
しめくくる（〆括）
《連用形》ーり　109⑬
しめる
《連用形》ーめる　168④
しも（下）　81⑥　213②
しもじも（下々）　40⑩　49①　50③⑪　75⑥　209⑩

しものせき （下関）【地名】30⑫
しや （赦）118⑥
しやう （将）82⑤ 125③ 182⑨
じやう （上）21④ 34⑥ 52⑪ 53⑫ 124⑦⑨
じやう （情）51⑤
じやう （状）224④
しやうか （商家）109⑪
じやうか （城下・状下）11⑯ 38⑯ 43① 46② 47② 48⑫ 49⑤ 67⑧ 69① 70⑩ 121⑪ 129⑩ 156⑦ 190⑪ 194⑤ 209⑦ 238⑤ 247⑨
しやうきやく （商客）109③
しやうきん （償金）80②
しやうぎん （正銀）173①
じやうくわく （城郭）160⑦
しやうぐわつ （正月）38⑦
しやうぐわつぐわんじつ （正月元日）16⑧
しやうぐわつじふごにち （正月十五日）15⑥
しやうぐわつじふよつか （正月十四日）225⑨
しやうぐわつにじふいちにち （正月廿一日）38④
しやうぐわつにじふくにち （正月廿九日）30⑧
しやうぐわつにじふごにち （正月廿五日）21④
しやうぐわつにじふさんにち （正月廿三日）16⑧
しやうぐわつにじふしちにち （正月廿七日）16⑫ 24⑤ 33⑭
しやうぐわつにじふににち （正月廿二日）9④ 33③
しやうぐわつにじふよつか （正月廿四日）38⑯
しやうぐわつはつか （正月廿日）15②
しやうぐわつやうか （正月八日）13⑨ 25⑩
しやうぐわつよつか （正月四日）13⑬
じやうくわん （上官）45⑭
しやうぐん （将軍）15⑥ 16⑭ 17⑦ 28② ⑬ 45④⑤ 63⑤⑧ 65④⑤ 67②⑨ 75⑬ 76①④ 82③ 84⑥ 96⑪ 113⑧ 118⑨ 132③ 155④ 197⑦ 206⑧⑧ 209⑨ 222⑥⑦ 233⑥⑦
じやうげ （上下）12⑥ 31① 110④ 121⑥ 124⑧ 222③ 249③
しやうじき （正直）62⑥
《連体形》ーなる 155② 159⑪
じやうじゆ （成就）25⑧ 46⑮
《未然形》ーせ 16⑮ 57⑩
《連用形》ーし 223③
《連体形》ーする 109⑫
しやうす （賞）
《連体形》ーする 240⑤
しやうず （生）
《未然形》ーぜ 146②
《連用形》ーじ 145⑥⑦ 146③
《連体形》ーずる 69⑬
じやうず （上手）111⑥⑨
しやうせん （商船）41② 92⑤ 244①
しやうぞく （装束）36⑦
じやうちゆうとも （上中共）52⑬
しやうてつせん （粧鉄舟）28⑪
じやうない （城内）36⑥ 248④
しやうなう （樟脳）53⑪ 62③ 77⑩
しやうにん （商人）11⑭ 14⑦ 23⑫ 38⑬ 40② 42⑨ 52②④ 79①⑪⑬ 129⑩ 130⑩ 135④ 147⑦ 151⑪ 161② 163⑦ 164④ 167⑧ 168③ 175② 176④ 184⑦ 185④ 199⑦ 200④ 215⑦ 216④ 229⑦ 230④
しやうにんども （商人）82⑬
しやうにんふうふ （商人夫婦）51⑭⑮
しやうばい （商買・商売）33⑨ 34⑧ 68⑭ 135⑥ 180⑨

《連体形》ーする　30①
しやうはふ　（商法）　88⑥
じやうひやうぢやうしよ　（上評定所）　81
　　⑥　84⑪　93③
じやうひん　（上品）　59⑭　80⑩　123⑧　127
　　②③
じやうへん　（城辺）　13⑩
じやうぼく　（上木）　103⑤
　　《未然形》ーせ　251⑥
じやうもの　（上物）　14⑯　60②　73②
じやうらん　（上覧）　119①①
じやうりく　（上陸）　212②
　　《連用形》ーし　123③
じやかう　（麝香）　73⑦
ジャガタラたばこ　（烟草）　47①
じやく　（次役）　82⑧
しやくざい　（借財）　141⑧
しやくたいす　（借貸）
　　《連用形》ーし　168⑥
しやくだん　（借段）　38⑩
しやくよう　（借用）　11⑭　79①
　　《未然形》ーせ　79⑯
　　《連用形》ーし　221⑦
しやじく　（車軸）　203⑥
しやじやう　（謝状）　99④
しやしん　（写真）　52①⑤
しやす　（謝）
　　《連用形》ーし　154⑨
　　《已然形》ーせ　220⑩
じやつかん　（若干）　33⑥　130⑨
ジャバ　35⑫
シヤベット　【地名】　253⑥
ジャヘツト　【人名】　160⑤⑪
シヤマー　【地名】　160⑥
シャム　【人名】　214⑦
シャムー　【人名】　160④⑩
ジヤヨラーリヨン　【船名】　72⑧
シヤリマン　【人名】　33③　45⑤⑦⑨

シヤリメン　【人名】　82③③
シヤリモン　【人名】　17④
シヤリヤ　【国名】　23⑭
しやりん　（車輪）　109⑬
しやれい　（謝礼）　136①
シヤレドン　【人名】　46①
シヤレトン　【人名】　76③
しやんはい　（上海）【地名】　29①　41②
ジャンビー　【船名】　30⑪
しゆ　（朱）　60③
しゆい　（趣意・主意）　16⑭　17⑦　31③　43
　　③　68⑨　122①　180③
しゆう　（雌雄）　82⑤
しゆうぎ　（衆議）　11④　12⑤　139⑨　140⑤
しゆうぎけつていす　（衆議決定）
　　《連用形》ーし　109⑧
しゆうくわいす　（聚会）
　　《連用形》ーし　13⑩
しゆうし　（終始）　198④
しゆうし　（宗旨）　198⑤
しゆうじん　（衆人）　11⑦　15③　33⑪　46⑥
　　154⑨　251⑨
しゆうせつ　（衆説）　78①　156①
じゆうらい　（従来）　66⑪　77⑥
しゆうりき　（衆力）　110②
ジュールースルンこく　（国）　62④
しゆぎやう　（修行）　31①　57⑥
しゆきん　（朱槿）　179⑫
しゆくじつ　（祝日）　95①
しゆくす　（祝）
　　《連用形》ーし　94⑫
しゆくはう　（祝砲）　33⑫　36⑤　67⑯
しゆくはく　（宿泊）　81⑮
しゆくれい　（祝礼）　13⑪　40⑩
しゆくん　（主君）　237②
しゆざうす　（修造）
　　《未然形》ーせ　108②
しゆじゆ　（種々）　12⑨　34⑫　50⑮　80①　81

海外新聞総索引　63

⑦ 83③ 87⑪ 89③ 98① 102② 113⑩ 115⑪ 117⑪ 146④ 146④ 159⑥ 161③ 179⑩ 192⑥ 221⑥

しゆだん（手段）75⑧

しゆつかうす（出港）
《連体形》ーする 65⑬

しゆつかうす（出航）
《未然形》ーせ 252④

じゆつかねん（十ケ年）57⑮

しゆつきん（出金）78⑮

しゆつぎん（出銀）110①
《未然形》ーせ 221⑪
《連用形》ーし 109⑫

しゆつくわ（出火）96⑧ 123①

しゆつじんす（出陣）
《連用形》ーし 65⑨

しゆつせす（出世）
《連用形》ーし 111⑩

しゆつたつ（出立）27⑩ 45④ 60⑯ 67⑥⑪ 70⑥⑥ 72⑨
《未然形》ーせ 76①

しゆつちやう（出張）25⑦ 93④ 98① 101⑦

しゆつちやうしよ（出張所）29①

じゆつちゆう（術中）76④

しゆつにふきん（出入金）80④ 108④

しゆつにふきんだか（出入金高）78⑭

しゆつぱん（出帆）14⑥ 24⑮ 41② 50⑨ 51⑬ 87④ 91⑬ 92⑤ 126⑬ 196② 225③ 226②
《未然形》ーせ 52③ 94⑨ 196③
《連用形》ーし 77⑤ 123②
《連体形》ーする 81⑨

しゆつぱんす（出板）
《連用形》ーし 18⑪ 109⑩
《終止形》ーす 31⑦ 43⑦

しゆつぴ（出費）140③

しゆつぽんす（出奔）51⑧
《終止形》ーす 96⑩

しゆつやく（出役）93⑥ 99③

しゆつらい（出来）24⑧
《未然形》ーせ 113⑩
《終止形》ーする 27②

しゆつらう（出牢）233⑩
《連用形》ーし 243⑦

しゆび（守備）57④

しゆび（首尾）223②

ジユメカ【地名】226⑨ 240④

じゆよ（入輿）35⑦

ジユルマネヤ【国名】219②

シユルマン【人名】222⑦

シユルモネヤ【国名】238①

じゆんけい（巡警）34④⑯
《未然形》ーせ 16①

じゆんけん（巡見・巡検）50⑪
《未然形》ーせ 243⑤
《連用形》ーし 121⑫ 252⑧

じゆんず（準）
《連用形》ーじ 83⑤

ジユンストン【人名】243④

しよ（書）11⑭ 12⑦ 13⑯ 141④ 143⑨⑪ 235⑩ 236②

しよいりよう（諸入用）23⑨

ジヨイントウストク【会社名】168④

じようき（蒸気）40④⑤ 119⑦ 147⑧ 163⑧ 175⑧ 184⑧ 199⑧ 215⑧ 229⑧ 245⑤

じようきじかけ（蒸気仕掛）115⑫

じようきしや（蒸気車）33⑦ 39⑪ 46③ 60⑮ 70⑦ 107⑥ 108④ 109⑧ 203⑩ 204① 247①

じようきせん（蒸気船）10⑭ 25⑩ 34⑮ 35③ 40② 62⑦ 107① 121① 124① 129① 147⑧ 158⑧ 163⑧ 164④ 175⑧ 176④ 184⑧ 185⑧ 192⑪ 199⑧ 200④ 204① 215⑧ 216④ 229⑧ 230④

しようぐん （勝軍） 236⑤
しようす （称）
　《連用形》—し　10⑬　97⑨
じようず （乗）
　《連用形》—じ　45⑩　87④
じようせんす （乗船）
　《連用形》—し　120①
しようたい （請待） 50⑭
しようち （承知） 14②　131⑫　141⑥
　《未然形》—せ　155⑨　157②　222④　223⑤
　《連体形》—する　111⑫
しよやうちなす （承知）
　《未然形》—さ　155⑪
しようはい （勝敗） 63⑫　84⑨
しようぶ （勝負） 89⑭　110⑥　183⑮
しようふく （承伏） 190④
　《未然形》—せ　180⑧
しようぶつ （称物） 30⑭
しようり （勝利） 27⑩⑯　45⑤　61⑫　63④　83⑧　91④　94⑩　183⑪　208⑤　220⑦
ショージユ 【人名】 71⑦
ジヨーヅ 【人名】 41⑨
しよかう （諸港） 81⑭　90⑨　97③
しよかん （書翰） 118⑨　124⑬　152⑤　157①　158④　169⑧　170①　171⑩　173⑨　190③　191②　209④
しよき （諸器） 147⑨　163⑨　175⑨　184⑨　199⑨　215⑨　229⑨　244⑦
しよきやく （諸客） 108⑬
しよく （職） 235⑤
しよぐ （諸具） 109⑩
しよくげふ （職業） 29⑧　47⑯　155①
しよくこう （織工） 14⑯
しよくにん （職人） 39⑪⑫
しよくにんら （職人等） 39⑫
しよくぶつ （植物） 145⑨
しよくもつ （食物） 69④　195③

しよくれう （食料） 45⑮　116④
しよくれうぐら （食料蔵） 33⑦
しよくわんり （諸官吏） 121⑨
しよくん （儲君） 12⑯
しよぐんかん （諸軍艦） 206②
しよくんし （諸君子） 19⑤⑥　64⑩⑪　104②　147②⑨　163②⑨　175②⑨　184②⑨　199②⑨　215②⑨　229②⑨
しよぐんし （諸軍士） 220⑥
しよげい （諸芸） 51⑥
しよこく （諸国） 23⑬　50⑭　61⑨　101④　111⑨　121⑬　124⑪　125⑬　141⑨　143⑪　160⑩　173⑨　181①　214⑥　245③
しよざい （諸財） 109⑨
しよじ （諸事） 37⑨　109①
しよしう （諸州） 93④
しよしやう （諸将） 65⑨
しよじやう （書状） 12⑮　13⑬　14④　51⑯　52⑤　60⑧　83⑩
しよしやうばい （諸商買・諸買売） 14⑪　63⑩　67②　152②
しよしよ （処々） 51⑧　65⑨　70⑫　85⑧　90⑧⑪
しよす （書）
　《連用形》—し　180②
　《連体形》—する　174②
しよせい （書生） 69⑨
ジヨセフス 【人名】 213⑧⑨
しよぞん （所存） 88⑦
しよだいみやう （諸大名・諸大明） 11⑯　12④⑫　21④④　36⑥　48⑯　57③　78④　170⑨
しよたう （諸島） 180⑤
しよち （所置・処置） 65⑩　88⑤　97⑪
しよぢ （所持） 164①⑥　176①⑥　185①⑥　200①⑥　216①⑥　230①⑥
しよちゆう （書中） 19⑥　64⑪
しよつきん （贖金） 233⑩　247⑨⑩　248⑤

海外新聞総索引　65

しよにん （諸人） 29②⑤ 38⑧ 78⑧⑪⑬ 80⑤ 103③⑦ 179⑨ 245③
しよはう （諸方） 81③ 83⑥ 87⑩ 88② 98⑧⑫ 102⑥ 169④ 197②
しよひ （諸費） 103⑤
しよひん （諸品） 29① 103⑨
しよみん （諸民） 197⑦⑧
しよめん （書面） 12④⑤ 22⑯ 25⑨ 26⑤⑥ 27①⑧ 28② 29⑥ 34⑭ 36①②⑤⑦⑨⑩⑯ 39⑨ 46⑭⑯ 48⑫ 50⑦ 53⑧ 57⑫ 58⑭ 62⑪⑮ 63① 65⑥⑧⑮ 68⑫⑯ 71⑭ 75⑬ 76② 77①⑦ 78② 88⑩ 90④ 98① 116⑨ 126③ 129⑩ 130⑫ 139⑤ 190⑤
シヨメンかい （海） 37②
しよもく （諸木） 179⑨
しよもくざい （諸木材） 179⑪
しよやく （諸役） 82⑬
しよやくにん （諸役人） 22⑪ 33⑪⑫ 36⑦ 40⑩ 71⑤ 89⑩ 93③ 154⑧ 220⑥
しより （処理） 90②
ショルマネーこく （国） 205④ 208⑦
ジヨルマネーぢゆう （中） 205⑨
ジヨルマネヤこく （国） 246⑦
ジヨルモネヤこく （国） 169④
シヨンシン 【人名】 46⑩
ジヨンシン 【人名】 45⑥
ジヨンスーン 【人名】 67⑮
ションストン 【人名】 113③
シヨンストン 【人名】 63① 67⑨ 82③③⑥⑧⑨ 90⑦
ジヨンスロース 【人名】 172⑩
ジヨンスン 【人名】 76⑩ 78⑫
しらいす （至来）
　《未然形》―せ 248⑨
しらせる （知）
　《未然形》―せ 119③ 131①
シラスポヰキ 【地名】 37⑧⑧
シラスホヰギホレスタンこく （国） 36⑮
しらせ （知） 16⑫ 64②
しらぶ （調）
　《未然形》―べ 11⑥
　《連用形》―べ 11⑥ 116③
しらべ （調） 11③ 132⑥
しりう （知得）
　《未然形》―え 12③
　《連体形》―うる 12②
しりがたし （知）
　《終止形》―し 158⑨
しりぞきさる （退去）
　《已然形》―れ 15⑬ 63③
しりぞく （退）
　《連用形》―き 33⑩ 45⑧
　《終止形》―く 34①
しりはじむ （知初）
　《連用形》―め 240⑦
しりやく （史略） 143①
しりよく （死力） 65⑥
しりをり （知居）
　《已然形》―れ 52⑦
しる （知）
　《未然形》―ら 30⑩ 45⑥ 91⑬ 103④ 118⑦ 144⑧⑩ 152② 162⑥ 226⑦
　《連用形》―り 17⑧ 31④ 43④ 97⑧ 135⑪ 144⑩
　《終止形》―る 58② 110③ 116⑫ 248⑦
　《連体形》―る 26⑪ 103⑩ 111⑦
しるし 136①
しるしつたふ （伝）
　《連用形》―へ 145③
しるす （記・誌）
　《未然形》―さ 80⑫
　《連用形》―し 19⑥ 64⑪ 124① 129② 151⑪ 226③
　《終止形》―す 121①
　《連体形》―す 12⑮

《已然形》ーせ　24③　28⑦　36②　39①　48
　④　49⑬⑮　107②　131①　136③　159⑩
しろ　（城）　36④　194③　237③
しろあり　（白蟻）　179⑪⑪⑬
しろし　（白）
　《連体形》ーき　38⑯　117⑧
ジロナ　【地名】　191⑥
しろはた　（白旗）　26⑯⑯　35①
しん　（心）　58④　⑦
しん　（親）　97⑫
しん　（真）　235④
じん　（陣）　89⑬　183⑬
しんあい　（親愛）　95⑫
じんい　（仁意）　182⑧
じんいん　（人員）　9⑭
しんき　（新規）　38②　251②
じんぎ　（仁義）　78⑩
じんきゃく　（人客）　85①
しんこく　（新国）　226②⑥
じんじう　（人獣）　102③
しんじがたし　（信）
　《終止形》ーし　240②
しんしやう　（心匠）　141①
じんじやう　（尋常）　96⑧　164②　176②　185
　②　200②　216②　230②
しんじやうす　（進上）
　《未然形》ーせ　239①
シンショー　【川名】　191③
しんしよく　（寝食）　81⑦
じんしん　（人心）　95③　138⑧
しんず　（信）
　《連体形》ーずる　181⑨
じんせい　（人性）　88②
じんせい　（人世）　143⑥
しんせかい　（新世界）　143③　251⑧⑨
しんせつ　（深切・心切）　249⑦
　《連用形》ーに　51⑭
しんせん　（深浅）　41⑥　58⑨

じんせんす　（人撰）
　《未然形》ーせ　221③
しんたい　（進退）　72⑦　76④
しんたい　（身体）　107⑥　111⑬　182⑧
しんだいとうりやう　（新大頭領）　75⑭　76
　⑩
しんたいふさうおう　（身帯不相応）　179⑦
しんたつす　（申達）
　《連用形》ーし　78②⑥　83①　91⑪
　《連体形》ーする　97⑦
しんぢゆう　（心中）　196②
しんてい　（心底）　25⑭　249③
しんどうす　（震動）
　《未然形》ーせ　85⑧
しんにふす　（侵入）
　《已然形》ーすれ　102②
しんばう　（心望）　9⑪
しんはつめい　（新発明）　17④
しんぱふ　（新法）　167⑤
しんぷく　（臣伏）　239⑧
じんぶつ　（人物）　12⑫　62⑥　155③　212⑦
しんぶん　（新聞）　9②　21①　24③④⑮　25⑤
　27⑥　28⑦⑪　30⑤⑥⑧⑨　33①⑯　36①　38
　②⑯　39①⑨　45①　46⑧　49①⑬　57①⑫
　60⑪⑮　61⑤　62②⑤　65①　67⑫　68⑬　75
　①　81①④⑨⑬　83②⑥　85⑥　87①　103③
　107①　115①　119①　121①　122⑤　124
　①　129②④　130⑬　131①　135①　137⑩　151
　①④　153②　156⑦　158①　167②　168⑩
　171④⑥　174①　179①⑧　189①　203②　204
　⑨　207⑦　219①　220③　224①　233③⑤　236
　①⑨　243②④
しんぶんし　（新聞紙・新聞誌）　12②　17⑦
　19②　31③　35⑬　36⑧　43③　46⑦　48④⑯
　49⑮　62⑦　64⑦　70⑩⑬　88⑩　89⑤⑦　90
　⑯　93①③　97③　100⑧　101①　109⑪　124
　③　136③⑥　151⑦　158⑪　179⑥⑭　206⑤
　219⑨

海外新聞総索引　67

しんぶんしめんやう （新聞紙面様） 88⑫
しんぶんしや （新聞紙屋） 151⑪
しんぶんづくり （新文造） 48⑮
しんぶんや （新聞屋） 223⑩
しんミニストル （新） 83⑮
じんみん （人民） 9⑬ 11② 14① 38⑩ 47⑮ 89② 96④ 112⑪ 113④ 121⑥ 135⑤ 157⑩ 170⑧ 181⑨ 183①② 189⑨ 197②
じんめい （人名） 28③ 39⑧ 57⑨ 90⑮ 92③ 99⑤ 100① 113③⑧ 116⑥ 118⑧ 121⑨
しんもつ （進物） 204⑩
しんらうぢゆうかいかく （新老中改革） 180②
しんりよく （神力） 212③
しんるい （親類） 36⑥ 70⑧

す

す （為）
《未然形》せ 23④⑧ 25⑧ 28⑩ 35⑨ 37⑦ 39⑩⑬ 41⑮ 45⑥ 46⑦ 47⑪⑮ 49③ 67⑬ 75⑧ 78⑫ 80⑥⑨ 87⑬ 88⑨ 95⑦ 110② 113① 117⑧ 120⑤ 129⑬⑬ 135⑩ 144⑦ 155⑤ 156② 157⑧ 160⑧ 220② 221⑨ 239⑥ 247⑥
《連用形》し 25⑥ 28⑪ 58⑪ 61⑪ 64④ 65⑫ 66⑯ 72⑩ 74 115④ 117③ 160② 182⑫
《終止形》す 24①① 34⑭ 37⑤ 82⑥ 96① 139⑦ 180⑦
《連体形》する 13① 22② 27④ 31⑦ 37② 43⑦ 45⑮ 49⑤ 58③ 59⑦ 60⑤ 61⑩ 72⑪ 75⑥ 116② 138②⑪ 153⑩ 154①②⑤ 170③ 182① 191⑪⑪ 207① 251⑩
《已然形》すれ 27⑦ 46⑭ 67⑦
《命令形》せよ 46⑦
す 《助動詞》

《未然形》せ 17④ 70⑪ 76⑧ 115⑤ 117⑦ 126②②③ 162⑥⑥ 189⑤ 206⑨ 252④
《連用形》し 63⑩
《連体形》する 168② 171⑧

ず 《助動詞》
《未然形》ざら 9⑧ 46⑮ 58⑬ 190⑧ 220⑨
《連用形》ず 9⑥⑭ 14⑤ 21⑥ 23⑯ 25⑭ 26②③ 28③⑥ 31⑨ 33④⑤ 35⑧⑬ 38⑥⑧ 39⑬ 40⑦⑮ 43② 45⑩ 46⑤ 47⑦ 49② 53⑩ 57⑪ 58⑥ 60⑦ 61⑯ 63③ 69⑥ 70① 73⑤ 82⑮ 83⑧ 85⑪ 89② 95⑦ 97⑨ 109⑤ 110② 111⑬ 112⑬ 113① 121⑤ 136⑦ 139⑩⑪ 140② 144⑦⑩ 155⑨⑪ 162④⑥ 173⑧ 179① 180① 189⑨ 194⑧ 226②⑥ 239① 240⑤ 244① 245⑨ 247① 249②
《連用形》ざり 16⑯ 24⑦ 25②⑨⑭ 35⑫ 37⑦⑩ 41⑦ 42⑬ 45⑥ 47⑦ 49③ 53① 60④⑥ 61① 66② 144⑫ 162④ 239⑦
《終止形》ず 9⑯ 11⑥ 12② 14② 21⑨ 25⑪⑬⑮⑮ 26⑪⑮ 27⑦⑨ 29⑭ 30⑥ ⑩⑮37⑩ 38③ 39⑩ 49⑤ 50⑤ 51⑮ 58④⑥⑬⑮ 61④ 62⑦ 63⑫⑮ 64② 65⑩⑬ 67⑬ 70⑭ 78⑫ 80⑤⑫ 82⑤ 83⑫ 84⑧ 88⑫ 89⑭ 91⑧ 92④ 96⑧ 102②⑩ 103⑥ 104①④ 109④ 112①（づ）113⑤ 115⑦ 125⑧（づ）131⑦ 132⑫ 138⑩ 139②②③ 142② 152② 154④ 155① 156⑩ 157⑪ 158① 159①③ 160⑨ 161⑦⑨ 164②③ 170⑧ 176⑤ 183①⑯ 185② 189⑤ 191⑪ 194②⑪ 200②③ 216②③ 220⑨ 230②③ 236⑦⑦ 237② 240⑤⑩
《連体形》ぬ 33⑧ 83⑪ 87⑥ 89② 98⑨ 100④ 101⑧ 112② 132⑥ 179④ 220②④ 234② 237① 246③

《連体形》ざる 12⑫ 15⑨ 16⑧ 17③ 22⑮ 27② 33⑤ 36⑨⑫ 48⑩⑬ 49①② 51⑦ 53⑥⑦⑦ 57⑩ 58① 59⑧ 60⑥ 65⑪⑫ 66②⑥ 67② 69④④⑫ 70⑤⑮ 72③ 73⑤ 76④ 78⑪ 81⑦ 82①⑫⑭ 87⑭ 88⑦ 90② 91⑬ 92② 94③ 97⑫ 109② 112⑪⑬ 113⑤ 118⑦ 122⑪ 126②② 131⑦ 132② 137④ 144⑧ 157②⑥ 159②③④ 160⑨ 180⑧ 181③ 190⑨ 193⑩ 213② 214② 233⑦ 237⑧⑩

《已然形》ざれ 21⑦ 26⑮ 27② 39⑩ 45⑧ 48⑨ 53⑥ 64① 66⑪ 115⑦ 140⑩ 152④ 153① 154⑪ 156② 157②

すいかい （水海） 37⑯
すいぎん （水銀） 43①②
すいぎんざん （水銀山） 42⑯
すいぐん （水軍） 144④
すいしていとく （水師提督） 16④
すいじやう （水上） 193⑥⑦
すいしゆ （水主・水手） 25③ 37①① 40⑦ 72⑬ 123③
すいしゆら （水手等） 25②
すいそつ （水卒） 16②
すいちゆう （水中） 144⑤ 146①⑥
すいびす （衰微）
　《連用形》ーし 13④
すいふ （水夫） 192⑦
ずいぶん （随分） 51⑤ 63⑬ 77⑩ 85④ 115⑦ 164⑥ 176⑥ 179⑤ 185⑥ 200⑥ 216⑥ 230⑥
すいみやく （水脈） 37③
すいれん （水練） 110⑥
すういん （数員） 10③
スウーリン 【地名】 84⑥
すうさう （数艘） 101⑤
すうせんり （数千里） 245④
すうそふ （数） 181⑮
すうひやく （数百） 50⑮

すうひやくまん （数百万） 209⑪
スーヲッロ 【人名】 75⑨
スエツこく （国） 139⑨
スエッツランドこく （国） 47⑤
スエデンこく （国） 48①
スカツランド 【地名】 115④
スカツレンド 【地名】 182⑭
すぎ （過） 67⑬
すく （好）
　《未然形》ーか 237⑧
すぐ （過）
　《未然形》ーぎ 69⑤
　《連用形》ーぎ 42⑩ 52②⑧ 53⑥ 159⑨ 160⑥ 197⑨ 226⑧ 237①
　《連体形》ーぐる 71⑨ 104⑤
すぐ （直） 66⑥ 75⑮
すくなし （少）
　《未然形》ーから 83⑫
　《連用形》ーく 33⑭ 42② 85⑥ 93⑩ 108⑬ 118⑧ 180⑩⑫⑬ 206① 240⑤
　《終止形》ーし 52⑪ 59⑨ 70⑬ 80⑩
　《連体形》ーき 9⑧ 46⑭ 70⑭ 87⑦ 130⑥
　《已然形》ーけれ 73②
　《ウ音便》ーふ 80⑥⑨
すくふ （援・救）
　《連用形》ーひ 35①
　《ウ音便》ーふ 13②
スコーフ 【人名】 83⑩
スコーフキル 【人名】 63⑥
すこし （少）
　《連用形》ーしく 10⑫ 11⑩ 13④ 24③ 34⑩ 35⑭ 36⑫ 42⑤⑩ 52⑪⑮ 60③ 62②③ 68⑤⑥ 72⑯⑯ 73②⑥ 80⑩⑩⑪ 84⑫ 85④⑥ 137⑩ 153①
　《終止形》ーし 16① 35⑬ 47③ 85④⑤ 115⑧
　《連体形》ーしき 153④

すこし （少） 19③ 22⑩ 24④ 38⑨ 46⑯ 52③⑨ 58⑤ 64⑧ 80⑪ 93⑧ 99⑦ 112③ 168⑨ 194①⑥ 204⑥ 206② 212⑦ 225② 226② 246②
  《連体形》ーなる 102⑫ ⑫
すごす （過）
  《連用形》ーし 140⑤
すこぶる （頗） 17⑥ 51⑥ 66⑫
すこやか （健）
  《連用形》ーなり 107⑥
すさまじ
  《連用形》ーじく 246⑨
すすむ （進）
  《連用形》ーめ 104③ 192⑦
  《連用形》ーみ 181⑮
スタヌレ 【人名】 183⑧
すたる （頽）
  《連用形》ーれ 117⑧
スタントン 【人名】 75⑦
スタンピス 【人名】 79⑫
すつ （棄・捨）
  《連用形》ーて 110⑩⑫ 209②
スツレクテアトーネ 【人名】 89⑧
ステーブン 【人名】 25⑩
すておく （捨置）
  《未然形》ーか 22⑥
すてご （棄子） 110⑪
すてさる （捨去）
  《已然形》ーれ 17②
すでならず （已） 98③
すでに （既・已） 9⑬ 12④ 21⑫ 22② 26⑬ 29⑤ 36④ 45⑨ 51⑨ 62⑮ 66⑮ 87⑬ 88② 89① 94①⑥ 95①⑥⑪ 98⑫ 101①⑦ 151⑤⑧ 152⑦⑨ 154②⑤ 155⑧
ストムラール 【船名】 52⑯
ストムヲール 【船名】 90①
すな （沙） 194④
すなはち （則・即） 95⑦ 145⑥⑦ 193② 194① 214①
スハゼー 【地名】 58①
スペーンこく （国） 39⑦
すべて （総・総而・通計） 10② 29⑮ 40⑤ 47③ 51②③ 57③ 58⑧ 72① 82④ 112⑥ 143⑤ 146⑦ 203④ 235②③
すへる
  《連体形》ーへる 37④
すべる （滑）
  《連用形》ーり 17⑥
すまひをり （住居）
  《連用形》ーり 111⑫
すみおり （住）
  《已然形》ーれ 211⑪
すみか （住家） 84② 118⑥
すみなす （住）
  《已然形》ーせ 143⑤
すみやか （速）
  《連用形》ーに 18⑪ 22③ 31⑦ 43⑦ 66⑩ 82⑤⑨ 88⑩ 167⑦ 243⑪
  《連体形》ーなる 31⑦ 43⑦
すみをり （住居）
  《連用形》ーり 213⑪
  《已然形》ーれ 213⑩ 214⑧
すむ （済）
  《連用形》ーみ 119⑤ 247⑦ 248②
  《連体形》ーむ 14⑤
すむ （住）
  《已然形》ーめ 172⑧
  《撥音便》ーん 183②
スメット 【人名】 83⑬
すら 《副助詞》 88③
スララー 【人名】 125①
すりかふ （替）
  《連用形》ーへ 173①
すりつけぎ （摺附木） 117⑩
する
  《終止形》する 10⑩ 30⑧ 36⑧

するどし　（鋭）
　《連体形》ーき　63③
スルメ　73⑨
スレーフ　28⑨⑩　122⑪⑫
すれぞんす　（磨損）
　《連体形》ーする　58③
すれつよし　（磨強）
　《終止形》ーし　58④
スヰデンこく　（国）　37⑪　59⑥　60⑪
すゑ　（末）　239⑤
ずんば　《連語》　26⑩　171⑨

せ

せい　（性）　58⑨
せい　（姓）　143⑨
せい　（生）　146④⑥　160③
ぜい　（税）　11⑦　23⑦　34⑨⑩⑪⑫⑫　71⑪　79⑫⑭⑮　80①⑤⑤⑨　98⑪⑪　207①
ぜい　（勢）　67⑫　84⑦⑨　91④　119④
せいうぎ　（晴雨儀）　61⑥
せいき　（生気）　145⑨
せいきやう　（盛饗）　152⑨
せいきよ　（逝去）　84⑪
　《未然形》ーせ　35⑥　70⑨
ぜいぎん　（税銀）　109⑬
せいざうす　（製造）
　《連用形》ーし　122⑤　245⑦
　《連体形》ーする　29①
せいざうかた　（製造方）　91⑫
せいざうしよ　（製造所）　142⑦
せいさくす　（製作）
　《連体形》ーする　109⑥
せいしだす　（製出）
　《終止形》ーす　142⑧
せいしつ　（性質・生質）　57⑨　62⑥　78⑩
せいしやう　（盛昌）　253③
せいしゆつす　（生出）
　《連用形》ーし　179⑨
せいす　（制）
　《連用形》ーし　183④
せいす　（製）
　《連用形》ーし　17⑤
　《終止形》ーす　17⑤
　《連体形》ーする　40⑫　117⑪　194⑧
ぜいす　（贅）
　《未然形》ーせ　26⑪
せいせい　（成生）　144②
せいだい　（盛大）
　《連用形》ーに　29③
せいちやうす　（生長）
　《未然形》ーせ　95⑦
せいてつしよ　（製鉄所）　34③
せいはふ　（製法）　73④
せいふ　（政府）　12⑧　21⑫⑬　22①⑤⑨⑩⑪　23⑤　24①①　26⑨⑯　28⑩　29⑨　31①　37⑫　38⑬　42⑮　45③　46⑮　48⑦　49⑪⑫　57⑥　58⑪⑫⑭　61⑯　62⑧　64④　68④⑭　76⑨　77①　78⑤　79①　80④　81④　82④　83①　84⑤　88⑥　91⑥　92④⑥　94③　95②⑫　100②　109⑧⑧　111③⑧　113④　116⑤⑨⑪　119⑩　121⑫　122③　125⑨　126④　129⑧⑬　131⑥⑪　132②　139⑤　141⑧　142⑤⑥　151⑦　156④　158⑪　168①①　169⑦⑩　170⑨　171⑧　173⑨　179④④　181⑧　182⑩　189⑨　192③　193③⑧　194③　197⑧　207⑥　209⑧⑩　219⑩　220③　221①　236⑥　237⑤　250②
せいぶ　（西部）　42⑭　209①
せいふくす　（制伏）
　《終止形》ーす　94⑦
せいほく　（西北）　38⑤
せいむ　（政務）　88④
せいめい　（性名・姓名）　224④　243④　251⑥
せいやう　（西洋）　24⑫　26⑯　40⑨　64⑨　167①　179①②　189③　207⑩　211⑥　239⑧

247⑦
せいやうかいびやく （西洋開闢） 237① 253
　①
せいやうかいびやくせつ （西洋開闢説）
　239③
せいやうひきやくせん （西洋飛脚船） 19
　④
せいやく （誓約） 51⑤
せう （小） 104③ 117⑫ 118①
　《連体形》ーなる 253⑤
せうか （小家） 247①
せうぐんかん （小軍艦） 9⑰
せうこく （小国） 71⑨
せうこす （焦涸）
　《未然形》ーせ 245⑦
せうざいく （少細工） 34⑪
せうざう （肖像） 52① 135⑪
せうしつ （焼失） 123①
　《終止形》ーす 89② 101③
せうじゆう （小銃） 142⑤
せうせいす （招請）
　《連用形》ーし 107⑤ 249①
せうせう （少々） 57⑦ 72⑥ 112⑤ 124⑨
　248①
せうせき （硝石・消石） 53⑫ 219⑦
せうたい （招待） 152⑦
　《連用形》ーし 15③
せうだんご （小団子） 235①
せうづつ （小筒） 82⑨
せうに （小児） 102⑩
せうめつす （焼滅）
　《終止形》ーす 96⑥⑦
セーボー 【地名】 69①⑦
セーミスかは （川） 28⑪⑫
せかい （世界） 117① 145② 160⑤ 161⑤
　240①⑦
せかいかいびやく （世界開闢） 159⑦⑧
　174① 197① 213①

せかいぢゆう （世界中） 29④ 30⑩
せがれ （伜） 240⑩
せき （席） 25⑪
せきがた （関方） 249⑨
セキセノー 【国名】 189③
セキセノヲ 【国名】 189⑤
せきたふ （石塔） 88⑨
せきたん （石炭） 34⑩ 109④ 116⑨⑪⑫
せきたんゆ （石炭油） 244⑥
せきちく （積蓄） 119⑫
せけん （世間） 12⑫ 46⑥ 63⑨ 67⑨
せしむ
　《連用形》ーめ 197⑧
せじやう （世上） 140⑩
せじやういつぱん （世上一般） 82① 98③
せつ （説） 11② 45⑫ 76⑪ 80⑩ 139⑨ 140
　③⑦⑧ 161③ 162①② 207② 237⑥ 240
　①
せつ （節） 21⑧ 36⑩ 42① 87⑫ 88① 93
　⑦ 99⑦ 124⑪ 170⑩ 171② 179⑥ 180⑩
　219⑥
せつぐ （拙愚）
　《已然形》ーなれ 235④
せつさう （雪霜） 109④
せつじす （説示）
　《連体形》ーする 9⑤⑦
せと （瀬戸） 203⑨
せともの 164② 176② 185② 200② 216
　② 230②
ゼネセス 【書名】 159⑨
セネター 【官名】 46⑦⑧ 161⑪
ゼノワ 【地名】 161⑪
せばむ （狭）
　《連用形》ーめ 253⑤
ぜひ （是非） 57⑬ 236⑧
ぜひとも （是非） 21⑨ 87⑫ 90①
せひやう （世評） 96⑨
せまる （迫）

《連用形》ーり　152⑩
せむ　（攻）
　《連用形》ーめ　15⑦　46③
せめいる　（攻入）
　《連用形》ーり　183⑬
せめかかる　（攻掛）
　《連用形》ーり　27⑬⑯　34⑤　45⑦　63⑥
せめきたる　（攻来）
　《連用形》ーり　63④
せめこむ　（攻込）
　《連体形》ーむ　21⑯
せめとる　（攻取）
　《未然形》ーら　63⑯
　《連用形》ーり　33③　45⑩　46①　67⑧　136⑪　189⑤
せめやぶる　（攻敗）
　《連用形》ーり　45⑬
セメラメス　【人名】　239④
せり　93⑪
せりうり　（売）　194⑨
せる　《助動詞》
　《連体形》ーる　115⑧
セルマニー　【国名】　138②
ゼルマニーこく　（国）　136⑥
ゼルマネーこく　（国）　156⑪
セレメン　【人名】　75⑫⑭⑮　76②②⑤
セレモン　【地名】　17③
せわ　（世話）　21⑥　22⑩　29⑯　41⑫　67⑪　71⑩
　《連体形》ーする　115⑪
セキミスがは　（川）　16⑬
せんいつ　（専一）　31⑦　43⑦　88⑦
センオウセン　【船名】　16③
せんき　（船旗）　98⑤
せんきうひゃくさんにん　（千九百三人）　71⑭
せんきうひゃくさんまんバゥン　（千九百三万）　79⑪

ぜんくわい　（全快）　69⑪　75⑩
　《連用形》ーせ　83⑯
せんぐん　（船軍）　118⑫
ぜんこく　（全国）　10②　42③
せんごひゃくしちねん　（千五百七年）　241①
せんごひゃくにねん　（千五百二年）　240⑨
せんごひゃくにん　（千五百人）　84⑦
せんごひゃくよんじふろくにん　（千五百四十六人）　72④
せんさう　（戦争）　11⑤⑥　14⑤⑥　15⑦⑪　27⑥　28⑪　30⑫　36⑮　45⑪　50⑤　53③⑥　57⑪　65⑫⑬⑬　71②　78⑪　82①　92②　97⑧　113④　118⑪　126⑩　129⑦　130⑪　142②　171②　181⑧⑭　183③⑪　219⑧　220⑦　237⑨
　《未然形》ーせ　65⑦
　《連用形》ーせ　91③
　《連体形》ーする　117①
せんさうちゆう　（戦争中）　90⑩　195⑤
せんざく　（穿）
　《未然形》ーせ　75⑧
センサラベードル　【島名】　211⑩
せんさんじふきうまんにせんバゥン　（千三十九万二千）　79④
せんさんじふくにん　（千三十九人）　131②
せんさんじふさんにん　（千三十三人）　72⑤
せんさんびゃくまんトル　（千三百万）　76⑧
せんさんびゃくよんじふごまんきうせんななじふよんドロ　（千三百四十五万九千七十四）　23⑦
ぜんじつ　（前日）　63①　125⑬
ぜんじつす　（全実）
　《連用形》ーし　9⑩
せんしやう　（船将）　14④　156③
せんしゆ　（船主）　72⑫⑬　90①③　96⑪　211④
せんじゆう　（千銃）　142⑦
センシユウン　【地名】　252⑦

せんじよう　（線縄）　223②
せんだい　（先代）　35⑦　41⑨
ぜんたい　（全体）　237⑨
せんだつ　（先達）　50④
せんだつて　（先達・先達而）　45⑫　76⑤　81③　82④⑮　84⑪　87⑩　90⑮　99⑤
せんだつてちゆう　（先達中）　81⑮
せんちやう　（舟長）　61⑨
せんちゆう　（戦中）　144④
せんちゆう　（舟中・船中）　211③　212④⑩　245⑤
せんでうはう　（旋条砲）　142⑤
セントアナ　【寺名】　24⑩
セントリアナ　【地名】　179⑧
せんない　（舟内）　40⑥
センナゼリイ　【地名】　169⑥
せんななひやくきん　（千七百斤）　57⑯
せんななひやくきんぐらい　（千七百斤位）　40④
せんななひやくはちじふよねん　（千七百八十四年）　121④
せんななひやくよねん　（千七百四年）　60⑩
せんにひやくしちじふより　（千二百七十四里）　107⑬
せんにひやくにん　（千二百人）　40⑦　130⑧
せんにひやくまんきん　（千二百万斤）　120⑦
せんにひやくり　（千二百里）　234⑨
せんにひやくろくじふごまんフランケー　（千二百六十五万）　130③
せんにんあまり　（千人餘）　36⑤
せんねん　（先年）　81⑬　91⑦⑮
ぜんぱう　（前方）　46⑭
せんはつぴやくごじふろくねん　（千八百五十六年）　214②
せんはつぴやくじふさんねん　（千八百十三年）　111⑧
せんはつぴやくじふにねん　（千八百十二年）　94⑩
せんはつぴやくじふろくねん　（千八百十六年）　35⑦
せんはつぴやくななじふにねん　（千八百七十二年）　62⑭
せんはつぴやくにじふはちねん　（千八百二十八年）　179⑮
せんはつぴやくにん　（千八百人）　15⑪
せんはつぴやくはちじふくねん　（千八百八十九年）　180③
せんはつぴやくまい　（千八百枚）　17⑤
せんはつぴやくよんじふごこ　（千八百四十五箇）　73③
せんはつぴやくよんじふねん　（千八百四十年）　111⑩
せんはつぴやくよんじふよにん　（千八百四十余人）　172②
せんはつぴやくろくじふごねん　（千八百六十五年）　29④　62⑭　115③　129④
せんはつぴやくろくじふさんねん　（千八百六十三年）　107⑧　108⑧⑫
せんはつぴやくろくじふしちねん　（千八百六十七年）　29③　130③
せんはつぴやくろくじふにねん　（千八百六十二年）　107⑦　108⑥
せんはつぴやくろくじふよねん　（千八百六十四年）　107⑨　108⑩
せんはつぴやくろくじふろくねん　（千八百六十六年）　119⑩
せんばんせい　（千万世）　223⑥
ぜんび　（全備）　102⑧
センヒトロスボルドロ　【地名】　69①
せんひやくきうじふより　（千百九十四里）　108②
せんひやくにまんはつせんにひやくごじふさんハウン　（千百二万八千二百五十三）

23⑩
せんひやくにん（千百人）45⑭
ぜんぺん（前編）233②
せんまい（千枚）83④
せんめい（舟名・船名）41② 62⑧ 123②
せんよんひやくきうじふくねん（千四百九十九年）251⑤
せんよんひやくきうじふさんねん（千四百九十三年）226⑩
せんよんひやくきうじふにねん（千四百九十二年）196④
せんよんひやくきうじふはちねん（千四百九十八年）240⑥
せんよんひやくさんじふごねん（千四百三十五年）143⑧
せんよんひやくさんじふしちねん（千四百九十七年）252②
せんよんひやくさんじふよんまんはつせんバウン（千四百三十四万八千）79③
せんよんひやくにん（千四百人）125②
ぜんり（前利）180⑩
せんろつぴやくろくじふきふこ（千六百六十九箇）35⑪

そ

そ《代名詞》237①
ぞ《係助詞》41⑩ 42⑨ 45⑥ 50①④ 52④⑨ 60⑮⑮ 61⑯ 62① 63⑫ 65⑤⑧ 66②⑩⑫⑬⑭ 67⑮ 68⑨ 69⑨⑭ 70⑤ 71⑦ 75⑫ 76⑩ 122① 136③ 137② 141⑧ 142⑧ 146⑧ 156⑨⑩ 181⑩ 183④ 191⑨ 193① 196⑧ 205② 219④⑦ 220⑩ 223⑦ 224① 235①⑤ 236⑨ 237④⑥⑩ 238⑨ 239①⑦ 240① 243⑥ 244②⑩ 245⑥⑧ 246⑨⑩ 247⑥ 249⑤⑦ 253⑤
そう（僧）24⑩
そういりよう（総入用）71⑪

ぞうか（増加）246③
そうぐんかん（総軍艦）81⑪
ぞうぐんぜい（増軍勢）236⑩
そうけい（総計）79⑧ 80③
ぞうけんす（増遣）
　《終止形》—す 16⑥
　《連体形》—する 30②
そうこ（倉庫）96⑤
そうさいしよく（総裁職）57⑧
そうじて（総・惣）136⑦ 248①
そうじめ（総）204④
そうす（奏）
　《連用形》—し 36⑥
そうたい（総躰）58①
そうだいしやう（総大将・惣大将）182⑦ 197⑨ 205⑨
そうだか（総高）167⑩
ぞうちやうす（増張）
　《連用形》—し 83⑫
そうどう（騒動）190⑧
そうども（僧共）190④
ゾーアーム【人名】131②
ゾーアームかた（方）131③
ぞく（賊）154⑩ 155④ 206⑨
ぞくこく（属国）10⑩ 41⑩⑪⑫ 57④ 62② 75⑫ 93④ 116①② 120④ 124⑬ 126⑨ 237⑧
ぞくこくとりしまりてだて（属国取締手立）57③
そくし（即死）45⑮ 83⑩⑫ 89⑮ 131③④ 244⑦ 245⑥
そくじつ（即日）76①
ぞくす（属）
　《未然形》—せ 49⑯ 76⑨ 82⑫ 222⑤
　《連用形》—し 111⑨ 180⑤ 247⑤
ぞくと（賊徒）23③④
そくりやう（測量）41⑦
そくゐ（即位）

そ《連用形》―し 81⑫
そこ (底) 57⑬ 117⑥
そこもと (其許) 90④⑥
そせい (蘇生) 41⑤
そぜい (租税) 11②
そそぐ (注)
　《連用形》―ぎ 198⑦
そだつ (育)
　《連用形》―ち 110⑬ 111①
そつきよ (卒去) 121④ 122②
そつこく (即刻) 129⑩
そつす (卒)
　《未然形》―せ 121⑦ 124③
そでじゆう (袖銃) 65⑯
そと (外) 46② 53③
そとおほひ (外掩) 58⑦⑩
そとぐに (外国) 37⑯
そとばり (外張) 25①
そなひ (備) 173④
そなふ (備)
　《連用形》―へ 25① 77②③
　《連体形》―へる 9⑮
そなへ (備) 21⑨ 48⑨⑩
そなへおく (備置)
　《未然形》―か 138⑪
そにん (訴人) 83⑭
そねむ (嫉)
　《連体形》―む 240⑤
その (其・夫) 9⑥⑩⑮⑮ 10③⑤⑥⑦⑫⑭⑮ 11②③③⑫ 12①①②③⑤⑨ 13⑬⑭⑯ 14⑦ 15⑦ 16⑭⑮⑯ 17①②⑤ 19③④ 21⑦⑧⑩⑪⑫⑫⑬⑯ 22②⑦⑬⑯ 23③③④⑥⑨ 24①⑥ 25②⑧⑪⑫ 26⑤⑥⑬⑮ 27⑩⑭⑭ 28③⑦⑬ 29⑦⑦⑧⑪⑭⑮⑮ 30①⑤⑬⑯ 33④⑥⑦⑫ 34②⑥⑬⑯⑯ 35①②⑥⑭ 36④⑦⑨ 37①⑧ 38①③⑤⑧ 39②③⑫⑫⑬ 40①⑩⑩⑫ 41②③⑦⑩⑬ 42③ 45⑦⑧⑫⑭ ⑭ 46①③⑦ 47⑧⑬⑯ 48⑩⑮ 49②④⑩⑫⑭⑯ 50④⑥⑦⑧⑪⑭⑮⑯ 51①⑧⑧⑪⑬⑮ 52②③⑧⑧ 53②⑥⑩ 57④⑤⑥ 58②⑭⑯ 59①⑪⑫ 60⑧ 61②③⑦⑮ 62④⑥⑭ 63②④⑬ 64②⑨ 65⑧⑪⑫ 66③③⑥⑧⑫⑬⑭⑮⑯ 67①⑭⑭ 68⑧⑬ 69④⑥⑧⑭ 70④ 71⑮⑮ 72③⑮ 73② 75⑧⑩ 76⑤⑭ 77⑥ 78④ 83①④⑤⑨ 84⑧⑫ 87③ ⑪ 88①⑥⑨ 89⑧ 91①⑦⑪ 92③ 94④ ⑪ 95⑧ 96⑥ 103⑩ 104① 107⑤ ⑤ 108⑫ 109③⑤⑧ 109⑬ 110⑤⑤⑥⑦⑧⑩⑫ 111⑤⑦⑨⑩⑬ 112①⑦⑫ 115⑨ 116③⑬ 117⑤⑦⑫ 121⑧ 122②123①③ 124⑪ 125①④⑤ 126⑫ 130④ 135⑥⑦⑨ 136②⑤⑩ 137⑥⑦ 138⑩ 139①②⑦⑨ 140③③⑥⑦ 141⑥⑪ 142⑦ 143⑦⑨⑨⑪ 144②⑤ 145③③④⑩ 146⑨ 147⑧ 152①③⑥⑨⑩ 153⑤ 154①②③④⑤⑦⑦⑨⑪ 155⑧ 156④⑧⑩ 157⑤⑥⑦⑩⑩ 158⑨ 159⑪ 160⑧ 162①②②⑤ 163⑧ 164⑧ 167⑨⑪ 169② 172⑩ 175⑧ 176⑧ 179⑫⑮ 180②⑪ 182⑬ 183⑭ 184⑧ 185⑧ 189⑦ 190⑨ 191⑦⑪ 193③⑤⑤⑪ 194⑥ 195②⑥⑧⑨⑫ 196⑤⑦ 197③⑤⑩ 199⑧ 200⑤ 203④ 205① 209⑦ 211⑧⑩ 212① 213③④⑥ 214⑤⑦ 215⑧ 216⑧ 221⑦ 222① 224① 225⑥⑩ 226④⑩ 229⑧ 230⑧ 235⑤⑩ 236①② 237② 239⑥⑩ ⑩ 240④ 245⑤⑥ 247⑥⑩ 248⑦ 251⑤

そのうち (其内) 23⑦ 61⑨ 71⑯ 72① 85① 172②

そのうへ (其上) 40⑭ 51⑥ 76⑪ 169⑩ 244⑦

そのとき (其時) 76⑧ 78⑨

そのほか (其外・其他) 51③ 72②⑤⑭ 75⑥⑭ 77③ 79⑥ 82⑫ 83⑦ 89⑪ 90⑬ 91⑭ 100⑨ 108④ 110⑫ 112② 113⑩ 118③ 146③ 198④ 206⑧

ソノラ 【地名】 156⑨
そばやく （側役） 246⑧
そふ （添）
　《連用形》ーへ 24① 97⑥ 110⑫ 118⑨ 220①
　《終止形》ーふ 18⑫ 31⑪ 43⑪
そふてつせん （粧鉄船） 10⑪
そまつ （麁末）
　《連用形》ーに 73④
そむく （背・叛・反）
　《連用形》ーき 91⑦⑮ 116①②
　《連体形》ーける 91⑯
　《已然形》ーけ 98③
そもそも （抑） 11⑩ 26⑩ 35⑦ 53⑤ 59⑧ 62⑥ 69① 145②
そりやく （疎略） 234②
それ （夫） 12⑩ 29⑤ 35⑫ 38⑥ 39② 43⑧ 48⑨ 49③ 51⑯ 52③④ 58⑧ 66⑤ 69⑤ 76⑩ 80⑤ 91⑧ 97⑧ 103⑩ 113⑦ 115④ 116④ 143②⑥ 160① 168④ 180④ 181⑤ 224⑤
それぞれ （夫々） 173⑨
それに （夫） 31⑧
それほど 222①
それゆゑ （夫故） 12⑬ 60⑮ 62⑦ 63⑩ 94⑪
それゆゑに （夫故） 46⑮
それより 65⑦
そろそろと （遅々） 194⑤
そろひ （揃） 63⑬
そろふ （揃）
　《連用形》ーへ 82⑦
そん （損） 59⑩ ⑪
ぞんい （存意） 46⑥ 124⑬ 129⑬
そんしつ （損失） 59⑨ 63⑪ 104① 179⑧
そんしやう （損傷） 206① 244⑦
ぞんじより （存寄） 57④ 130④
そんず （損）

《未然形》ーせ 156⑧⑧
《連用形》ーじ 247①
《連体形》ーする 58①
ぞんず （存）
　《未然形》ーぜ 88⑫
　《連用形》ーじ 98②⑤ 102⑫
ソンデイ 【曜日】 125⑬
そんどころ （損処・損所） 24⑮ 58⑤
そんもう （損毛） 173⑩

た

た 《助動詞》
　《連体形》た 167⑨
た （田） 198⑦
ターレン 【地名】 28⑫
ターロル 【地名】 209②
たい （隊） 27⑬⑭
たい （態） 130④
だい （台） 51③
だい （大） 10⑪ 104③ 117⑫ 144⑥
　《終止形》ーなり 121⑥
だい （代） 198③ 224①
たいい （大意） 25⑨ 26③ 31⑨ 43⑨
たいい （大医） 69⑫
だいいち （第一） 21⑪ 25⑯ 36⑯ 60⑯ 69④ 109③ 144③ 157③ 161⑪ 197⑦⑧
だいいちがう （第一号） 233①②
だいいちばんて （第一番手） 208⑨
だいいちばんめ （第一番目） 225④
たいえき （退役） 30⑧ 46⑦⑦ 88⑭ 111⑪ 183⑥⑥ 203④ 246⑧
　《終止形》ーす 93④ 99③
　《連体形》ーする 183⑦
たいえきねがひ （退役願） 203④ 246⑦
たいか （大家） 49④ 121⑤
たいかい （大海） 58⑥
たいがい （大概） 115⑩

海外新聞総索引　77

たいかう （大港） 83② 234①
たいかう （大功） 239⑤
だいがつせん （大合戦） 183⑫ 191④
たいぐん （大軍） 181⑫
だいぐんかん （大軍艦） 9⑰ 81⑧ 238⑨ 243⑩
たいこ （太鼓） 226④
たいご （隊五） 28⑤
たいこう （太后） 35⑥
たいざいにん （大罪人） 191⑪
だいさん （第三） 37④ 109④ 197⑦
たいさんす （退散）
　《終止形》ーす 183⑫ ⑭
だいさんたいめ （第三隊目） 27⑬
だいさんばんて （第三番手） 208⑪
たいし （太子） 70③⑧⑨ 71⑥ 85③ 87⑤ 189⑥ 206⑤ 237⑨
だいじ （大事
　《連用形》ーに 110⑬
だいじけん （大事件） 159②
だいじふいちがう （第十一号） 97①
だいじふにがう （第十二号） 100⑥
たいしやう （大将） 28④⑤⑭ 82⑥⑩ 126③ 206②
だいしやうぐん （大将軍） 34③ 46② 64① 65⑮ 75⑭ 141⑨
だいしやうにん （大商人） 9⑥ 29⑤ 180⑪
たいじんす （退陣）
　《未然形》ーせ 182④
たいじんす （対陣）
　《連用形》ーし 189⑩
たいす （対）
　《連用形》ーし 100② 113④ 182⑩
　《連体形》ーする 239⑦
だいせう （大小） 117⑪ 139⑥
だいせうはうたま （大小砲玉） 164⑤ 176⑤ 185⑤ 200⑤ 216⑤ 230⑤

たいせん （大戦） 208③
だいづ （大豆） 53⑫
たいてい （大抵） 81④ 82⑫ 83⑯ 115⑧
だいてうやく （大調役） 67⑤ 191⑩
だいてうれん （大調練） 37⑬
だいとうりやう （大頭領・大棟梁） 16⑦ 25⑥⑨ 26③④⑥⑥⑪⑫⑭ 34⑬ 46⑤ ⑤⑩ 65⑯ 66⑬ 67⑤ 75③⑧ 76⑮⑮ 77⑬ 78⑫ 81⑫⑫ 82⑮ 84⑤ 89⑦ 91③ 113 ③⑥⑧ 118⑤⑥⑨ 122⑧ 126① 141④⑦ 155⑧⑨⑪⑪ 156①②③ 172⑧ 182⑦⑩ 191⑩ 207⑦ 222④ 223①⑤⑨ 243④⑥ ⑨ 244②
だいとうりやうかた （大領領方） 81⑪ 78② 99①
だいとうりやうぜい （大頭領勢） 98⑫
だいとうりやうつき （大頭領付） 84⑥
だいに （第二） 21⑪ 37① 109③ 197⑦
だいにがう （第二号） 243①
だいにじふごばん （第二十五番） 147③
だいにじふななばん （第二十七番） 163③ 175③ 184③ 199③ 215③ 229③
だいにとう （第二等） 197⑧
だいにどめ （第二度目） 226⑨
だいにばんて （第二番手） 208⑩
だいば （台場） 15⑫ 21⑪ 23⑮ 28⑫ 33 ⑬ 37③ 46④ 48⑭ 53⑫ 58⑯ 62⑫ 67⑯ 89⑥ 97⑤ 122⑩ 182⑧ 236③④
たいはう （大砲） 10⑭ 25① 30⑬ 33⑤⑥ 45⑭ 53④ ⑩ 63② 65⑤ 189④ 212⑩
たいはうせん （大砲船） 16⑬
たいびやう （大病） 30⑨
だいひやうぢやう （大評定） 57⑤ 62⑪ 78④ 116⑨
だいひやうぢやうしよ （大評定所・大評定処） 46⑬ 48④ 49⑨ 57③ 63⑪ 64③ 71⑤ 78⑦
だいひやくはちばん （第百八番） 147④

163④　175④　184④　199④　215④　229④
だいひやくよんじふいちばん　（第百四十一
　　　番）　64⑩
だいふうぼうう　（大風暴雨）　245⑨　246⑨
たいへい　（太平）　9⑤
たいへう　（大雹）　234⑩
たいぼく　（大木）　39⑯　40①
だいみやう　（大名・大明）　21⑤　22⑤　37
　　　⑫　57③⑥　58⑪⑬⑯　61⑫　79①　122⑧　124
　　　⑨　147⑪　154⑪　163⑪　175⑪　184⑪　199
　　　⑪　215⑪　229⑪
タイムス　【新聞名】　151⑦⑪
たいめん　（対面）　25⑪　68⑬　76⑭
たいやう　（大洋）　144⑦　145⑧
たいやう　（太陽）　145⑦
だいよん　（第四）　37⑤
だいよんじふいちばん　（第四十一番）　19
　　　⑤
だいよんたい　（第四隊）　15⑥
だいよんひやくきうじふさんねん　（第四百
　　　九十三年）　225⑧
たいらい　（大雷）　203⑦　244⑥
たいらう　（大老）　124③　⑩
たいらうしよく　（大老職）　68⑪　121③　124
　　　④　213⑧
たいらうふじん　（大老婦人）　122②
たいりう　（滞留）　65⑫　70⑧　83②　87④⑫
　　　⑬
　　　《連体形》－する　65⑪
たいりやく　（大略）　73⑧
だいろくたい　（第六隊）　27⑭
だいわう　（大黄）　73⑥
たう　（党）　23④
たう　（当）　107⑩　129①　235⑥
だうう　（堂宇）　245⑨
たうかう　（当港）　45①　65①　83②　90⑨　107
　　　①　121①
だうぐ　（道具）　39⑫　45③　115④⑪

たうげつ　（当月）　192　⑪　245⑧
たうげつついたち（当月一日）97③
たうこく　（当国）　239①　248⑩
たうこくしゆ　（当国主）　248④
たうざ　（当坐）　83③
たうじ　（当時）　10⑧　77⑩　116③　117②　118
　　　⑪　130⑧　131⑫　190③　214⑧　249②
たうせつ　（当節）　73④　253⑤
たうだい　（当代）　95③
たうち　（当地）　84⑤　164④　176⑤　185④
　　　200④　216④　230④
たうちやく　（到着）
　　　《連用形》－し　50④　76②
だうてい　（道程）　107⑦⑪
たうねん　（当年）　78⑭　93⑧　113⑩　125⑩
　　　140⑪　246③
たうねんちゆう　（当年中）　236⑨
だうろ　（道路）　94⑥
たうわく　（当惑）　90②
たえず　（絶）　223⑨
たか　（高）　34⑥　77①　126④　168②　169⑦
　　　209⑩
たかさ　（高）　41⑦　115⑨
たかし　（高）
　　　《連用形》－く　13⑪　14⑩⑯　34⑪　60⑭
　　　80⑤　123⑧　160⑧　237⑥
　　　《終止形》－し　99⑨　120⑨　127②　132⑪
　　　204④
　　　《連体形》－き　41⑯　59⑮
たかだい　（高台）　160⑧
タカチコランター　【新聞名】　30⑨
たかね　（高直）　13⑤　127③　132⑫　180⑫
たがひに　（互）　21⑥　26⑧⑪　28⑭　37⑤
　　　51⑤⑦　72⑭　89⑬　91⑧　109⑦　136⑧　142
　　　②　157⑪　208①④　219⑩
たがふ　（違）
　　　《未然形》－へ　109④
　　　《連用形》－ひ　109⑤

たき　（滝）　246⑩

たきぎ　（薪）　194⑤

タキシス　【地名】　89⑫

タキストかう　（港）　90⑧

たく　（宅）　164⑦　176⑦　185⑦　200⑦　216
　⑦　230⑦

たくさん　（沢山）　42④　153⑥　194②

たくはへ　（貯）　89⑮　101②

たくはへおく　（貯置）
　《連体形》－く　40⑮

たぐひ　（類）　28⑩　98⑨

ダクマー　【人名】　238⑧

たくまし
　《連用形》－しく　137①

たくみ　（工）　109⑫

たくみ　（巧）
　《連用形》－に　126⑩　146⑤

たくらむ　（工）
　《連用形》－み　75⑨

たぐゐ　68⑫　→　たぐひ

だけ　（丈）《副助詞》　37②⑧　157⑦　195
　④

たこく　（他国）　27⑥⑦　53⑤　65⑫　92②　135
　⑪

たし　（度）《助動詞》
　《連用形》－に　226①
　《連用形》たく　66④　90⑤　103④　164②
　⑨　176②⑤⑨　185②⑤⑨　200②⑤⑨　216②
　⑤⑨　230②⑤⑨
　《終止形》たし　38⑬　88⑤　90②　204⑪
　《連体形》たき　48⑥　49④　52⑤　66⑤　77
　②　78⑥⑥⑧　84⑧　85⑪　87⑬　88⑦⑭　89
　⑩⑪　90③④　101⑨　147⑨　163⑨　175⑨　184
　⑨　199⑨　215⑨　229⑨

たしか　（慥）　171③
　《連体形》－なる　153⑤

たす　（足）
　《連用形》－し　119⑫

だす
　《連体形》－す　207①

たすかる　（助）
　《未然形》－ら　72⑭
　《連用形》－り　72⑭　144⑥　154⑧

たすく　（助・扶・援）
　《未然形》－け　17②　137①　162④
　《連用形》－け　35①
　《連体形》－くる　211⑩

たすけ　（助）　220⑧

たすけぶね　（助舟）　72⑫

ダスヒヤン　【国名】　180⑥

たぜい　（多勢・他勢）　81⑤　83②　84⑤　89
　⑥

ただ　（唯・只）　9⑭　11⑦　14⑦　25⑫　26②
　29⑦　31⑨　43⑨　82①　94②　102④　137⑤
　138⑩　159①　212⑨　251⑩

ただいま　（唯今・只今）　21⑮　29⑥　47⑧
　48⑧　58⑬　83⑤　111⑫　130⑧⑬

たたかひ　（戦）　15⑯　27⑦　28⑫　33⑬　63
　⑤⑦⑧　76①　91⑨　129⑤　131③　132⑧　136
　⑨　138②⑦⑩　139②　144④　151⑤　152②
　③　157⑪　158①①　183⑮　189④⑪　198④　204
　⑪　206①③　208①　219⑧

たたかひがたし　（戦）
　《連用形》－く　28⑥

たたかふ　（戦）
　《未然形》－は　182①　191③
　《連用形》－ひ　27⑩　28①④　45⑤　61⑫　63
　④⑦　125⑧

たたく　《連用形》－き　154⑥

ただし　（但）　10⑧　16⑩　23⑨　24⑧　28⑪
　29④　33⑦　34⑥⑩⑫　37⑫　38⑬　39⑦　40
　④　41⑨⑩　47②　49⑩　75⑪　77②　79①　80
　⑧　81⑫　82①　83④　90⑩　96⑥⑦　115⑥
　119⑪　120⑦⑪　125⑩　247⑦

ただし　（正）
　《連用形》－しく　180⑦

ただす　（糺）
　《已然形》ーせ　151⑨
ただただ（唯々・只々）46⑯　236⑦
ただちに　（直）　53②　75④　84②　94④　102
　⑦　156①　157⑧
たたん　（多端）　247⑧
たちあひ　（立合）　124⑧
たちあひひやうぎ　（立合評議）　71⑤
たちあふ　（立合・立会）
　《連用形》ーひ　75⑭　169⑤
たちいる　（立入）
　《未然形》ーら　131⑫
　《連用形》ーり　66⑥
たちかへる　（立帰）
　《連用形》ーり　129⑫
たちさる　（立去）
　《連用形》ーり　33⑧
たちどころ　（立）　66⑨　154⑤
たちのく　（立除）
　《連用形》ーき　209②
　《連体形》ーく　75⑩
たちふさがる　（立塞）
　《連用形》ーがり　94⑥
たちまち　（忽）　61⑥　65⑭　117⑦　135⑧
　145⑦　194⑦
たちよる　（立）
　《連用形》ーり　68⑨
たつ　（立・建・竪）
　《連用形》ーて　10⑬　31①　38⑬　57⑥　62
　③⑮　88⑦　160⑦　197③⑨　198⑤⑤　212⑧
　214⑩⑪　237③
　《終止形》ーつ　26⑩　27③　29⑮　58①　71
　①
　《連体形》ーつる　29①②　33⑬　46⑧　156
　⑤　245⑧
たつ　（絶）
　《連用形》ーち　22⑬　76⑪
たつくわんす　（達貫）

　《未然形》ーせ　223③
たづさふ　（携）
　《連用形》ーへ　67⑪
たつしをり　（達居）
　《已然形》ーれ　72⑥
たつす　（達）
　《未然形》ーせ　12⑫　60④　75⑭
　《連用形》ー　達し　76⑥　109⑧　135⑨　183
　⑤
　《連体形》ーする　57⑬　160⑦　161⑧
だつす　（脱）
　《連用形》ーし　9⑮
　《連体形》ーする　174②
たつとむ　（貴）
　《終止形》ーむ　95⑦
たづぬ　（尋）
　《未然形》ーね　60⑦　136⑤
　《連体形》ーぬる　111①　112⑫　116③⑩⑫
　135⑥
たづねあつ　（尋）
　《連用形》ーて　240⑥
たづねゆく　（尋行）
　《連用形》ーき　51⑨
たておく　（立置・建置）
　《終止形》ーく　29⑫
　《連体形》ーく　71③
たてはじむ　（始）
　《連用形》ーめ　160⑧
タテンヤ　【地名】　125①
たとひ　（譬）　113④　155⑩（たとい）
たとへ　（仮令）　65⑥　88③　144⑩
たとへば　（譬）　23⑨　24①　109⑬　112②　245
　①
タヌビ　【川名】　60⑨
タネキギャレッキーアセット　【薬品名】
　40⑫
たのしみまつ　（楽待）
　《終止形》ーつ　29②

海外新聞総索引　81

たのむ（頼）
　《連用形》ーみ　130⑫
　《終止形》ーむ　78⑧　161⑨　205①
　《連体形》ーむ　23①
たのもしきん（頼母子金）　79②
たばこ（煙草・烟草）　13⑤　35⑫　60②　61⑬　68⑤　84⑬　87⑥
たはた（田畑）　39④　42⑯　247②
たはむれ（戯）　152①
たび（度）　9⑧　17⑩　25⑤　26②　27⑫　41⑤　59②　75⑭　77⑬　78④　80⑫　85②　116⑨　139⑤　157⑪　171⑥　179⑭　180⑨　181②　192⑩　193①
たびごと（度毎）　31⑥　43⑥
たびだち（旅立）　68⑨
たびたび（度々）　104①　112③　225⑩
たびで（旅行）　197③
たひらぐ（平）
　《未然形》ーが　142②
たふとし（貴）
　《連体形》ーき　51⑤
タブネメル【地名】　27⑪
たふれい（答礼）　152⑥
たぶん（多分）　14⑤　22⑬　23①　30⑧　37⑭　41③　45⑧　46⑮　53③　63⑨　68⑩　69⑯　71⑪　96⑧　113⑦　129⑥　161③　221⑤　243⑦　244⑦　247①
たへかぬ（堪）
　《連用形》ーね　211③
タペスコー【船名】　16①
たほす（倒）
　《連用形》ーし　102⑩　245⑨
たほる（倒）
　《連用形》ーれ　40①　66⑧
たましひ（魂）　212⑩
たまたま（偶）　96④
たまはりもの（賜）　136②
たまはる（給・賜）
　《連用形》ーり　30⑪⑫　61⑬　119②　195④
　《命令形》ーれ　34⑮　37⑬　52①⑥　141⑥
たまふ（給）
　《未然形》ーは　22⑩
　《命令形》ーへ　19⑤⑥　64⑩⑪　147③④⑩　152⑧　156⑤　163③④⑩　175③④⑩　184③④⑩　199③④⑩　215③④⑩　229③④⑩
たみ（民）　237⑨
ダムストダツトこく（国）　247⑩
たむろじよ（屯所）　11⑪
たむろしをり（屯居）
　《連体形》ーる　191⑥
ため（為）　9⑭　10⑦　11⑬　16①　17⑨　22①⑧⑨　23④　24⑯　26④　27③　29⑯　30③　31⑤　33⑧　36⑪　37③　39⑪　40⑦　41⑥　42⑯⑯　43⑤　47⑧　48⑥　51⑪　57⑩　60⑤　61⑤　62⑬　68⑩　71②③⑯　76①　77②⑦　78⑪　81②　83⑮　85③③⑤　87⑤　90⑩　91②　95⑧　103⑥　107⑦　111⑬　117④　118②　119④　125⑩　129⑦　131⑥⑪　138⑩　139⑥⑦　144⑧　145⑪　152⑦　153⑩　154⑨　193①　221②　238⑩　251⑩　252②
ためし（試）　117③④　118②
たもちがたし（難保）
　《連用形》ーく　88⑫
たやすし（容易）
　《未然形》ーから　89②
たゆ（絶）
　《連用形》ーへ　35⑭　41③　96⑤
たより（便）　17⑩　31⑥　43⑥　64①　140①
たより（頼）　183③　207⑩
たり《助動詞》
　《未然形》たら　196③
　《連用形》たり　24⑯　39⑯　45⑦　50④　51⑩⑭　60⑭⑮　61⑮　62①⑤　63③④⑩　64④　66③⑦⑦⑯　68⑮　70⑨　72⑩⑪⑬⑭⑮　82⑦　83⑮　88⑭　102④　140⑥　144⑥　145④　146⑤　152⑤　160⑨　162③　173⑩　179⑬　193

⑩
《終止形》たり 9②⑤ 10⑦⑭⑮11③⑨⑬
12⑤ 13⑩⑫ 15⑬⑮⑯ 16②⑮ 17①④⑤
21② 22⑮ 23③ 24⑬⑭⑯ 26③⑤⑬ 27⑩
⑪⑫⑭⑯⑯ 28② 29⑦ 33①④④⑩⑭ 34
⑩ 35①①②⑥⑨⑫⑭ 36④⑧⑬ 38①③⑦
⑧⑭ 39⑨⑬⑯ 40①③⑨⑫ 41⑦⑬ 42①
43① 45①⑤⑧⑫⑭⑮⑯ 46①⑦⑧⑩ 47⑦
⑬ 48②⑮⑯ 49⑯ 50⑨⑯ 51⑤⑧⑫⑮ 52
⑩ 53①②④ 57①⑨ 59⑪⑮ 60⑩ 61⑤⑦
⑬⑭ 62③ 63②⑦ 64⑤ 65② 66③⑧⑮ 67
②⑥ 68⑥ 69⑧⑪ 71① 72⑭⑯ 73④⑤⑥
75①④ 81①⑯ 82⑨⑭ 83①⑨ 84⑥⑨⑭
87①⑪⑭ 88⑨ 89⑪⑭⑯ 90⑨ 93①⑨ 96
⑤ 98⑦⑫ 101⑩ 102①⑨ 107⑨ 111⑩⑪
⑫ 113④ 115③⑤⑤⑨ 117③⑤⑦ 118⑦
⑧⑫ 122⑫⑬ 123②⑤ 124④⑤ 125⑥ 126
① 129⑨⑪ 131⑨ 135②⑤ 137⑩ 140⑦⑨
141②⑪ 144③ 145⑥ 146①④ 151② 153
③ 154⑥ 155①④⑥⑨⑩ 156④ 158⑧ 160
②⑤ 161⑥ 162②⑤ 167② 169③ 172⑨
179①⑤ 190④⑩ 192②③⑩ 194⑦ 195④
⑦ 197③⑦⑧⑪ 203②⑤ 204⑦ 205⑥⑦
206⑩ 207②③ 209⑩ 211③⑤⑧ 212③⑤
⑩⑪ 213④ 220③ 222①⑦⑧ 224①⑦
226④⑨ 233⑧⑪ 240⑥⑦⑨ 244⑤ 246⑦
247⑦ 248②
《連体形》たる 10⑫⑫ 12④ 17③ 22⑥ 24
⑥⑮ 25⑨⑬ 26⑫ 28⑪⑭ 30⑬⑬ 33③ 34
⑮⑯ 35① 36③④⑫⑮ 38⑦ 39②⑥ 40
⑮ 41④⑤ 42⑤ 46⑥⑭ 47①⑤ 48⑦
50⑪ 60⑧ 61④ 65⑨ 71⑯ 75⑪ 81⑤ 82
⑫ 83①⑪ 88⑥ 89⑨ 94⑪ 95⑫ 101
④ 102③⑤⑧⑩ 107⑦⑩⑪ 108④ 110⑦
⑧⑨⑩ 111⑨⑩ 112⑥⑨⑩⑪⑬ 113⑤
⑦⑧ 116⑦⑨ 117② 118⑥⑧⑨ 119④
⑤ 120① 121⑦ 122③ 123③ 124④
125①②③④⑤⑥⑧⑪ 126⑦⑪ 129⑩ 130

④⑨⑪⑫ 132⑫ 140⑪ 143⑤ 145⑧ 167
⑦⑧⑩ 171① 172⑦ 173① 180⑤ 181②⑤
182⑦⑪⑬ 183④⑤⑩⑪ 192③⑩ 194④ 207
⑥ 214① 220⑦ 233⑨⑩ 237③⑥⑧ 239⑧
240⑨ 244③⑥ 247⑤ 253②
《已然形》たれ 24⑮ 42⑩ 125④ 183⑭
237②
タリキャストル 【地名】 203⑦
タレー 【人名】 15⑥
だれしも （誰） 144⑩
ダヰモン 34⑪
タヰラ 【貨幣単位】 11⑫
だん （談） 12①
だん （段） 76⑥ 98② 101⑩ 173⑩
だん （断） 181③
たんぐわん （嘆願） 191⑩
だんぐわん （弾丸） 154④
たんさく （探索） 51⑧ 125⑥
だんし （男子） 95⑥
たんじやう （誕生） 121④
たんじやうび （誕生日） 30⑪ 33⑮
だんず （談）
《連用形》ーじ 132②
たんせい （丹精） 36⑪
だんだん 88⑬
だんぢよ （男女） 51⑤ 146⑥
たんづつ （短筒） 154①
だんぱん （談判） 25⑫ 46⑨ 88③
だんりよく （弾力） 40⑭

ち

ち （地） 11⑫ 14⑦ 33③④④⑨ 34①③ 37
②② 45⑧ 53⑥⑥ 67⑩ 83①⑪ 88①⑥ 94
⑪ 101⑫ 130⑨ 135⑥ 143⑤ 145③④⑩ 146
③ 161⑥ 173⑧ 181④ 191④ 209⑥ 222⑥
244⑤ 245②⑤⑧ 253④⑤
ちいさし （小）

《連体形》ーき　51④
ちいん　（知音）　113⑦
チェース　【人名】　67⑤
ヂエルマネー　【国名】　190⑧
ちか　（地下）　116⑨　203⑨
ちかい　（誓）　91⑧
ちかく　（近）　15⑫　28⑫　88④
ちかごろ　（近頃）　77⑥　81⑮　87⑥⑦　89①　90⑩　93⑪　94①　98⑧　102①　103④
ちかし　（近）
　《連用形》ーく　17②
　《終止形》ーし　22②
　《連体形》ーき　13⑭　63⑧　169⑦　189⑪　193⑩　244⑤
ぢかだん　（直談）　52⑤
ちかぢか　（近々）　152⑦
ちかづく　（近）
　《連体形》ーづく　39②　72⑫
ちかひ　（誓詞）　67⑤　91⑧
ちがひ　（違）　38⑨　155⑪
ちかひじやう　（誓状）　82⑬⑬
ちがふ　（違）
　《連用形》ーひ　40⑨　173⑦　179⑥
ちから　（力）　22⑨　27⑯　40⑤⑥　65⑦　142②　162⑤　170⑨　220①⑨　237②
ちきう　（地球）　60⑤
ちきうづ　（地球図）　179⑮
ぢきさま　（直様）　27⑩　28④　66⑦　70⑥　88⑭
ちくざい　（蓄財）　251⑩
ちけい　（地形）　71①
ちじやう　（地上）　146⑦
ぢしん　（地震）　13⑬⑬　85⑧
ちせい　（治世）　88⑫
ちそう　（馳走）　88①
ちだい　（地代）　14⑩　79⑬⑯
ちちゆう　（地中）　102②
ちつきよ　（蟄居）　240⑧

チトヌガー　【地名】　96⑤
ヂノワ　【地名】　143⑧
ちはうけんぶん　（地方見分）　113⑨
ちへい　（治平）　《未然形》ーせ　81⑮
ちめい　（地名）　28⑧　34①　35⑭　38①　45④　⑨⑪⑭　60⑧　64③　69⑦　72③　83⑬　84⑥　88①　90⑭　91③　94⑨　95⑥　96⑤　100⑨　110④⑧⑪　111④⑪⑪　113⑥⑧⑩　115④　116①⑥⑪　130⑨　136⑪⑪　238⑤　241②　243⑪
ぢめん　（地面）　23⑧　37⑧　49⑫　83④　209②
ちや　（茶）　13④　14⑭　24③④　30⑭　35⑪⑪　42②　46⑮　52⑨　59⑪⑫　62②　72⑮⑯　80⑤⑨　84⑫　87⑥　93⑦　99⑦　100⑨　120⑦⑦　123⑥　127②　132⑩　137⑩　153①　168⑨　180⑫　194⑨　204④　235⑥　246②
ちやうじ　（丁子）　73⑨
ちやうちやくす　（打擲）
　《連体形》ーする　94⑥
ちやうにん　（町人）　12⑬　22⑪　57⑧　72⑦　147⑪　163⑪　175⑪　184⑪　199⑪　215⑪　229⑪
ちやうはん　（長阪）　96⑨
ぢやうふ　（丈夫）　239⑥
ぢやうまはりやくしよ　（定廻役所）　110⑨
ぢやうやく　（定約）　77⑦　85⑪　91⑮　94②　97⑨　100④　131⑧⑬
ぢやうれい　（定例）　68④
ちやうろ　（迯路）　76③
チヤガタラちや　（茶）　68⑤
チヤキ　【人名】　116⑥⑦⑧
ちやくがんす　（着岸）
　《未然形》ーせ　87⑩
　《終止形》ーす　91①
ちやくし　（適子・嫡子）　66⑦　75⑩　84①
ちやくす　（着）
　《未然形》ーせ　59⑫　51⑬　83⑮　88①　90

84

⑭
　《連用形》ーし　13　⑩　35②　36④　41④
　　46⑯　67⑥　70⑧⑪
ちやくせん　（着船）　211②
ちやくと　（着都）　13⑪
ちやくなん　（嫡男）　37⑫　66⑫　247⑤
ぢやくにん　（地役人）　84⑦
チャストンかう　（港）　16①
チヤスワ　【船名】　9⑰
チヤタム　【人名】　45④
チヤタム　【地名】　245⑤
チヤリストン　【地名】　28⑧　33③⑨⑩⑬
　　⑯　34①⑯
チヤレストン　【地名】　15⑯
チヤローベル　【地名】　45⑯
チヤロンがは　（川）　27⑮
ちゆう　（中）　21④
ちゆう　（註）　122⑫
ちゆう　（忠）
　《連体形》ーなる　154⑪
ヂユーイス　【国名】　213⑩
ぢゆうきよ　（住居）　69②③④　79⑬
ぢゆうくわん　（重官）　12⑤　25⑥
ちゆうぐんかん　（中軍艦）　10①
ちゆうごく　（中国）　125⑧
ぢゆうざい　（重罪）　89⑦
ぢゆうしやう　（重症）　70⑤
ちゆうしん　（注進）　45③⑨
ちゆうす　（誅）
　《未然形》ーせ　120⑤
ぢゆうだい　（重大）　220⑥
ぢゆうたく　（住宅）　147⑪　163⑪　175⑪　184
　　⑪　199⑪　215⑪　229⑪
ちゆうとうぐんかん　（中等軍艦）　16③
ぢゆうにん　（住人）　94⑪
ぢゆうやく　（重役）　34②　35⑩　40⑪　50⑥
　　62⑤⑮　126①　169⑤
ぢゆうやくにんしゆう　（重役人衆）　84⑫

チユレーこく　（国）　42⑭
ちようかうす　（寵幸）
　《未然形》ーせ　246⑧
ちようでふす　（重畳）
　《連用形》ーし　17⑤
ちよくん　（儲君）　238⑧
ぢよし　（女子）　95⑦⑩　110④　118⑦
ぢよてい　（女帝）　37⑫⑫　39⑮　41⑨⑬　50
　　⑩　59⑥⑧　71⑥　87⑫　99⑤　100⑧　107
　　⑤　183⑧
チヨルマネー　【地名】　158⑪
ヂヨルモネー　【地名】　100⑧
ぢよわう　（女王）　78⑥⑨　121⑨　135⑧
　　158③　162②　195②⑤　223①　245⑦　249⑨
チヨンストン　【人名】　76②③⑤　141④
ヂヨンストン　【人名】　75⑬⑭
チラ　【地名】　45⑨
ちらん　（治乱）　103⑨
ちり　（地理）　161⑤
チリー　【国名】　142②
チリヤこく　（国）　129⑤⑥⑪　130⑪⑪　131
　　⑪　132③④
チリヤこくかい　（国海）　129⑫
ちる　（散）
　《連体形》ーる　214⑥
ちれう　（治療）　147②　163②　175②　184②
　　199②　215②　229②
チレーこく　（国）　158⑦
ちん　（朕）　154⑨
ぢんえい　（陣営）　27⑪　28⑥　33⑫　67⑯
ちんぎん　（賃銀）　108⑬
ちんじ　（珍事）　80⑫
ちんせいご　（鎮静後）　97⑧
ちんせつ　（珍説）　103⑨
ちんぶつ　（珍物）　101③
ちんぼつ　（沈没）　117⑧
　《未然形》ーせ　16②　34⑮

つ

づ（図）109⑧ 251⑤

ヅアーブ【軍隊名】60⑯

ついじつ（追日）75⑨

ついたち（朔日）70⑫ 73②

ついて（就・就而・付而・附而）13⑮ 31⑩ 43⑩ 66⑭ 68④ 113⑦⑨

ついで（序）50⑪ 122②

ついては（附）110⑬

ついに 206③

ついへい（追兵）75④

つうかう（通行）60⑮
　《連体形》―する　94⑥

つうかうりよじん（通行旅人）48⑬

つうじ（通事）24⑫

つうじがたし（通難）
　《未然形》―から　31⑧ 43⑧

つうず（通）
　《未然形》―ぜ　126⑫ 160⑨
　《連用形》―じ　51⑥ 57⑨
　《終止形》―ず　223⑧
　《連体形》―ずる　117⑦

ヅウスト【人名】253⑦

つうせんす（通船）
　《未然形》―せ　131⑦

つうよう（通用）168①②

つうようきん（通用金）209⑪

つうれい（通例）30⑫

つえ（杖）75⑥

つかさどる（司）
　《連用形》―り　213⑧

つかはしおく（遣置）
　《連用形》―き　47⑯ 119④ 126⑪ 130⑨ 151⑥ 192⑤

つかはす（遣・使）
　《未然形》―せ　26⑦ 78⑩ 122② 129⑪ 131⑧ 236②
　《連用形》―し　11⑤ 26⑥ 59① 65⑥ 70⑩ 85⑪ 90⑯ 91① 92② 167⑥
　《終止形》―す　37② 40③ 83⑭ 84⑫ 111③
　《連体形》―す　51⑫ 80⑦ 140④

つかひ（遣・使）81⑥ 87⑬

つかひおく（遣置）
　《連用形》―き　91⑥
　《連体形》―く　81⑬

つかひかた（遣方）28⑦ 113⑤

つかひみづ（遣水）70⑮

つかふ（遣）
　《連用形》―ひ　115⑪
　《連体形》―ふ　14⑭ 29⑪ 39⑫ 115⑨ 117⑩ 125⑩

つがふ（都合）16⑬ 82⑦ 152⑧

つかまつる（仕）
　《連用形》―り　88⑭ 98⑪

つかむ
　《連体形》―む　162③

つき（月）22② 76⑭ 145⑪

つぎ（次）64① 118① 247⑥

つきがよひ（月通）35③

つく（就・附・即）
　《未然形》―か　24⑦ 29⑧
　《連用形》―き　49② 46⑥ 67⑤

つく（着）
　《連用形》―き　42⑤

つく（付・附）
　《未然形》―け　35⑫
　《連用形》―き　11②⑥⑦ 12⑥ 15①② 16⑩ 22⑥⑬ 24⑧ 30⑮ 34⑩ 40④⑥⑧ 42⑥⑦⑪ 48④ 50⑤ 52⑨⑫⑬ 53⑪ 57③⑫⑯ 58⑧⑭ 59⑩⑮ 60① 65⑪ 66⑤ 67① 73⑤⑨ 75⑪ 77⑦⑨⑬ 78⑤ 80⑥⑧⑩ 83③ 84⑫ 87④ 90⑤⑮ 91⑪ 92③ 93⑦⑧⑨⑨ 97⑪ 99⑦ 100⑤ 102③⑪ 108⑥ 111②⑤ 113⑩ 115⑥ 123⑦⑨ 124⑬ 129

⑤ 130⑪ 131⑪ 132②⑥ 136⑨ 137⑪ 151
⑤ 153③ 154③ 173④ 174② 194⑤⑪ 204
⑦ 205① 206⑧ 213⑨ 224③ 233⑩ 235⑥
⑩ 236⑤ 243⑨ 246③⑦ 248⑨
《連用形》ーけ　38① 58⑫
《連体形》ーく　42⑪
《イ音便》つゐて　10⑥ 12⑨ 179⑭ 190
③ 196②
つぐ（告）
《連体形》ーぐる　26③ 161⑩
つぐ（嗣・継）
《終止形》ーぐ　46⑤
《連体形》ーぐ　78⑬
つくしをり（居）
《已然形》ーれ　142②
つくす（尽）
《連用形》ーし　36③⑧⑪ 51③ 65⑦ 83
③ 159⑥
《連体形》ーす　22⑨
《已然形》ーせ　103⑥ 136⑤ 220⑨ 249
⑦
つぐなひ（償）47⑫
つぐなひきん（償金）47⑫ 221①⑨
つぐなふ（償）
《連体形》ーふ　49⑫
つくのゐ　47⑫ → つぐなひ
つくりおはる（作）
《連用形》ーり　146④
つくりかた（造方）25①
つくりだす（造出）
《終止形》ーす　145⑪
《連体形》ーす　164⑦ 176⑦ 185⑦ 200
⑦ 216⑦ 230⑦
つくりはじむ（作初）
《連用形》ーめ　222⑪
つくる（造）
《未然形》ーら　41⑨ 107⑦ 160① 203⑩
《連用形》ーり　21⑪ 29① 37②④ 48⑭

58② 62⑫ 91⑩ 92① 102⑧ 107⑩⑪ 109
⑪ 125⑪ 146④⑥⑧ 151⑩ 155② 164②
③ 176②③ 185②③ 197⑤ 198⑤ 200②
③ 216②③ 230②③ 237③ 251⑤
《終止形》ーる　57⑫
《連体形》ーる　11⑬ 39⑪ 62⑬
《已然形》ーれ　198②
つくろひなほす（墡直）
《連体形》ーす　58⑤
つくろふ（墡）
《連用形》ーひ　58⑦ 137⑤
つけおく（置）
《連用形》ーき　46⑤
つけなす（附成）
《連体形》ーす　58⑮
つけび（火）96⑧
つたへおく（伝置）
《連用形》ーき　83⑤
つちせい（土製）69⑨
つつ（筒）25② 117⑪⑬ 118① 193②
づつ《接辞》42⑪ 43⑥ 57⑦ 60① 64⑨
66① 68① 137⑪ 153③
づつう（頭痛）69⑤
つつがなし（恙）
《連用形》ーく　81③
つづき（続）19③ 64⑧ 195① 197① 225
① 239③ 240③ 251① 253①
つづきかぬ（続兼）
《連体形》ーぬる　168①
つづききたる（続来）
《連用形》ーり　237⑧
つづく（続）
《連用形》ーき　60⑩ 85⑧ 116⑧⑬ 168④
224⑤
《終止形》ーく　144⑫ 146⑩ 160⑫ 162⑦
196⑧ 198⑨ 211① 212⑪ 213① 214⑪ 226
⑪ 237⑪
《連体形》ーく　48⑬ 73① 224⑤

海外新聞総索引　87

つつぐち （筒口） 154④
つつしみをり （慎居）
　《已然形》ーれ 35⑥
つつみ （堤） 61④
つづる （綴）
　《連用形》ーり 50⑮
つど （都度） 64⑨⑨
つどつど （都度々々） 19④
つとむ （勤）
　《未然形》ーめ 124④
　《連体形》ーむる 70①
つとめをり （勤居）
　《未然形》ーら 124⑥
つなぐ （繋）
　《未然形》ーが 113①
　《連用形》ーぎ 37③
つね （常） 34⑬ 40⑭ 83⑯ 97⑨ 144⑨ 151⑦ 239⑤
つのる （募）
　《終止形》ーる 130⑧
　《連体形》ーる 159⑤
つひえ （費） 11⑥ 115⑧ 140② 161⑨ 203⑪
つひえいりよう （費入用） 130③
つひつひ （遂々） 136⑦
つひに （終・遂） 27⑯ 28⑥ 33⑭ 39⑬ 51⑮ 52⑧ 60⑥⑪ 61①④ 65⑨ 66② 67① 70⑨ 77⑨ 83⑧ 84⑧ 88⑩ 89⑭ 94⑦ 95④ 104① 136⑧ 139② 179⑨ 180① 197⑩ 213④ 221⑥
つひやす （費）
　《連用形》ーし 36⑪
　《連体形》ーす 95②
つぶさ （細）
　《連体形》ーに 52⑤
つぶす
　《連用形》ーし 212⑩
つぶる （潰）
　《連用形》ーれ 180⑪
つぶれかかる （潰）
　《連用形》ーり 180⑪
つま （妻） 40⑩ 51⑮ 52②④ 61⑪ 76⑮ 78⑩ 116⑦ 172⑧
つまびらか （詳） 40⑥
　《連用形》ーに 226③
つまみとる （撮）
　《連用形》ーり 31⑨ 43⑨
つみ （罪） 53⑩ 71⑮ 72②③③ 154⑩ 182⑩
つみいだす （積出）
　《連用形》ーし 42③⑧
つみきたる （積来）
　《連用形》ーり 169⑥
つみこみ （積込） 42③
つみこむ （積込）
　《連用形》ーみ 123②
つみたくはふ （積蓋）
　《連用形》ーへ 116③
つみだし （積出） 207①
つみたて （積立） 110①
つみに （積荷） 40④
つみにりやう （積荷量） 234⑧
つみはこぶ （積輪）
　《連用形》ーび 113⑪
つみをり （積居）
　《連体形》ーる 204①
つむ （積）
　《連用形》ーみ 61⑭ 76⑧ 85③ 91⑬ 92②⑥
　《撥音便》ーん 104③
つむ （詰）
　《連用形》ーめ 226③
つむじかぜ （螺風） 203⑧
つめしよ （詰所） 33⑫
つめをり （詰居）
　《連用形》ーり 36⑦

つもり （積） 21⑫⑬⑭ 27⑬ 49⑫ 70⑥ 73① 78⑭ 115⑩ 130⑩ 208⑥ 245①

つもりがき （積書） 71⑥⑪ 119⑩

つもる （積）
　《連用形》ーり　60⑭⑭ 115⑫

つや　164③ 176③ 185③ 200③ 216③ 230③

つよし （強）
　《連用形》ーく　40⑭ 60⑨ 196⑧ 197⑩ 207⑧
　《連体形》ーき　72⑫

つよむ （強）
　《連体形》ーむる　48⑥

ツライスター 【地名】 209③

つらなる （連）
　《連体形》ーる　82⑥

つりあひ （合）　161⑦

ツレースタ 【地名】 172④

つれきたる （来）
　《連用形》ーり　116⑧

ツレツムホルン 【人名】 96⑩

て

て （手）　33⑯ 41⑪⑫ 51③ 66⑦ 67⑮ 90④ 132② 136⑤ 159⑥ 171⑧ 212⑤

て （而）《接続助詞》 9⑤⑧⑩⑫⑬⑮ 10③⑩⑭ 11⑦⑪ 12④ 13①②④⑩⑪⑬⑭ 15③⑦⑭⑯ 16③ 17⑥⑥⑨ 18⑫ 19⑥ 21④④⑤⑨⑭ 22③④⑥⑨⑫⑯ 23④⑥ 24①④⑨⑩⑫⑫⑬ 25⑤⑥⑦⑫ 26③⑦⑧⑧⑨⑬⑯⑯ 27③⑨⑩⑫⑭⑮⑯ 28①③⑤⑧⑭ 29③⑦⑧ 30⑤ 31⑤⑨⑪ 33①⑧⑩⑪⑭⑯ 34①⑤⑩ 35①⑩⑫⑭ 36①③④⑥⑦ 37①②⑧⑨⑭ 38①⑤⑧⑨⑬⑯ 39⑧⑮⑯ 40①②③⑦⑦⑩⑯ 41①③④⑧⑨⑪⑫⑭⑭⑯ 42④⑧⑩⑫ 43⑤⑨⑪ 45④⑨⑩⑬ 46①②③④⑤⑥⑦⑨⑪⑭⑯ 47①①③⑥⑦⑪⑮⑯ 48①⑦⑩⑭⑮⑯ 49②③③③③④⑥⑦⑫⑫ 50①⑨⑫⑫⑭⑮ 51①①②③④⑤⑨⑩⑩⑬⑭⑮⑯ 52②④⑧ 53②⑨⑨ 57① 58②⑦⑪⑪⑭⑯ 59② 60④⑬⑯ 61②③④⑤⑥⑩⑪⑭ 62② ⑥⑪⑬⑮ 63②③⑮⑯ 64②④④⑪ 65①④⑥⑦⑫⑬⑮⑯ 66⑤⑧⑩⑩ 67①⑤⑦⑨⑩⑪⑭⑮⑯ 68⑨⑪ 69⑧⑪⑬⑯ 70①⑥⑨⑪⑫ 71①②⑫⑩ 72②③⑨⑩ 73④⑤ 75①⑤⑥⑨⑭⑮ 76④④⑤ 77⑤⑨⑬ 78⑤⑦ 81⑪⑫⑬ 82③⑦ 83⑤⑧⑪ 84⑦⑦ 85⑧ 87④⑭ 88⑧⑫ 90①③ 94⑦ 95⑥⑨⑫ 97⑨ 98⑪ 99③⑤ 101③ 104③ 107①⑨ 108⑫ 109②④⑦⑧⑧⑨⑩⑫⑫⑬ 110②④⑥⑫⑫⑬ 111⑤⑨⑩⑫ 112②②⑤⑤⑥⑦⑨ 113⑩⑪ 115④④⑧⑪⑫ 116③④⑤⑧⑬ 117③⑤⑥⑧⑪ 118⑤⑧⑨⑨ 119①⑤ 120① 121④⑤⑧⑪⑫ 122⑨⑪ 123①②⑨ 124⑩⑪ 125③⑥ 126②②③④⑥ 127④ 129⑥⑦⑨⑫ 130⑥⑥⑩ 132②④⑤⑥⑦⑩⑪ 135⑥ 136① 137①③ 138⑨ 139② 140②⑧⑩ 141⑤⑪ 144③⑩ 145②⑥⑦⑨ 146②⑤⑥⑥⑨⑩ 147⑦ 151⑪ 152⑦⑧ 154③④⑥⑧⑨⑪ 155②③⑧⑪ 156③⑧ 157⑪ 159①⑥⑨⑩ 160①②⑥⑧ 161②⑥⑧⑨ 162①③ 163⑦ 164⑥ 167①⑤⑥ 168①④ 170② 171④ 175⑦ 176⑥ 179①⑦⑨⑪⑫⑫ 180②⑧ 181①③④⑧⑮ 182⑧⑫ 183①②③⑤⑥⑨⑫ 184⑦ 185⑥ 189④⑤⑪ 191⑦ 192②⑥ 194⑦ 195③ 198④⑥⑦⑧ 199⑦ 200⑥ 203②⑨ 204⑪ 205⑦ 206⑥ 209①②⑤ 211④⑤⑦⑩ 212③⑤⑦⑧⑨⑩⑪ 213⑦⑦⑩ 215⑦ 216⑥ 219⑥ 220⑧⑨ 221①③④⑥⑦⑧ 222④⑪ 223①③⑪ 224⑥⑥ 225③⑧ 226⑦ 229⑦ 230⑥ 233⑦⑦⑦ 235②④ 237①②④⑧⑨⑩ 239⑤⑥⑧ 240④⑧⑩ 243⑤⑦ 244②④⑦ 245②⑥⑧⑩ 246⑥⑦⑩ 247⑥⑨

248⑤⑦ 249①⑦⑨ 251⑤⑥⑥⑧⑨ 252②③⑧

てあし （手足） 102⑧ 240⑧

てあつし （手厚）
《連用形》ーく 87⑪ 121⑫

てあて （手当・手宛） 50⑬ 51⑪ 68⑮⑯ 76⑫ 83③⑤

であふ （出逢）
《連用形》ーひ 66⑦ 162⑥

てい （体） 91⑬

ていし （停止） 30① 121⑧
《未然形》ーせ 34⑫

ていしぢよ （弟子女） 110⑤

ていす （呈）
《未然形》ーせ 152⑦
《終止形》ーす 19⑦ 64⑫ 147⑤ 163⑤ 175⑤ 184⑤ 199⑤ 215 ⑤ 229⑤

ていとく （提督） 222⑧

ていねい （叮寧）
《連用形》ーに 179⑤

ていはく （碇泊）
《連用形》ーし 28⑫ 53③

でいり （出入） 23⑤ 42② 49⑨⑫ 119⑩

てうしよ （調所） 48⑯

てうてい （調定） 26⑩

でうでう （条々） 111①

てうやく （調役） 182⑨

でうやく （条約） 11⑩ 16⑦ 22⑭⑮⑯ 38⑬ 39⑧⑩ 47⑥⑧ 53① 139⑥⑩ 247⑦ 250②

てうれん （調練） 29⑩ 72⑦ 192⑥

テーウール 112①

テータムプロヰスこく （国） 61⑯

デーデーレット 【人名】 81⑦

デーム 【地名】 11⑤

テーラー 【人名】 82⑨

テーヲルロ 【新聞名】 28⑥

ておひ （手負・手追） 15⑨ 83⑩⑫ 89⑮ 131③④

てかせ （手枷） 240⑨

てがみ （手紙） 16⑫ 52②⑥ 66⑮⑮ 79⑫

てがみちん （手紙賃） 23⑫ 64④

てき （敵） 15⑫ 16① 21⑯ 27⑨⑪⑫⑯ 28①④ 33⑧ 63①②④⑤ 76④ 125⑥ 189④
《未然形》ーせ 81⑫

でき （出来） 91⑫

できあがり （出来上） 22⑧

できがたし （出来難）
《連体形》ーき 36⑨ 63⑫

できかぬ （出来兼）
《連体形》ーぬる 38⑩

てきぐん （敵軍） 46④

てきこく （敵国） 26⑯

できし （溺死） 72⑭
《未然形》ーせ 160②

テキス 【人名】 222⑥

てきせん （敵船） 53⑥

てきづ （手傷・手庇） 28⑤ 83⑯

てきみかた （敵味方） 83⑨

できる （出来）
《未然形》ーき 60⑥ 72③
《連用形》ーき 40⑭ 101⑨ 126⑥ 146⑤ 214③④
《連体形》ーきる 11⑭ 29⑯ 31① 58⑤ 62⑭ 68⑮⑯ 72④⑤ 131⑨

てごし （輦輿） 36⑤

てだしす （手出）
《連体形》ーする 57⑪

てだて （手立） 21⑨ 47⑭⑭

てつ （鉄） 17⑤ 25① 53⑪ 58⑨ 117⑪ 125⑩ 130⑨

てつかみ （鉄紙） 17④

てづから （手） 13②

てつじん （哲人） 83⑫ 88⑤

90

てつせい　（鉄製）　69⑩　234⑦
てつせん　（鉄船）　10⑫　16①　⑬　33⑦
てつだう　（鉄道）　203⑩
てつぢやう　（鉄杖）　66⑦
てつドーコ　（鉄）　69⑦
てつぱう　（鉄砲）　75④　206⑨　233⑦
てつばり　（鉄張）　40②　181⑭　193⑤　208
　　③
てつはりがね　（鉄針金）　58⑩
てつろ　（鉄爐）　69⑪⑫
デヌハーケ　【国名】　71②
デヌマーケ　【国名】　37⑨
デヌマーケこく　（国）　69⑮　70⑯　206⑤
テネシー　【地名】　222⑤
テネシーこく　（国）　139④　222③
てのひら　（掌）　88⑧
てはい　（手配）　89③　91②
てばやし　（手早）
　　《連用形》ーく　66⑨
デビス　【人名】　96⑨　207④
デヒスウ　【人名】　76⑦
デマーケ　【国名】　37⑧
テマーケこくわう　（国王）　37⑬
てまへども　（手前）　249④
でむかひ　（出迎）　70⑦
でむかへ　（出迎）　87⑪
ても　《接続助詞》　179⑩　193⑩
てもときん　（手元金）　59③
てら　（寺）　24⑩　40⑨　154⑧　198⑤
てらす　（照）
　　《未然形》ーさ　59⑧
　　《連用形》ーし　50⑮　51②
てらまゐり　（寺3）　40⑨⑨
テリガラフ　117⑨　126⑫
テレカラーフ　（伝信機）　75⑫
テレガラフ　37④　41⑥　57⑫⑬⑯　63⑭　64
　　②　70③　158⑦　183④　193①　207⑨　222⑪
　　223②⑦⑪　224①

デキーニス　【国名】　37⑧
てん　（天）　145③⑨　160⑦
てんか　（天下）　59⑤
てんき　（天気）　46②
でんき　（電気）　45③
でんくわう　（電光）　246⑨
デーンこく　（国）　10⑬
てんし　（天子）　71⑧　197⑩
でんしんき　（伝信機）　45③　52⑯　85②　121
　　⑦
でんしんせん　（伝信線）　85③
でんせん　（伝染）　69②
でんち　（田地）　77③
てんぢく　（天竺）　16⑥　47⑫
てんねん　（天然）　164③　176③　185③　200
　　③　216③　230③
でんぶんしよ　（伝聞所）　81④
てんぽういちまい　（天保一枚）　123⑨　194
　　⑪
てんぽうせん　（天保銭）　204⑦
てんぽうつうほう　（天保通宝）　123⑦
てんもん　（天文）　161⑤
でんらい　（電雷）　212⑪
てんりやう　（天領）　79⑯

　　　　　　　　と

と　（戸）　59⑩　121⑧　167⑧　168③④⑥　172
　　⑩　179⑧
と　（徒）　152①　159⑥
と　《格助詞》　9④⑥⑨⑩⑭　10⑩⑩⑪⑬⑯
　　11②④⑤⑦⑧⑩⑪⑫⑯　12②⑧⑨⑪⑮
　　13①①②④⑨⑯　14②④⑤⑥⑨⑯　15⑦⑫
　　⑮　16①③⑦⑮⑯　17④　19②③⑤⑥　21④
　　⑥⑥⑧⑫⑭⑯　22②⑥⑧⑩⑫⑭⑮　23
　　②②③④⑨　24①①③④⑤⑦⑩⑩⑪
　　⑪⑪⑭⑯　25③⑤⑥⑦⑦⑪⑪⑫⑭　26②
　　②④④⑥⑧⑩⑩⑪⑫⑬⑭⑮⑯　27①②

③④④⑤⑤⑥⑦⑦⑦⑧⑨⑩⑪⑪⑬⑬ 28①②⑥⑧⑩⑫⑫⑭⑮⑮ 29②⑦⑨⑩⑪⑪⑮ 30②③③⑤⑤⑨⑨⑪⑫⑫⑬⑭ 33③⑧⑩⑭⑥ 34②④⑤⑥⑦⑦⑨⑮⑮ 35⑦⑧⑨⑪⑪⑬ 36③⑧⑩⑬⑬⑬⑭ 37②③③⑤⑤⑨⑨⑩⑩⑬⑬⑯ 38①①②②③⑦⑦⑬⑬⑯⑯ 39④④⑧⑨⑨⑩⑩⑪⑪⑬ 40⑥⑨⑩⑪⑬⑬⑭ 41③⑥⑥⑦⑨⑩⑪⑪⑫⑬⑬⑭ 42④⑧⑧⑨⑨⑫⑫ 43① 45③④⑤⑥⑩⑫⑯ 46①③③④④⑤⑧⑧⑨⑩⑬ 47⑥⑥⑥⑧⑫⑫⑫⑭⑭⑮⑮ 48①①⑥⑦⑦⑭⑭⑮⑮⑮ 49③③⑤⑬⑭⑭⑮⑯ 50①③④⑤⑤⑤⑥⑦⑧⑧⑩⑩⑫⑬ 51①④⑤⑥⑨⑩⑫⑭ 52①④⑥⑧⑨⑮⑮ 53①①②②⑤⑨⑨ 57⑤⑦⑩⑪⑪⑫⑫⑭ 58①⑥⑧⑩⑩⑩⑫⑫ 59①③⑧⑬⑬ 60③③④⑦⑧⑨⑬⑬⑮⑮⑯ 61④⑥⑥⑨⑩⑪⑫⑬⑬⑮⑯ 62①①②⑤⑥⑧⑫ 63①⑤⑥⑥⑦⑨⑫⑫⑭⑭ 64③④⑦⑧⑩⑪ 65⑤⑦⑧⑨⑫⑭ 66②⑩⑫⑬⑬⑭⑭⑭⑯ 67①③④⑤⑪⑫⑭⑮⑯ 68④⑧⑧⑨⑨⑫⑬⑬ 69①①②④④④④⑨⑬⑭⑯ 70③④⑤⑤⑪⑮ 71①②⑥⑦⑦⑧⑨⑪ 72⑧⑨⑩⑭ 73①④ 75⑤⑦⑧⑨⑩⑩⑪⑫⑬ 76②⑤⑥⑦⑧⑨⑩⑪⑫⑮ 77②③⑤⑤⑥⑥⑥⑦⑩⑩⑪⑪ 78①⑩⑪⑫⑫ 80⑨ 81⑥⑧⑨⑩⑫⑫⑬ 82①①③⑥⑥⑧⑨⑨⑪ 83③③⑩⑫⑭⑭⑮ 84①⑨⑨ 85④⑤⑨ 87③⑤ 88②③⑦⑨⑨⑫⑫89②⑥⑧⑧⑫⑫ 90②⑥⑯ 91②③③④⑦⑨⑯ 92① 93⑤ 94①①②⑫ 95④⑦ 96①⑨ 97④⑨⑨⑪⑫⑫ 98⑤⑥⑨⑫⑫ 99① 100③④⑨ 101③⑧⑩ 102①④⑤⑨⑩⑫⑫ 103⑥⑧ 104⑤ 108⑫ 109⑬ 110⑤⑤⑥⑦⑨⑩⑪⑪⑫⑬⑬ 111③④⑤⑨⑪⑫⑬ 112①②③⑥⑪⑫⑬ 113①④⑤⑦⑦⑧⑧⑪ 115④⑨⑬ 116⑤⑦⑪⑫⑫ 117⑧ 118⑥⑨⑫ 119①②③④ 120②⑤ 121③⑨⑪⑫⑬ 122①③⑤⑥⑨⑨⑪⑬ 123①②②③④⑦ 124⑤⑤⑥⑥⑨⑩⑪⑬ 125①①

②②③⑤⑤⑥⑧⑨⑨⑨⑩⑩⑬ 126①③⑤⑥⑦⑩⑪⑪⑬ 129⑤⑤⑨⑨⑪⑬ 130②④⑨⑪⑫ 131①③③⑦⑧⑨⑫⑫⑬ 132③⑥⑦ 135④⑧⑧⑩⑩ 136①①③⑤⑥⑩⑪ 137①②②④⑥⑦⑪ 138②④⑨⑪ 139②③⑥⑦⑧⑩ 140②④⑥⑥⑧⑪ 141①⑥⑧ 142②②⑥⑧ 143③③④⑥⑦⑧⑩⑪ 144④④⑦⑦⑨⑪ 145③③③⑥⑧⑧⑩⑩ 146①①⑩ 147②②⑨ 151④⑤⑤⑥⑦ 152③④⑦⑧⑩ 153①⑩ 154①①②⑤⑩ 155③④⑤⑤⑩⑩⑩⑪ 156①③⑤⑦⑨⑨⑩ 157④⑤⑧⑨⑨⑩ 158①③④⑤⑧ 159②⑤⑧⑨⑪ 160④⑥⑥⑧ 161③④④⑥⑪⑪ 162②②⑤ 163②②⑨ 164① 167⑧⑩ 168④⑤⑤⑩ 169②③⑤⑧ 170① ②③⑥⑧ 171①②⑧ 172③④⑨⑪ 173①①③⑦ 175②②⑨ 176① 179⑤⑤⑥⑨⑩⑪⑪⑫⑬⑮ 180⑤⑥⑥⑦ 181①②②⑥⑨⑩⑫⑫⑭⑮ 182①③④⑤⑨⑪⑫⑬⑭ 183②④⑥⑧⑨⑩⑩⑪⑪⑬⑭⑮⑮⑮ 184②②⑨ 185① 189③③④④⑥⑦⑦⑧⑩⑩⑪ 190⑥⑩ 191③③④④⑥⑥ 192①①⑪ 193①②⑨⑪ 194②④④ 195②②③⑧⑧ 196③④⑧ 197②⑤⑧⑨ 198①①②④ 199②②⑨ 200① 203⑨⑨⑩ 204②⑨⑩⑩⑩⑪ 205①①②②⑥⑨ 206①③⑤⑥⑥ 207②⑩ 208①②②②④⑤⑥⑦⑨⑩⑪⑪ 209①②③③④④⑤⑤⑥⑧⑧⑨ 211②④⑧⑧⑩⑩ 212③⑪ 213⑧⑧⑩ 214①④⑤⑦⑦⑧⑨⑨⑩⑪⑪ 215②②⑨ 216① 219③③④④⑥⑦⑩ 220②④⑨⑩ 221⑥⑨⑪ 222①⑥⑥⑦ 223④⑥⑦⑩ 224①③④⑥ 225③⑦⑦⑪ 226⑤⑥ 229②②⑨ 230① 233⑤ 234④④⑥⑩ 235①⑤ 236①②③④⑨⑩ 237②③④④⑥⑥⑦⑦⑧⑧⑨⑨⑩⑩⑩⑪ 238③④④⑧⑨⑨ 239①①④④⑥⑦⑦⑧ 240①②⑦⑩ 241② 243⑥⑧⑧ 244②⑤⑧⑩ 245④⑤⑥⑦⑧⑧ 246①⑦⑧⑨⑩ 247③⑥⑥

⑦⑨ 248⑦ 249③⑤⑦ 250② 251②③⑩ 252①⑤⑥⑦⑨ 253③⑤⑥⑥⑥⑦⑦

と 《接続助詞》 161⑨

ど 《接続助詞》 22⑩⑬ 27① 87⑦ 138⑧ 237⑩ 253⑦

どう （同） 16⑩⑩⑪⑪ 47⑧ 67② 68⑫ 73⑨ 75⑫ 76⑤ 89⑫ 191③

どう （銅） 73⑨ 212⑥

どうい （同意） 37⑦ 221⑩

どうえう （動揺） 40⑦ 89② 102⑪

どうかう （同行） 195⑪

とうかん （等閑） 21⑥ 22④ 48⑤

とうくわ （燈火） 33⑮

どうぐんかんかた （同軍艦方） 130⑦

どうげつ （同月） 66③ 83⑥⑥ 183⑦⑧⑪ 208⑤

どうげつにじふくにち （同月廿九日） 183⑬

どうげつにじふろくにち （同月廿六日） 81③

とうごく （東国） 141①

どうこく （同国） 59④

どうここのか （同九日） 65⑧

どうさんじふにまい （同卅二枚） 53⑪

どうじ （童子） 31⑧ 43⑧

どうじ （同時） 66② 96⑦

どうしう （同宗） 181⑨

どうしうち （同士打） 83⑨

どうじつ （同日） 66② 96⑦ 110⑪

どうじふよつか （同十四日） 65⑬

どうしよ （同所・同処） 93⑥ 99③ 237⑦

どうせい （動静） 138⑧

どうぜん （同然） 205⑩

とうぞく （盗賊） 71⑮

どうだん （同断） 168⑨ 235⑥

どうち （同地） 112⑬

どうてつ （銅鉄） 109⑨

どうなのか （同七日） 58⑪ 65⑤

どうにじふくにち （同廿九日） 53③

どうにじふごにち （同廿五日） 60⑪

どうぶつ （動物） 146⑦

どうや （同夜） 33③

どうやう （同様） 75⑩ 77⑩ 118② 197⑩

どうらん （動乱） 180⑨

とうりう （逗留） 234④ 238⑤

とうりやう （頭領） 113⑧ 132⑥ 247⑥

とうろう （燈籠） 50⑮

とうろん （闘論） 39⑧

とおか （十日） 13⑤ 83⑥ 84⑨ 167⑦ 205⑤

とおかごろ （十日頃） 52⑩

ドーコ 69⑧

トール 23⑭

とか （都下） 30⑤

とか 《連語》 108③ 110⑦⑪ 111⑬ 112⑦ 113⑪ 116⑬ 118②③ 120④ 121④⑤ 122② 125⑪ 126⑫ 131④ 137② 141⑨

とかい （渡海） 38⑩

とき （時） 9⑪⑬ 10⑧ 12⑩ 16④ 22③ 26⑮⑯ 27⑭ 29③ 30⑭ 33⑥⑬ 35① 36④⑦⑪⑫ 37① 39②⑥⑫ 40⑤⑬⑮⑯ 45⑪⑭ 46⑤⑤⑥ 48⑭⑮ 49⑭ 50⑮⑯ 51⑦ 53②⑤ 57⑬ 58①③⑤⑦⑩⑭ 61⑨ 63⑦ 64②⑤ 65⑫⑫⑫ 66⑦⑯ 69⑦⑬⑭ 72⑦ 75⑪ 76⑭ 78④⑦ 82①③ 87⑩ 88⑨⑨ 89⑮ 100③ 102⑤ 104① 107⑧ 109③ 110⑧ 111⑦⑬ 112⑤ 123① 125⑪ 132⑧ 137⑦ 144⑨ 153⑤⑩ 154②⑨ 159②⑤ 160③ 161②⑥⑧ 183⑦ 193⑦ 195⑪ 196② 197⑪ 212⑩ 213⑪ 222⑤ 225⑥ 226①⑩ 237④⑩ 240⑥ 241② 249①

ときしめす （説）
《連体形》―す 9④

ときどき （時々） 39① 88④ 103⑩

とく （解）
《未然形》―か 240⑨

《連用形》―け 23③
《連体形》―く 143⑪
とく（説）
《連用形》―き 109⑦ 162①②
とく（疾）78⑨
とく（徳）78⑪ 135⑦
とぐ（遂）
《連用形》―げ 77⑨ 78⑬
とぐ（究）
《連体形》―ぐる 116⑥
どくしや（読者）31⑩ 43⑩
どくりつ（独立）41⑪ 116② 182⑭ 237⑦⑧
《未然形》―せ 183②
《連体形》―する 126⑧
どくろ（髑髏）102③
とげがたし（遂）
《終止形》―し 104②
とげる（遂）
《終止形》―げる 113⑦
どこ（何処）224③
ところ（所・処）10⑬ 12⑮ 13① 14⑭ 16①⑭ 21④⑮⑯ 22⑯ 23④ 24⑮ 25⑬ 26⑧⑪ 27⑨⑩⑪⑮ 28①⑨⑪⑫ 29①⑪ 30③⑤ 33⑦⑮ 34④ 37②⑯ 38①⑨⑨ 39⑦⑪⑮ 40① 41⑧⑫⑮ 43① 45⑬⑯ 46② 47⑬ 48⑬⑬ 50⑦⑪ 51⑦⑬ 57⑦⑧⑪⑬ 58⑥ 59⑬⑮ 60⑤⑯ 61③ 63①⑬ 66⑤⑪ 67⑨⑭ 68⑤ 69① 70③⑦ 71⑪ 72⑨⑩ 73⑤ 75⑩ 76⑦ 77⑤⑥ 81③⑥⑬ 82④ 83⑤⑯ 84⑧ 85② 86⑦⑫ 88⑪ 89⑬⑮ 90②⑩⑭ 92④ 94①⑤ 95⑩ 99① 100④ 102④⑪ 109② 110⑪ 111④⑦⑪⑪ 112⑥ 113③⑧ 115④ 116②⑧⑧⑫ 117② 119① 121⑪⑬ 122① 123① 124⑩⑬ 125② 126⑪⑫ 129⑪ 130⑤⑧⑫ 132⑦ 138② 139① 143⑧ 151⑦ 155⑩ 156⑨ 158③④ 160⑦ 161⑪ 164⑦ 169② 171⑧ 172⑩ 173④⑨ 176⑦ 180⑦ 182⑦⑨⑩ 183⑩⑪⑬⑭ 185⑦ 189⑥⑦ 191⑥ 192② 193⑥ 195⑥ 196③ 198③ 200⑦ 203⑧ 204⑩ 205⑥ 206③ 208⑦⑧⑨⑪ 209①③⑧ 211⑨ 213⑩ 214⑥⑧ 216⑦ 219④⑥⑧ 221④⑩ 222⑪ 230⑦ 233⑦ 234②⑩ 237⑧⑩ 240④ 243⑤ 244④ 245③ 248⑤ 251④ 252⑧

ところどころ（処々）34④ 157⑩ 203⑦ 221④ 245⑨

とざす（鎖）
《終止形》―す 81⑮

とし（年・歳）22② 35⑥ 107⑩ 108⑫ 110② 155③ 195⑪ 214① 252②④

とじやう（登城）35⑩

どじん（土人）87⑩ 90⑭ 211⑧

とせい（渡世）155②

とたう（徒党）94④

とち（土地）145⑧ 212②

どちやうす（怒張）
《連用形》―し 13⑭

とちゆう（途中）45⑤

とづ（閉）
《連用形》―ぢ 59⑪（ぢ）121⑧ 179⑧

とつぐ（嫁）
《未然形》―が 71⑦

ドツク 37④

とて《連語》24⑯ 29⑤ 33⑨ 39⑫ 41⑥ 51⑦⑪⑪ 53⑤ 65⑮ 69⑨ 71① 72⑬ 91⑩ 102② 116① 138⑩ 145⑤ 155② 160③⑨ 161⑩⑪ 162⑤ 190⑨⑩ 221② 236⑥⑦ 243⑩ 245④ 248⑥

どて（土手）198⑦

とても（迚）88⑫ 171⑨

ととうども（徒頭共）76⑪

とどけいづ（届）
《連用形》―で 203⑤

ととのふ（調・整）

《未然形》—は　35⑧　47⑦　82⑭　100④
《連用形》—へ　21⑫　45⑬　57④
《連用形》—ひ　21⑭　48①　63⑦　72⑦　110①
《終止形》—ふ　45⑫
とどむ
　《連用形》—め　225②
となひをり　（唱居）
　《已然形》—れ　35⑮
となへる　（唱）
　《連体形》—へる　81⑩
とひあはす　（問合）
　《連体形》—す　77①
とひあはせ　（問合）　170②
とびいる　（飛入）
　《連用形》—り　144⑤
とびおる　（飛下）
　《連用形》—り　66①
とびかける　（飛翔）
　《連用形》—り　146③
とひただす　（問糺）
　《連体形》—す　11⑥
トビテトータツス　【船名】　9⑰
とふ　（問）
　《未然形》—は　31⑨　43⑨
　《連用形》—ひ　19⑤　25⑭　64⑩　82⑥　147③④　163③④　175③④　184③④　199③④　215③④　229③④
　《連体形》—ふ　11⑧　131⑦
とふ　（都府）　81⑨　90⑭　181①
とぶ　（飛）
　《連用形》—び　154④
どぼく　（土木）　239⑩
とぼし　（遠）
　《未然形》—から　85⑪　89③
　《連用形》—く　19⑤　64⑩
　《連体形》—き　29③　38⑬　57⑬　144⑪
とぼし　（乏）

《連用形》—しく　96④
《終止形》—し　14⑫
とほしをり　（通居）
　《已然形》—れ　223⑨
とほす　（通）
　《連用形》—し　24⑬　51⑤　78⑧
とほめ　（遠目）　193⑥
とほり　（通）　19⑦　29⑧　41⑪　64⑫　70①　78⑭　84⑬　87⑦　97⑥　109①　153④　246⑦　248②
とほりかかる　（通）
　《連用形》—り　72⑩
とほりすごす　（通過）
　《已然形》—せ　16⑯
とほりな　（通名）　198①
とほる　（通）
　《未然形》—ら　60⑦
　《連用形》—り　39⑮　70⑦
トマス　【人名】　45③
とまどる　（手間取）
　《連体形》—る　132⑥
とまる　（止）
　《連用形》—り　60⑮
とみに　（頻・頓而）　90②　101④
とむ　（留）
　《未然形》—め　112⑫
　《連用形》—め　198⑥
とむ　（富）
　《連用形》—み　135⑦
トムヒユム　【人名】　110⑪
とむらふ　（弔）
　《連用形》—ひ　76⑮
とめる　（駐）
　《連用形》—め　40①
とも　《接続助詞》　12⑥　25⑮⑮⑯　27②　30⑮　34⑭　40⑯　46⑪　58⑤　65⑦　67⑫　72⑫　75③　82⑭　83⑪　84⑬　89⑭　91⑨　93⑦　98⑥　109④　111①　120①　121⑦　144⑩⑪　152

海外新聞総索引　95

③ 155⑪ 156① 164⑧ 176⑧ 185⑧ 200⑧ 216⑧ 230⑧ 239② 249②

とも（共） 24⑪ 34⑪ 51②⑦ 67⑫ 82⑨ 97⑦ 99⑪ 101① 107⑥ 123⑧ 125⑤ 132⑩ 136⑧ 143⑩ 152② 172③ 181⑮

とも（供） 70⑦

ども（共）《接続助詞》 10⑪ 13⑯ 30⑨ 38⑨ 42⑬ 45⑧ 52⑪ 59①⑨ 62③ 64① 66⑪ 68⑮ 69⑥⑩ 87⑬ 91⑫ 93⑪ 95⑩ 97⑧ 102② 103⑧ 125④ 126⑦ 137⑤ 141⑤ 153①⑦ 154⑪ 157⑩ 173⑦ 174① 179⑤ 180⑩ 181⑤ 183⑭⑮ 203⑩ 211⑤ 220⑧ 222① 226③ 235④ 236⑥ 237② 251③

ともかく 140③

ともし（乏）
　《連用形》ーしかり 195⑤

ともす（点）
　《連用形》ーし 33⑮

ともども（共々） 37⑨ 173⑥

ともなふ（伴）
　《連用形》ーひ 240⑩

ともに（共・具） 25⑧ 113⑥

とら（寅） 203① 219①

とらはる（捕）
　《未然形》ーれ 158⑧
　《連用形》ーれ 118⑤

とらはれ（捕・囚） 82⑪ 132⑥

とらふ（捕）
　《未然形》ーへ 75⑦
　《連用形》ーへ 66② 67⑬ 71⑭ （ひ）72③ 116③ 154⑤

とり（鳥・酉） 146⑦ 196⑥

とりあぐ（取揚）
　《終止形》ーぐ 98⑪

とりあつかひ（取扱） 58⑫ 179④

とりあつかふ（取扱）
　《未然形》ーは 76⑩

　《連用形》ーひ 129⑧
　《終止形》ーふ 179⑤
　《連体形》ーふ 47⑦ 57⑤ 68⑪

とりあつむ（取集）
　《連用形》ーめ 23⑬

とりあつめかた（取集方） 29⑤

とりいそぐ（急）
　《連用形》ーぎ 193③

トリエン【地名】 13⑨

とりおこなふ（執行）
　《未然形》ーは 35⑨
　《連用形》ーひ 24⑬ 46⑪

とりおさふ
　《連用形》ーへ 192③

とりかかる（掛）
　《連用形》ーり 47⑨

とりかた（方） 34⑨

とりかはる（取替）
　《連体形》ーる 57⑦

とりかふ（取替）
　《未然形》ーへ 28⑭

とりかへす（取返・取替）
　《連用形》ーし 71⑯
　《連体形》ーす 77⑦

とりかへる（執帰）
　《連用形》ーり 61⑫

とりきはまる（取極）
　《連用形》ーり 250②

とりきはむ（取究）
　《連用形》ーめ 93⑤ 98⑫

とりこ（擒） 172⑧ 233⑨

とりさた（取沙汰） 81⑨

とりしまり（取締） 59①

とりしまりかた（取締方） 89③ 94⑦

とりしらべ（取調） 11③ 72① 173⑩

トリスティ【木曜日】 125⑬

とりそろふ（揃）
　《連用形》ーひ 170⑥

とりたつ
　《連用形》ーて　154⑪
とりつぎ　（取次）　66⑤⑥
とりなす　（取）
　《連用形》ーし　211⑤
とりにがす　（取逃）
　《連用形》ーし　82⑫
とりのぞく　（除）
　《連用形》ーき　152③
とりはからふ　（取計）
　《連用形》ーひ　78⑧
とりまく
　《未然形》ーか　189⑧
とりむすぶ　（取結）
　《連用形》ーび　85⑪
　《連体形》ーぶ　87⑤
とりもちゐる　（取用）
　《連用形》ーゐ　236⑦
とりもどす　（取戻）
　《連用形》ーし　180④
とりやり　（取遣）　25⑬　170①　171⑩
とりよす　（取）
　《連用形》ーせ　147⑤⑩　163⑤⑩　175⑤⑩　184⑤⑩　199⑤⑩　215⑤⑩　229⑤⑩
とる　（取・捕・録）
　《未然形》ーら　15⑫　45⑩　194⑧　221④　237⑨
　《連用形》ーり　9⑧　13⑩　26③　89⑭　136⑪　167⑨　180④　236③
　《連体形》ーる　67③　159⑥　180⑩　207③　221⑧
ドル　【貨幣単位】　77②　79①　80⑧⑨　83④　247⑩
トルコ　【国名】　95⑤　180⑥
トルコこく　（国）　30⑯　59⑦　253⑤
トルベデヨー　【爆弾名】　117①②⑤⑥⑨
トルヘドヲス　16②
トルラル　【貨幣単位】　47⑫　71⑪

トレヤ　【地名】　130⑬
ドロ　【貨幣単位】　16⑩（トロ）59④（トロ）23⑨　42⑥⑪⑪　52⑨⑫
トロン　【地名】　68⑨
トン　（噸）【重量単位】　40④⑤
とんしふ　（屯集）　89⑬　90⑧
とんす　（屯）
　《連用形》ーし　208⑪
　《終止形》ーす　209①
トンすう　（数）　40⑥
とんちやく　（頓着）　92⑥

な

な　（名）　10⑫　28③　29④　33⑨　34⑫　53①　68⑮　87⑤　110⑪　111⑤　120④　143④　145③　151⑩　195⑦　198①⑧　239⑤　248④　251⑦⑩　253⑧
ないかい　（内海）　172④
ナイシ　【地名】　70⑥⑧
ないじやう　（内状）　78⑩
ないしよ　（内證）　76⑮
ないしん　（内心）　137⑥
ないち　（内地）　221④
ないない　（内々）　183③
ないめい　（内命）　75⑨
ないらん　（内乱）　27⑥　49⑮　65⑬　81④⑭　97⑦　116④　125①　141⑤　206⑧　222⑤　233⑥　246⑦
ないらんちゆう　（内乱中）　98①
なうきんしよう　（脳慨衝）　70④
なうちゆう　（嚢中）　95⑩　103⑤
なか　（中）　9⑥　12①　23⑯　24①　36③　37⑯　58④　60⑭　96⑩　112②⑬　125⑨　159⑪　161③　162②　167⑨　225⑩　237⑥
ながさ　（長）　40③　57⑮　115⑥　117⑬　118①　211⑩　234⑦
ながさき　（長崎）　147⑥　163⑥　175⑥　184

⑥ 199⑥ 215⑥ 229⑥

ながし（長・永）

　《連用形》ーく　73① 87⑬ 135⑥ 211④ 212⑦

　《連体形》ーき　38⑥ 51③

ながす（流）

　《連用形》ーし　50⑫

　《連体形》ーす　203⑥

なかだち（媒）　24⑩

なかなか（仲々）　62⑥

なかなほり（中直）

　《未然形》ーせ　77⑥

なかば（半）　40⑭⑮

ながら（乍）《接続助詞》　103⑩ 249②

ながらに（乍）《連語》　102⑩

ながる（流）

　《連用形》ーれ　145⑦

ながれ（流）　61③

ながれとどく（流）

　《連用形》ーき　226⑥

ながれわたる（流渡）

　《連用形》ーり　39③

なかんづく（就中）　29①

なぎさ（渚）　72⑫

なぎさぎわ（渚）　72⑮

なきさへづる（鳴囀）

　《連体形》ーる　146③

なげく

　《未然形》ーか　67②

　《連体形》ーく　62⑦

なげながす（投流）

　《連用形》ーし　226④

なさる（成）

　《終止形》ーる　234④

　《命令形》ーれ　129⑨

なし（無）

　《未然形》ーから　12⑬ 91⑨

　《連用形》ーかり　22⑫ 35⑩ 38④ 60④ 61⑮ 70⑤ 78⑪ 123④ 194⑥

　《連用形》ーく　14①⑦ 21⑨ 22⑨ 26⑦ 31① 34⑬⑮ 41④ 42③ 48⑩ 51⑮ 66⑩ 72②③ 88⑭ 92⑤ 98⑥⑪ 103⑧ 109④⑩ 145④⑤ 147⑩ 153⑪ 156① 160③ 161⑥ ⑨ 163⑩ 175⑩ 184⑩ 199⑩ 211② 213 ⑥ 215⑩ 221⑩ 229⑩ 247②

　《終止形》ーし　14⑮ 24④ 35⑭ 40⑮ 42⑦⑬ 46⑮⑯ 47① 52⑫ 57⑩⑭ 60③④ ⑥⑪ 62③ 67② 68⑤ 69④⑦ ⑫ 71⑤ 80⑫ 84⑬ 90④ 93⑪ 99⑧ 109②③ 112 ⑧ 123⑦ 132⑬ 137⑪ 138④ 141⑥ 142 ⑤ 151⑨⑩ 168⑩ 171⑥ 194⑨⑩ 206③ 212⑦ 222① 236① 238① 246②

　《連体形》ーかる　223⑦

　《連体形》ーき　12⑥ 14⑪ 21⑦⑧ 22⑪ 23③ 25⑯ 31⑦ 38⑤⑪ 41③⑫ 43⑦ 59 ② 60⑫ 72③ 91⑧ 92⑥ 100⑨ 103⑧ 120 ④ 124⑧ 131⑧ 135⑪ 147④ 152③ 163 ④ 173④⑥ 175④ 182⑩ 184④ 199④ 215 ④ 229④ 239②

　《已然形》ーけれ　42④ 236③

　《命令形》ーかれ　31⑩ 43⑩

なしう（得）

　《連用形》ーえ　146①

ナシウエリー【地名】　96⑥

なしおく（成置・為置）

　《連用形》ーき　51⑪

　《連体形》ーく　22④

　《已然形》ーけ　33⑤⑨

なしがたし（為難）

　《連用形》ーく　72⑫

　《連体形》ーき　48⑥ 51⑩

なしきたる（成来）

　《連用形》ーり　22⑪

なしくる（為呉）

　《連用形》ーれ　51⑯

なしはじむ（始）

《連用形》―め　69⑧

ナシヤがは　【川名】　189⑪

なしやすし

《連用形》―く　69②

なしをり　（為居）

《連用形》―り　34④⑯　35①　50⑪

《連体形》―る　12⑨　14⑦　46③⑬　60⑧

《已然形》―れ　28⑬　34②　39⑫　41④　42⑮　46①④　67⑨　143⑪　144⑪　193③　196①　208①

《命令形》―れ　11④

なす　（成・為）

《未然形》―さ　10⑩　11④⑪　14⑥　21⑩　25⑫⑬⑮　26⑧⑩　27⑥　28⑪　29⑤　33⑨　34⑤　36⑫　41⑪⑫　42⑯　45④　46⑮　48⑨⑭　50⑥　53⑤　57⑤⑩　58④　62②　66⑯　76⑫　77⑬　78④　80⑥　82③　98②③　136①③⑩　137①④　138⑩　157⑦⑧　164①　176①　185①　200①　209⑤　216①　230①　251⑩

《連用形》―し　9⑭　10⑫　11⑯　13⑫　15③　22⑩　24⑫⑬⑭　25⑦⑯　27⑩⑯　28④　29⑦⑩⑮⑯　30①⑬　34⑫　35⑩　36⑥⑮　37⑨　38②③⑧　40⑦⑨⑫　41⑤⑦⑮　42①⑮　46⑦⑪⑭　47⑦　48⑯　49④⑯　50⑧⑪⑭　⑭⑯⑯　51①②⑧⑧⑪⑬⑭　52⑤　57⑦　59⑧　60④⑬⑯　61④⑥⑪⑬　62⑧⑬　63⑪　66②③⑩　67⑥⑪　68⑫⑮⑯　69⑤⑪　70⑥⑥⑦⑧⑫⑮　71①⑪　72⑨　81⑤　82⑫　83②⑫　84⑪　87⑪　88③⑤⑧　89⑩　90②　91⑦⑧　95①　102⑧　123①　135⑦　136⑪　137①⑦　140⑥⑧　141⑥⑪　144②⑩　145④　146⑧　152⑦　155②　159⑥　160⑪　161⑥　162③　179⑧　180⑤　183⑩⑫⑭　190④⑪　191⑩　192②⑥⑦　193⑩　194④⑦　195⑥　197③　198④　205⑦⑧　206②　208③　212②⑨　220①⑧　225③　226⑤⑨　236③　237④　249③

《終止形》―す　10⑥　14⑯　26⑩　28⑮　34

⑨⑫　37④　46⑨　49③　50⑧　78⑬　87④　96⑨　144⑫　157⑪　158①　181⑧⑫　193③　238⑧

《連体形》―す　9⑧　12⑩　21④⑫⑬　22③　26④⑬　27③　29⑥⑩　34⑧⑨⑫　36③　37⑬⑭　40③⑤⑨　45③　47⑭　48⑬⑭⑮　53⑥　57⑥⑧⑧　58⑤⑫⑫⑭　59②⑤　61⑨　62⑭　63⑨⑫　65⑦⑩　69③　71⑩　88⑦　91⑨　97⑤　100④　104③　138⑧⑩　160⑧　179⑧　183③　197⑤　203⑩　212④　241①

《已然形》―せ　12①⑭　13①⑪　14⑩　16⑧　22⑦　24⑮　26⑫　31⑨　34⑪　38⑧　40⑧⑩⑪　41②⑤　43⑤　45④⑨　50⑨　59①⑨⑪　63⑤⑬　65⑨　66③⑮　67⑪　68⑬　69③⑦　70⑨　72⑦⑨　75⑨　82⑭　94①　122⑩　141⑧　151⑪　152①　157③　190⑨⑩　191⑧　192⑧　195⑪⑫　198⑧　203①⑦　204⑩　206⑥⑧　212④　225⑧　226①③　237⑩

なぞ　《副助詞》　9⑥　23⑧　25⑬　37⑫⑫　39①④　93⑤　102③

ナソー　【地名】　33⑧

なだかし　（名高）

《終止形》―し　198⑧

なだむ

《未然形》―め　170③

《連用形》―め　211⑤

なつ　（夏）　68③　240⑥

なつく

《連用形》―き　121⑥

なづく　（名付・号）

《連用形》―け　16③　34⑮　53②　146⑩　211⑩　239⑧　253②

《連体形》―くる　151⑦　167⑩　211⑧　234⑥

なづける　（号）

《終止形》―ける　227④

など　（等・抔）《副助詞》　16⑥　22④　23⑮　27①　29⑯⑯　31⑪　33⑧　34③⑯　38⑩　39

⑤ 41① 42⑯ 43⑪ 45⑮ 46⑦ 48⑧⑩⑭ 51③ 57⑪ 58③③ 60⑤⑤ 61④⑪ 62⑬ 66⑮ 69⑤ 70⑧ 71⑪ 75⑦ 77③ 82④⑦⑮ 83⑦⑫ 89⑧ 90⑧ 91⑨ 92② 96③ 98⑥ 99⑩ 103⑨ 108⑬ 111⑥ 112⑬ 113⑤ 136⑦ 138⑦ 140①④ 141① 144①⑦ 146⑦ 147⑨ 161② 163⑨ 164③⑤ 168⑤ 170⑩⑩ 175⑨ 176③⑤ 179⑧ 180③⑤ 181③ 182⑧ 184⑨ 185③⑤ 192⑥⑦⑧ 198⑧ 199⑨ 200③⑤ 203⑧ 215⑨ 216③⑤ 219⑦ 220②③ 225④ 229⑨ 230③⑤ 236③③ 244①

ななじふくど（七十九度）68③

ななじふごきん（七拾五斤）117⑤

ななじふごど（七十五度）68③

ななじふさい（七十才）35⑥ 241②

ななじふにち（七十日）226⑧

ななじふににん（七十二人）70⑬

ななじふにまんハウン（七十二万）23⑯

ななじふにん（七十人）89⑮

ななじふまんきん（七拾万斤）14⑭

ななじふよにん（七十四人）72⑤

ななじふろくまんななひやくはちじふななバウン（七十六万七百八十七）59③

ななしやく（七尺）117⑥ 193⑤

ななせんさんじふいちまんさんぜんバウン（七千三十一万三千）71⑬

ななせんななまんバウン（七千七万）80③

ななせんよんひやくまんフランケー（七千四百万）119⑪

ななちやう（七挺）45⑭

ななとんはん（七噸半）57⑯

ななひやくごじふまんフロウレンス（七百五十万）248④

ななひやくとん（七百噸）40⑤

ななひやくにじふいちりはん（七百二十一里半）107⑫

ななひやくはちじふ（七百八十）79⑬

ななひやくろくじふごまんパウン（七百六十五万）79⑥

ななまいいちぶ（七枚一分）59⑯

ななまいごりん（七枚五厘）59⑯

ななまいななりん（七枚七厘）15②

ななまいはん（七枚半）73⑨

ななまんごせんにん（七万五千人）126④

なに（何）14② 112② 131⑪ 169②

なにごころ（何心）153⑪

なにごと（何事）57⑩ 88⑨ 100② 197⑤

なにとぞ（何卒）52① 88⑬ 90④ 131⑧

なになり（何）164⑧ 176⑧ 185⑧ 200⑧ 216⑧ 230⑧

なにぶん（何分）22⑩

なにほど（何程）11⑤⑦ 101⑨

なにも（何）58⑬

なにゆえ（何故）62⑧ 131⑦

なぬか（七日）101② 245① 246③

なぬかめ（七日）125⑬

なびく（靡）
《連用形》ーき 82⑫ 95③

ナベズ【人名】206⑧

なほ（猶）19③ 34④⑧ 35⑮ 36⑫ 38⑤ 39⑨ 42④ 46⑩⑬ 60⑨ 64⑧ 67⑩ 68④⑮ 70① 71⑨ 82⑤ 100⑩ 102⑥ 136⑦ 142② 161⑥ 194②② 223④ 234③ 249⑥

なほさら（猶更）22④

なほしいだす（出）
《連体形》ーす 17⑦ 31③ 43③

なほす（直）
《已然形》ーせ 75⑥

ナポリヨン【人名】10⑧ 88⑧⑬

ナポリン【人名】88⑪

なほる（直）
《連用形》ーり 180⑩

ナポレオン【人名】35⑧

ナボレヲン【人名】37⑫ 62④ 94⑩

なまへ（名前）26③ 111② 155③

なまり（鉛） 73⑩
なみ（並） 79⑭
なみ（波） 196⑦
なむ
　《連用形》―め 212②
ナヤガラ【船名】 53②⑨⑨⑩
なやむ（悩）
　《已然形》―め 95④
ならす
　《連用形》―し 70⑫
ならひ（習・慣） 33⑧ 82① 159②
ならび 246③
ならびぜい（並税） 77③
ならびに（並・并） 10⑮ 15⑩ 25⑥ 47⑭ 49⑪ 59⑮ 63⑭ 64⑥ 65⑤ 69④ 75⑭ 81⑩ 82④⑬ 83④⑦ 85① 89⑨⑪ 90⑬ 93④ 107⑬⑬ 108④⑬ 116⑥ 119① 122⑧ 123② 126⑨ 154⑦ 168⑤ 173⑤ 237② 252⑦
ならふ（倣・習）
　《未然形》―は 155②
　《連用形》―ひ 139⑪
ならぶ（並）
　《連用形》―べ 52④
　《連体形》―ぶる 21⑭
ならべたつ（並立）
　《連用形》―ち 51③
なり（也・成）《助動詞（断定）》
　《未然形》―なら 9⑤⑦ 10③⑧⑪ 12⑪⑭ 14⑤⑨ 22⑤⑭ 23② 26⑦ ⑩ 28③⑪ 29③ 30⑧ 34①⑤ 36③⑨ 38⑥ 39⑤ 40⑥⑨ 42① 45 ⑧⑨⑬ 49⑦ 52⑥⑦⑧ 53③⑥⑨⑩⑩ 57⑤ 58⑭ 62②⑦ 63⑧⑨⑮ ⑯ 64②⑤ 65⑩ 13⑬ 66⑫⑬ 67⑧ 68⑩ 69④⑯ 71⑨⑩ 76⑩ 81⑨ 87⑤ 89② ③ 91①⑧ 92④ 96⑨ 100④ 102⑤ 104① 109⑤ 126⑧ 136⑨ 137⑥ 140② 152①① 154⑩ 155① 160⑩ 161⑦ 183⑯ 194② 204② 214⑨⑩⑪ 224⑤ 225⑥ 234② 237⑨ 246⑦
　《連用形》なり 39⑮ 49② 51④ 52⑮ 71⑬ 111⑬ 120④ 145⑤ 182⑭ 196⑤ 246⑩
　《連用形》に 27② 29⑭ 47⑮ 92② 144⑥ 159① 193⑪
　《終止形》なり 9⑫⑬⑮ 10②⑤⑫ 11⑥⑪⑫⑭ 12③④⑦⑧⑩ 13④ 14⑦ 15⑪ 16②④⑤⑥⑧⑫⑭ 17③⑨ 21④⑨⑪⑫⑫⑭⑮ 22①⑧⑫ 23②⑨⑩⑪⑫⑬⑭⑯ 24⑤⑫⑮ 25① 26③⑧⑩⑫⑬⑮⑯ 27①①②28⑦⑧⑨⑩⑪ 29⑧⑫⑮ 30③⑨⑬ 31⑤⑧⑬ 34④⑥⑪⑫⑫⑮ 35①②⑦⑧⑨⑪ 36②⑩⑫⑭⑮ 37①④⑥⑧ 38⑥⑨ 39①⑥⑦⑩ 40⑤⑤⑥⑦⑨⑬ 41①⑧⑩⑩⑬ 42②④⑧⑨⑫⑯ 43⑤ 45③⑩⑮ 46①③④ 47②④⑨⑫⑫⑮ 48①⑥⑧⑩⑭ 49①⑥⑩⑪⑫⑭⑯ ⑭⑮ 50③⑪⑬ 51⑦⑦ 52⑩⑭ 53⑤⑦⑬ 57⑩⑪⑪⑯ 58①⑤⑧ 59④⑧⑬⑭⑯ 60⑤⑫ 62⑤⑫⑬⑭ 63⑬ 64③⑬ 65⑬ 66③⑦ 67① 68④⑥⑨ 69⑭ 70⑥⑬⑮ 71③⑪⑭⑮ 72①③⑥⑦⑮ 73②⑦ 75⑥⑪⑫ 77②②⑦⑩⑪ 79⑧ 80③ 81⑤⑩⑫⑬⑬ 83②④⑭ 84①⑨ 87⑧ 88①⑦⑧ 91②⑯ 92③ 94⑨⑪ 95⑨ 96⑨ 98⑨ 99①⑨ 101④⑤ 108⑫ 109①⑥ 110①③⑤⑥⑦⑨ 111①⑥⑦⑨ 112⑥⑫⑬ 113①⑦⑧⑨⑪ 115⑥⑥⑧⑨⑩⑪⑬ 116①⑥⑦⑨ 117⑩⑪⑫⑬ 118⑥⑦⑨ 119②③④⑤⑧⑪⑪⑬ 120②⑤⑦⑪ 121④⑨ 122④⑤⑦⑨⑨⑩ 123③④⑦ 124⑥⑦⑨⑪ 125①②③④⑤⑥⑨⑩⑪⑪⑬ 126⑤⑦⑨ 127③④⑦ 129⑩⑬ 130③④④⑥⑦⑧⑩⑫ 131①③④⑧⑫⑬ 132③④⑤⑦⑪ 135⑧ 137⑧ 142⑧ 143⑦⑧ 145⑦ 147⑫ 151⑥⑪ 152④

④ 153⑤ 155③ 156④ 157④⑩ 158①⑤ 159① 160④⑤ 163⑫ 167①⑥⑦⑪ 168② ⑥⑦⑩ 169③⑤⑦⑧⑩ 170④⑦⑧⑨⑪ 171③④ 172①②③⑤⑧ 173①④⑧ 174②⑫ 175⑫ 180⑦⑧⑪⑫⑬ 181④⑥⑭ 182①③⑤⑨⑪⑫⑬ 183④⑥⑦⑩⑪⑬ 184 ⑫ 189⑧ 190⑪ 191⑪ 193⑦ 194⑩ 195⑨ ⑪ 197⑥⑦⑪ 198③ 199⑫ 205⑩ 207⑥ ⑩ 208① 209⑦⑦⑪ 211⑨ 214②⑤ 215⑫ 220④⑥ 222⑤ 224③ 225⑤⑨ 226 ④⑥⑦⑪ 229⑫ 233⑦ 234①④⑥⑧⑨ 235③⑥ 237①②③⑤⑥⑩ 238④⑥⑩ 239 ②⑨ 240⑥⑨ 243⑩ 244①⑧ 245①④⑦ 246①②②③⑧⑨ 247⑥⑧⑩⑩ 248⑦ 250 ③ 251④⑦ 252③⑥⑨⑨ 253②③⑧

《連体形》**なる** 9⑪ 10⑪ 11④ 15⑦ 16 ⑦ 31① 34⑬ 37① 39④⑯ 40⑧ 41⑮ 45⑥⑧ 47⑫ 57⑧ 58⑬ 60⑫ 62⑮ 66 ⑬ 67⑤ 69⑤⑦ 75④ 81④⑨⑫⑬ 102① ⑥ 108⑬ 110①⑧ 117⑩⑫⑫⑬ 118① 124 ⑨ 130⑤ 140⑦ 143⑩ 147③ 161⑧ 163③ 175③ 179⑥ 181⑤⑨ 184③ 192① 193⑦ 194⑥ 199③ 203⑨ 204⑤ 207③ 209② 215 ③⑪ 226④ 229③ 237⑦ 244⑧ 251⑩ 252 ②

《已然形》**なれ** 9⑪ 10③ 12② 14② 17⑩ 19④ 21⑦⑧ 22⑩ 24⑬ 26⑪ 27①④ ⑮ 28⑤ 29④ 30⑮ 31⑥⑦ 41⑧ 43⑥⑦ 45⑩ 47⑯ 48⑤ 49① 51⑪ 52⑦⑪ 53⑦ 57⑬ 58⑨ 59② 62⑭ 64①②⑨ 65⑬ 66 ②⑪ 69⑦ 71⑧⑩ 87⑦ 88⑥ 107⑥ 126⑦ 136⑧ 138⑧⑧ 152③ 153⑤ 159④ 172 ① 179⑤ 181③ 183⑮ 191⑪ 203⑩⑪ 220 ⑧ 221⑤ 223⑧ 236⑥ 240② 247⑧ 249⑤

なり 119⑦
なりがたし （成・難成）
　《連用形》— たく 247②
　《終止形》— たし 63⑫

　《連体形》— たき 26⑩ 82⑭ 90④
なりもの （鳴物） 121⑧
なりゆく （行）
　《未然形》— か 159⑤
なりをり （成居）
　《未然形》— ら 41⑪
　《連用形》— り 211④
　《連体形》— る 132⑥ 154⑩
　《已然形》— れ 21⑬ 34⑧
なる （成）
　《未然形》— ら 9⑪ 21⑮ 24⑤ 25⑮ 26 ⑬ 28⑫ 36⑫ 40⑤⑥ 47⑦ 48⑦⑭ 50 ⑤ 58⑥ 63⑭ 64⑥ 73① 111⑩ 124④⑦ 161⑦ 189⑪ 191⑪ 226⑤ 245⑩
　《連用形》— り 13⑤ 14⑩ 21⑥⑧ 24⑬ 26⑭ 27⑭ 38① 39④ 47③ 49③ 51⑨⑩ 52⑨ 61②③④⑩ 66⑭ 68③⑪⑭ 70⑨ 73 ④ 78⑫ 82⑪ 88⑭ 90⑪ 99⑥ 100① 107 ⑨ 111⑧ 116⑨ 118③ 121⑧ 136⑧ 140④ 155④⑩ 159⑪ 162⑦ 172⑥ 180⑤ 182⑨ 183⑥ 190⑩ 197⑩⑪ 205⑩ 207⑧ 211④ 213⑧ 214⑥ 222⑦ 223⑦ 235④ 237⑪ 239⑧
　《終止形》— る 10③ 26⑫ 40⑬ 64⑤ 115 ⑬ 129⑦ 180① 190⑧ 209⑧ 221⑤
　《連体形》— る 12⑩⑪ 22③⑤⑭ 25⑮ 28⑦ 38③ 39⑤⑤ 58① 102⑫ 110② 124 ⑧ 159② 182⑧ 207⑧ 243⑦
　《已然形》— れ 39④ 42② 63⑩ 67⑧⑧ 68③ 70①④⑤ 71⑨ 143⑥ 156① 198① 207④ 219⑨
なる （慣）
　《未然形》— れ 49②
なるたけ （成丈） 57⑪
ナルラー 【地名】 77⑤
ナワソハこく （国） 237⑦
ナヰシ 【地名】 70③
ナキツシーポッタース 【薬品名】 40⑬

ナヲ 【人名】 159⑪ 160②②④⑩ 214④ ⑥

なん 29② 112③

なん （難） 40① 89⑦

なんかい （南海） 60⑥

なんきん （南京） 29① 132⑪

なんく （難苦）
　《未然形》― せ 240⑦

なんごく （何国） 63⑫ 82①⑨ 84⑨ 113③ 113⑨

なんじふ （難渋） 129⑧ 130⑪ 131⑥ 221⑤ 226①
　《未然形》― せ 196⑧
　《連体形》― する 96④

なんず （難）
　《未然形》― ぜ 53⑨⑩
　《連体形》― ずる 53⑩

なんせん （難船） 226⑤

なんぞ （何） 82⑧

なんぢ （汝・爾） 65⑥ 82④⑧ 88⑪ 90①

なんとなく （何） 220④

なんにん （何人） 28⑭⑭

なんぱう （南方） 15⑮ 101⑧ 246⑨ 248① 252⑦

なんぴ （難費） 126⑤

なんぴと （何人） 31① 151⑩

なんぶ （南部） 25⑤⑥⑩ 26④⑥⑨⑭⑮ 27①④⑨ 28⑦⑨⑬⑮ 33⑭ 34① 35① 45⑨⑫ 46② 53①④ 62⑧ 63⑬⑮⑯ 65④ 67⑧⑩⑬ 76⑪ 89⑧⑬ 90⑧ 96③⑨ 97⑨ 98②⑥ 101② 113⑥ 118⑤⑦ 122⑧ 123① 132⑥⑧ 182⑦

なんぶいつとう （南部一統） 82⑬

なんぶかた （南部方） 90⑩

なんぶぐんかん （南部軍艦） 96⑪ 97⑩ 98⑤

なんぶざんたう （南部残党） 98④

なんぶしせつ （南部使節） 25⑭

なんぶしやうぐん （南部将軍） 45③⑥⑬ 46③ 63①⑤ 65⑥⑫ 82③ 89⑫ 118⑧

なんぶせいふ （南部政府） 89⑮

なんぶだいとうりやう （南部大頭領） 63⑪ 76⑦ 82⑨ 83⑦ 89⑤⑨ 207③

なんぶやくにん （南部役人） 82⑨

なんぶりくぐんがかり （南部陸軍掛） 84②

なんぶりやうこく （南部両国） 113⑩

なんぺい （南兵） 33⑩

なんぼく （南北） 25⑧ 33⑬ 53③ 132⑦

なんぼくせんさう （南北戦争） 15⑭ 65④⑬ 96③

なんぼくめりけんがつせん （南北米利堅合戦） 122⑬

なんまんなんぜん （何万何千） 109⑬

なんら （何等） 47⑫

に

に （荷） 42⑧ 47② 52⑩⑭ 204①

に （二） 159⑦ 161① 182⑭

に （格助詞） 9②④⑥⑥⑦⑧⑨⑪⑭⑮ 10③④⑦⑩⑪⑫⑬⑭⑮ 11②④⑥⑦⑪⑪⑫⑬⑮ 12③④⑥⑦⑨⑩⑫⑬⑮ 13⑤⑤⑨⑩⑩⑫⑭⑭⑮ 14①②③⑤⑥⑦⑦⑨⑩⑪⑭ 15①②⑧⑨⑨⑬⑭⑭⑯ 16①③④⑩⑫ 17②⑦⑨⑩⑩ 18⑪ 19②③④⑥ 21①④⑤⑥⑨⑪⑬⑭⑮⑯ 22①②⑤⑥⑦⑦⑧⑨⑩⑪⑭⑯ 23②③④⑧⑮ 24①①⑤⑥⑦⑧⑨⑩⑩⑪⑫⑮⑯⑯⑯ 25②④⑤⑥⑥⑥⑥⑧⑨⑪⑫⑭⑯⑯ 26②④⑤⑥⑥⑧⑨⑩⑪⑭⑯ 27①②⑤⑦⑨⑨⑪⑫⑭⑯⑯ 28③④⑤⑦⑨⑪⑪⑫⑭ 29②③⑤⑧⑨⑩⑪⑫⑫⑭ 30②③⑤⑩⑪⑫⑬⑭⑮ 31③⑤⑥⑥⑦⑧⑩⑩ 33①③⑤⑤⑥⑦⑪⑫⑬⑭⑮ ⑮⑯⑯ 34①⑤⑤⑧⑨⑨⑩⑪⑫⑫⑬

⑬⑭⑮ 35①①②②③⑥⑦⑨⑩⑪⑫⑬⑭ 36①①②②③③④④④⑤⑥⑥⑦⑨⑨⑩⑪ ⑪⑫⑯⑯⑯ 37①③④④⑤⑥⑥⑤⑥⑧⑨⑩⑬ ⑬⑬⑯ 38①②②②③⑤⑤⑧⑨⑩⑬⑯⑯ 39 ①①②⑤⑨⑨⑩⑪⑬⑮⑮ 40①①②④⑤⑤ ⑤⑥⑥⑦⑧⑧⑧⑨⑩⑩⑮⑮⑯ 41①②⑤⑥ ⑦⑧⑧⑨⑨⑩⑫⑬⑮⑮⑯⑯⑯ 42②②③⑥ ⑦⑧⑨⑩⑩⑪⑪⑫⑫⑭⑮⑯ 43①③⑤⑥⑥ ⑥⑦⑧⑧⑩ 45①①④⑤⑦⑦⑨⑨⑩⑪⑮ ⑮⑯ 46②④⑤⑤⑤⑥⑥⑥⑥⑦⑧⑧⑨⑨ ⑩⑩⑬⑭⑭⑭⑮⑯ 47②③③⑥⑦⑦⑧⑧ ⑧⑪⑬⑯⑯ 48①④④⑤⑤⑥⑥⑥⑧⑨⑫⑬ ⑬⑭⑯ 49①②②④④④⑥⑬⑬⑭⑮⑮ ⑮⑯ 50③③⑤⑤⑤⑦⑦⑨⑪⑪⑫⑬⑮⑮⑯ 51①②②③④④⑤⑥⑥⑦⑦⑧⑩⑩⑩⑪ ⑫⑫⑬⑭⑮⑯ 52②②③⑤⑤⑤⑤⑧⑨⑨⑩ ⑪⑪⑫⑬⑭⑯ 53①②②③③③⑤⑤⑤⑥⑥⑦ ⑧⑧⑧⑨⑨⑩⑪ 57①③③④⑤⑦⑧⑨⑩ ⑩⑪⑫⑫⑫⑬⑭⑮⑯ 58①②③⑥⑦⑧⑨ ⑨⑩⑩⑪⑪⑫⑬⑭⑭ 59②②③⑨⑩⑬⑮⑯ 60①①④⑤⑤⑦⑧⑨⑪⑫⑫⑭⑮⑮⑯⑯ 61②②⑤⑤⑤⑤⑤⑩⑩⑪⑪⑭⑮⑮⑯ 62① ①②②④⑤⑤⑥⑥⑦⑧⑬⑭ 63②②③③③ ④④④⑤⑤⑥⑥⑧⑧⑨⑨⑨⑩⑪⑫⑬⑬ ⑭⑯ 64①②⑤⑥⑦⑧⑨⑨⑪⑫ 65①⑥⑨ ⑨⑩⑪⑪⑫⑬⑭⑮⑯⑯ 66②④④⑤⑥⑥ ⑦⑦⑧⑧⑨⑨⑫⑭⑮⑮ 67①②⑤⑦⑧ ⑧⑩⑩⑫⑬⑭⑭⑮⑮⑯ 68③③④④⑧⑨⑩ ⑩⑪⑪⑪⑬⑬⑭⑭⑮⑯ 69①①②②③③④ ⑤⑥⑦⑧⑧⑩⑩⑪⑬⑬ 70①①③④④⑥ ⑥⑦⑦⑧⑧⑩⑪⑫⑬⑬⑬ 71②②③⑥⑥ ⑦⑨⑨⑬⑭⑮⑯ 72②⑥⑧⑩⑪⑫⑫⑮⑮ 73①②④⑤⑨ 75①③④④⑤⑥⑥⑧⑧⑩ ⑩⑩⑪⑬⑭⑭⑮ 76①①④⑥⑥⑦⑧⑧⑨ ⑩⑩⑪⑮ 77①②②⑤⑦⑨⑨⑬⑬⑬ 78① ④④⑤⑤⑦⑧⑨⑨⑫⑭ 80⑥⑥⑧⑨⑩⑩ ⑫ 81①④④⑦⑨⑨⑫⑬⑮ 82①①④⑤⑥ ⑦⑧⑨⑨⑩⑪⑬⑮ 83②②③⑤⑤⑥⑧⑩

⑪⑫⑬⑯ 84①⑥⑧⑧⑪⑫⑬ 85①③⑤87 ①③④④④⑪⑬ 88①②④④⑤⑧⑨⑩⑪⑬ ⑭ 89①③⑤⑦⑦⑨⑬⑬⑭⑮⑯ 90⑤⑥⑦ ⑭⑭⑯⑯⑯ 91②③⑦⑩⑪⑫⑬⑭⑭⑮⑮ 92③⑤⑤⑤⑥ 93①③③⑥⑦⑧⑧⑨⑪ 94③ ⑤⑥⑩⑪ 95①②②③④④⑥⑨⑪⑫ 96③ ④④⑤⑥⑧⑧ 97③④⑥⑦⑦⑧⑩⑪ 98① ③④⑧⑫⑫ 99④⑤⑥⑦⑨⑪ 100①②⑤⑧ 101①②②⑨⑫⑫ 102①③④⑥⑩⑪⑪⑫ 103③④④⑤⑤⑥⑦⑧ 104①③④⑤ 107① ①②④④⑥⑧⑨⑨⑩ 108②④⑤⑥⑬ 109 ①①②③④⑥⑥⑩⑪⑪⑫ 110④④⑥⑦⑧ ⑧⑩⑩⑪⑫⑬⑬ 111①②④⑤⑤⑥⑦⑧ ⑨⑩⑩⑪⑪⑫⑫⑬⑬⑬ 112①②③⑤⑥⑦ ⑦⑪⑬⑬⑬⑬ 113①①③④④⑦⑦⑧⑨⑩ ⑪ 115①③④⑥⑩⑫⑫⑬⑬⑬ 116①①② ④⑤⑤⑦⑧⑨⑨⑩⑫ 117①④⑥⑨⑩ ⑪ 118⑤⑥⑦⑪ 119③③④④⑦ 120①④ ⑤⑧⑩⑩ 121①③⑤⑥⑦⑦⑨⑬ 122②⑤ ⑪⑪⑫⑬ 123①①②⑥⑦⑨ 124①③③③ ④⑤⑥⑦⑧⑧⑩⑪⑬ 125②③⑤⑥⑧ ⑧⑩⑬ 126①②②④④⑥⑨⑪ 129①①② ④④⑤⑤⑦⑦⑧⑩⑩⑫⑫⑬ 130②⑤⑤ ⑨⑩⑪⑬⑬⑬⑬ 131①①②③⑨⑪⑪⑬ 132 ②②④⑤⑥⑥⑫ 135①①④⑤⑥⑦⑨⑪ 136 ③④⑥⑥⑧⑨⑨⑩ 137②④⑥⑪ 138②⑧ ⑩ 139①②⑦⑧⑨⑪ 140③③⑥⑥⑧⑨⑩ 141⑤⑧⑨⑩⑩ 142②②⑤⑥⑥⑦ 143②③ ⑤⑥⑧⑧⑨⑩ 144①②③④⑤⑤⑧⑨⑩ 145②③④④⑤⑦⑨⑨⑩⑩⑪ 146①②③⑤ ⑥⑧⑧ 147④⑥ 151①④④⑤⑤⑦⑦⑧ ⑨ 152①④④⑤⑥⑦⑨⑨⑩ 153①②③⑥ ⑪ 154②④⑤⑥⑥⑦⑧⑨⑨⑨⑩⑪ 155④ ⑩⑪ 156①①⑤⑦ 157②③③⑥⑥⑦⑧⑧ ⑩⑪⑪ 158③⑦⑧⑪159②③⑤⑩⑩⑩⑪⑪ 160①⑤⑦⑦⑧⑨⑨⑪ 161②②②③⑥⑦ ⑧⑨⑩⑩⑪ 162①④⑤⑥ 163④⑥ 164 ②②③⑤⑦ 167⑤⑤⑦⑧⑨⑨⑪⑪ 168②

③④⑥ 169③③④④⑥⑩ 170⑥ 171②④⑥⑨⑩⑩ 172②③③⑦⑧⑧⑨⑩ 173③④⑥⑦⑧⑧⑩ 174①② 175④⑥ 176②②⑤⑦ 179③③④④⑥⑦⑧⑩⑩⑪⑭⑭⑮ 180①①④⑤⑦⑧⑧⑨⑩ 181③③③⑧⑨⑮⑮ 182③⑦⑧⑧⑨⑩ 183①①②②③⑥⑦⑨⑩⑪⑩⑬ 184④⑥ 185②②③⑤⑦ 189④⑤⑤⑥⑧⑪⑪ 190③④⑤⑧⑨⑩ 191⑪ 192⑦ 193①⑥⑥⑥⑦⑧⑨⑩ 194②③④⑥⑨⑪ 195②⑤⑤⑩⑫ 196② 196⑥ 197②⑦⑩ 198②③④⑦⑨ 199④⑥ 200②②③⑤⑦ 203②⑦ 204①⑦⑨⑪ 205①②⑤ 206①③⑤⑧⑧ 207①①②②②③④⑥⑦⑦⑩ 208①②④⑦⑧⑨⑪ 209①⑧⑧⑨ 211⑤⑥⑦⑧⑪ 212①④⑤⑧⑪ 213②③⑨⑪ 214④⑥⑨⑩⑪ 215④ 219⑥⑨⑨⑨ 220①⑨ 221①④⑦⑧⑨⑨⑩ 222④⑤⑤⑦⑦⑧ 223④⑤⑦⑧⑧⑨ 224①③⑥ 225③⑥⑦⑧⑩⑩⑩⑪ 226③④⑤⑪ 229④⑦ 230②③⑤⑦ 233⑤⑦⑦⑧⑨⑩⑪ 234①② 235②③④⑥⑩⑩ 236①④⑤⑦⑨⑨⑨ 237①②②②②③⑤⑥⑥⑧⑨⑨⑩ 238④⑤⑤⑩ 239⑤⑤⑨ 240④⑤⑦⑧⑧⑨⑩ 241① 243⑥⑦⑨ 244②⑤⑥⑥⑩ 245①②③⑤⑧⑨⑩ 246③③⑦⑨⑩ 247⑦⑨⑩ 248⑤⑥⑨⑩ 249②②⑨ 250②③ 251⑤⑤⑥⑦⑧⑨ 252①②③⑥ 253③④⑤⑦

に（接続助詞）9⑤ 10⑮ 12⑮ 13①③ 21⑤ 22⑤⑦⑯ 23② 25①③ 26①⑧⑭ 27⑥⑧ 28②⑦⑨⑬ 30⑨ 34②⑦⑦⑧ 35③⑫ 36①⑧⑨⑩ 38⑦⑩ 39②④ 41②⑤⑥ 45③⑪ 46⑨ 47⑪⑭⑮ 48⑦⑨⑫⑬ 50⑦ 51⑬ 57⑥⑭ 58⑪⑯ 59⑪ 61⑯ 62⑫ 63①⑪ 64④⑦ 65⑭ 66③⑦⑪⑯ 67⑦⑬⑬ 68⑨⑩⑯ 70① 71⑭ 72⑧⑩ 75⑧⑨ 76⑪ 81⑩⑬ 90③ 95② 110⑤ 111①⑬ 112⑩⑫ 113⑪ 116③⑩⑪⑫ 121⑦⑬ 124① 131⑦⑦ 135⑥ 137③ 138⑥⑦⑩ 139①⑤ 140⑥⑨ 141①④ 143⑤ 144⑤ 145③ 151⑨ 152②⑦ 155⑨ 156⑤ 157①⑤⑪ 158④ 173⑥ 179⑫ 181② 182④⑦ 190⑤ 193② 194①⑤ 196② 204⑨⑪ 207⑦⑩ 209④ 214③ 225⑥ 240② 247⑤

ニーノー 【船名】 195⑧
ニーポール 【船名】 24⑥
ニウヨウーカ 【地名】 126⑤
ニウヨウか 【地名】 132⑤
ニエーバー 【国名】 214⑩
におくはつせんまんドロ （二億八千万）
　23⑥
にかげつ （二ケ月） 29⑩ 237①
にかげつぶん （二ケ月分） 29⑩
にかしよ （二ケ所） 252⑦
にかず （荷数） 59⑬
にかでう （二ケ条） 21⑪
にかねん （二ケ年） 252⑤
にく （肉） 14⑩
にぐ （逃）
　《連用形》― げ 15⑯
にくむ （悪）
　《連用形》― み 46⑥ 94④
　《連体形》― む 158①
にぐわつここのか （二月九日） 9④
にぐわつじふいちにち （二月十一日） 156⑦
にぐわつじふくにち （二月十九日） 38⑯
にぐわつじふさんにち （二月十三日） 45③
にぐわつじふしちにち （二月十七日） 33③
にぐわつじふににち （二月十二日） 36①
にぐわつじふはちにち （二月十八日） 50⑩
にぐわつじふよつか （二月十四日） 11⑧
にぐわつとおか （二月十日） 26③
にぐわつにじふいちにち （二月廿一日）
　35⑧

にぐわつにじふくにち （二月廿九日） 47
⑪
にぐわつにじふごにち （二月廿五日） 135④
にぐわつにじふよつか （二月廿四日） 30⑧
にぐわつにじふろくにち （二月廿六日）
50③⑬
にぐわつはじめ （二月初） 38⑤
にぐわつはつか （二月廿日） 21④
にぐわつみつか （二月三日） 13⑨
にぐわつよつか （二月四日） 37⑯
にげさる （逃去）
《連用形》― り 66①⑩ 82⑨
にげゆく （行）
《連用形》― き 67⑮
にけん （二軒） 147⑩ 163⑩ 175⑩ 180⑪
184⑩ 199⑩ 215⑩ 229⑩
にさう （二艘） 17① 33⑦ 53② 139⑥ 243
⑩
にさんぐわつごろ （二三月頃） 219⑧
にさんじ （二三時） 61①
にさんじふり （二三十里） 126⑨
にさんつき （二三月） 179⑫
にさんにち （二三日） 47③ 110④
にし （西） 161⑧ 196① 223⑥ 225②⑥
にじ （二時） 67②
にしインデヤ （西） 196⑦
にしインド （西） 81⑧ 225⑦
にしインドこく （西印度国） 126⑨
にしオーステリヤたう （西オーステリヤ島）
179⑩
にして （而） 90⑦ 197④
にじふいちにち （廿一日） 49⑫
にじふいちはつ （廿一発） 36④
にじふいちまい （廿一枚） 52⑬
にじふく （廿九） 204⑥
にじふくシルリング （廿九） 204⑤
にじふくにち （廿九日） 84⑦ 90⑭
にじふくにん （廿九人） 72⑭

にじふごけん （二拾五軒） 85①
にじふごさい （廿五歳） 155③
にじふごにち （廿五日） 50③ 157⑦⑧ 183
⑪ 208⑤
にじふごまい （廿五枚） 53⑬
にじふごまんやう （二十五万洋） 123②
にじふごん （廿言） 224③⑤
にじふさう （廿艘） 35②
にじふさんさう （廿三艘） 9⑬
にじふさんにち （廿三日） 48⑤ 50③⑬ 68
⑫ 70⑥⑧
にじふさんまい （二十三枚） 52⑬
にじふしちにち （廿七日） 16⑧ 125⑤ 183
⑧
にじふトン （二十） 194③
にじふにしやくよんすん （廿二尺四寸） 40
④
にじふににち （廿二日） 24⑤ 33⑭ 38④
70⑧ 211⑦
にじふにまい （廿二枚） 52⑬ 73⑨
にじふにまいはん （廿二枚半） 52⑬
にじふねん （廿年） 111④ 195⑫
にじふはち （廿八） 204⑤
にじふはちにち （廿八日） 191③
にじふはつ （廿発） 33⑫
にじふまい （廿枚） 73⑩
にじふまんにせんげん （二十万二千元） 139
⑧
にじふもん （二十門） 119⑦
にじふよじ （廿四時） 53⑥ 69⑤
にじふよつか （廿四日） 60⑧ 70⑨ 73②
76① 131①
にじふよんがう （廿四号） 233②
にじふよんまんきうせんろつぴやくごじふさ
んパウン （二十四万九千六百五十三）
59⑦
にじふろくにち （廿六日） 76⑤
にじふろくまんろくせんごひやくパウン

106

（二十六万六千五百）　59⑥
にじやう（二丈）　60⑮
にしやうごがうくらゐ（二升五合位）
　　34⑩
にじやうななしやく（二丈七尺）　234⑦
にす（肖・似）
　　《連用形》— せ　146⑥　151⑩
にせかい（二世界）　223⑥
にせふれがき（贋触書）　151⑩
にせもの（贋物）　34⑪
にせんごひやくごじふごねん（二千五百五
　　十五年）　237⑤
にせんさんびやくじふにこ（二千三百十二
　　箇）　42⑦
**にせんにひやくななじふななまんごせんパウ
　　ン**（二千二百七十七万五千）　79⑩
にせんにん（二千人）　125②
にせんひやくまんトルラル（二千百万）
　　167⑪
にせんよんひやくねん（二千四百年）　197⑪
にせんよんひやくまんにん（二千四百万人）
　　10②
にせんろつぴやくさんじふごまんパウン
　　（二千六百三十五万）　79①
**にせんろつぴやくさんじふななまんななせん
　　ななひやくさんじふにハウン**（二千六百三
　　十七万七千七百三十二）　23⑩
にせんろつぴやくろくじふきうこ（二千六
　　百六十九箇）　73③
にち（日）　19⑩　64⑭
にちげつねん（日月年）　146①
にちげん（日限）　26①
にちじ（日時）　109⑫
にちよう（日用）　94③　147⑨　163⑨　175
　　⑨　184⑨　199⑨　215⑨　229⑨
につすう（日数）　211②
にて（格助詞）（而）　9④⑫　10⑧⑩⑫⑫
　　⑯　11③③⑤⑥⑨⑩⑯　12①②④⑤⑯　13⑥

14①②②⑩⑪⑭⑯⑯　15①⑩⑭⑮⑯　16③
⑬⑭⑭　17④⑤　19⑦⑨　21④⑧⑫⑫⑬　22
①③⑤⑨⑪⑫⑬　23①①③⑤⑦⑧⑨⑨
⑮　24⑥⑩⑫⑫　25⑫⑬⑯　26⑤⑧⑪⑮⑯
27③⑥⑨　28①⑦⑩⑩⑫　29②④⑥
⑨⑪　30⑤⑧⑫⑬　31①①⑨⑩⑫　34②⑥
⑧⑨　35①⑥⑬　36⑩⑯　37⑥⑦⑦⑨
38③⑤⑨⑨⑩⑬⑬　39②⑦⑩⑪　40⑨⑨
⑪⑭⑯　41⑧⑨⑩⑩⑫⑫　42②⑮　43①　45
⑤⑪⑫　46②⑤⑧⑬⑯　47⑪⑬⑭⑮　48④⑥
⑧⑨⑩⑮⑯　49②⑥⑨⑫　50④⑥⑦⑪
51①⑥⑭　52⑤⑥⑨⑫　53①⑧⑨　57④⑤
⑨⑩⑪　58②③④⑫⑮　59⑥⑨⑨⑪　60
⑪⑫⑬⑭⑭　61①⑫⑯　62⑦　⑮　63①　64③
⑫⑬　65⑫⑬　66③⑦⑧⑪⑮　67⑤⑨⑫　68
④⑧⑩⑫⑫　69②⑨⑫⑯　70③⑦⑫⑬　71⑤
⑩⑭⑯　72③④④⑤⑤⑥⑦　73
①　75⑤⑧⑬⑭　77②③　78⑧　79①　80⑦　82
⑤⑪　83⑤　84②⑫　87④⑬　88③　89⑦⑩
90④⑤⑦　91⑧⑩⑬⑬⑮　92③⑤　96⑤　98
③　99⑥⑦　101⑨　102⑧　107⑬　108①②
111⑧　112⑬　113⑥⑩　115⑫　117①⑬　118
①⑧　119①⑩⑩　121⑪　123③　124
⑦　125①　126⑧⑩⑩　129⑫　130⑦⑪　131
③④⑪　137②⑥⑩　138②⑪　139③⑨　140
⑤⑨　141①⑩⑩　142⑤⑦　143⑤　144⑫　146
①　147⑥⑩　152⑤⑥　153⑩　155③⑤⑥
⑪　156④　157③④⑤⑥⑧　158⑦　159③
④⑪　160②　162②　163⑥⑦　164①②　168
①⑨　169②　171③⑩　172⑪　175⑥⑦　176
①②　179⑨⑪⑫　180③⑪　181⑭　182②
⑨⑬　183⑥⑦　184⑥⑦　185①②③　189①
④⑦⑩　190⑧⑪　191④⑦　192③　193⑤⑥
194⑤　195⑨⑨　196④⑥　197⑧　198③⑥
199⑥⑦　200①②③　203⑦⑧⑨⑩　204①
205②③⑤⑥⑨⑨　206⑨　207⑥　208⑧
209⑥⑦⑩　212①③④⑥　215⑥⑦　216①
②③　219④⑩　220③④　221①⑩⑪　222③

223⑥⑪ 224② 225②⑤⑩⑪ 226⑧⑨ 229⑥⑦ 230①②③ 233②⑤⑦ 234③④⑥⑦ 236⑥ 237⑧⑧⑨ 238③③ 239⑤⑧ 241② 243⑧ 245⑦⑨ 247⑩ 248②⑩ 251③ 253⑥

にてういちおくさんぜんきうひやくななじふまんさんぜんろつぴくはちじふリヤール（二兆一億三千九百七十万三千六百八十） 49⑩

にてういちおくはつせんよんひやくじふななまんはつせんひやくさんじふリヤール（二兆一億八千四百十七万八千百三十） 49⑪

にてうやうぎん（二兆洋銀） 141⑨

にど（二度） 43⑥ 167⑤

にどづつ（二度ツヽ） 17⑩ 31⑥

にどめ（二度目） 240④

にとん（二噸） 58⑧

ニニバー【国名】 214⑪

にねん（二年） 57⑭

ニハー【国名】 237③

にばい（二倍） 41⑧

にはかに（俄） 39④ 65⑮ 70④ 144⑤

にひき（二疋） 115④

にひやくいちにん（二百一人） 72②

にひやくきうじふはんこ（二百九十半箇） 35⑪

にひやくきうじふろくまんいつせんきうひやくななじふハウン（二百九十六万千九百七十） 23⑮

にひやくごじふいちまんよんじふいちハウン（二百五十一万四十一） 108⑪

にひやくごじふまい（二百五十枚） 73⑩

にひやくごじふまんかうり（二百五十万行李） 101②

にひやくさんじふいちり（二百三十一里） 107⑧

にひやくじふきうまい（二百十九枚） 16⑪

にひやくちやう（二百挺） 33⑤

にひやくななじふにり（二百七十二里） 107⑩

にひやくにん（二百人） 39⑪ 49⑥

にひやくにんよ（二百人余） 110⑤

にひやくねん（二百年） 160⑤ 197⑨

にひやくはこ（二百箱） 42⑬

にひやくぱつ（二百発） 68①

にひやくひろ（二百尋） 58⑥

にひやくポンド（二百） 25②

にひやくまい（二百枚） 73⑩

にひやくメリンフロウレンス（二百） 209⑩

にひやくもん（二百文） 137⑪ 153③

にひやくよんじふさんり（二百四十三里） 107⑧

にひやくよんじふしちにん（二百四十七人） 72④

にひやくり（二百里） 87⑩

にひやくろくじふごまんバウン（二百六十五万） 80①

にひやくろくじふしちぶごりん（二百六十七分五厘） 107⑨

にひやくろくじふねんくらゐ（二百六十年位） 213④

にふか（入荷） 42⑦ ⑦ 47② 93⑧

にふかう（入港） 75① 81① 87① 93① 121① 123⑥ 124① 131⑦⑦ 167① 169⑥ 179① 193④ 203① 219① 233③ 243②
《未然形》— せ 151① 234⑦
《終止形》— す 52⑩

にふきん（入金） 79⑨ 80④

にぶごりん（二分五厘） 42⑥

にふさつ（入札） 24⑥ 35⑫ 41⑫ 42⑬ 46⑤⑤⑤ 49②③③⑤ 77⑨ 84⑬ 126①②③ 155⑩⑪ 182⑪

にふさつば（入札場） 35⑪

にふじやう（入城） 68⑫

《連用形》— し　13⑫
にふぜい　（入税）　119⑩
にふせん　（入船）　112⑬
にふそう　（入湊）　112⑫
にぶはちりん　（二分八厘）　42⑪
にふひ　（入費）　76⑦　162③
にふよう　（入用）　10④　11⑤　21⑫⑬　22⑧
　23⑩⑪⑫⑬⑭⑭⑮　29⑭⑮　31①　37①②
　40⑭⑮　49⑩⑩　50⑪　57⑤⑥　59⑫　62⑫
　77①②　79⑤⑦　93⑩　109⑩　120⑧　123⑦⑧
　127②③　130⑤　132⑩⑪　139⑦　180　248
　④
にふようきん　（入用金）　34⑥　62⑪　67⑦
　71⑥⑪　195⑥
にふようだか　（入用高）　119⑪
にふようひだか　（入用費高）　108⑦⑨⑪
にふらう　（入牢）　96⑨　182⑦　191⑧
にほん　（日本）　9④　10⑧　13⑨⑬　15①②
　⑥⑧⑨　16④⑧⑧　17⑦　21④　23⑨　24⑤
　⑤⑦⑧　25⑩　28⑩　29③⑤　30⑧⑩⑫　33③
　⑭　36①⑭　37⑯　38⑬⑯　39⑦　40⑥⑨　41
　⑧⑯　42⑤⑦⑪⑫⑬　43③　45③　47⑪　48
　⑮　50③⑨⑩⑩⑬　52⑬⑮⑯　53⑩⑩　57⑤
　⑤⑮　58⑪　59⑫⑬⑬⑮⑯　60①⑧　61①
　64③⑥　65④⑬　66⑦　68③⑫　69⑤⑯　71①
　72⑯　73③④　75③　77⑪　80⑧⑪　81⑭　84
　⑭　85⑤⑪　87⑤　93④⑩　99④⑦⑩⑪　101
　⑦⑧　115⑥　119⑦　120⑩　122⑤　123⑧　132
　⑩⑪⑫　139⑤　141①　147⑦⑦　151④　156
　⑦　163⑦⑦　167③⑥　169⑧　175⑦⑦　179
　②　184⑦⑦　189⑤　193②　194⑪　199⑦⑦
　203⑥　215⑦⑦　219①③　229⑦　⑦　233⑤
　234⑨　235①　243④　246③
にほんいうぢよ　（日本遊女）　122⑬
にほんいと　（日本糸）　235⑦
にほんこく　（日本国）　131⑥
にほんさん　（日本産）　93⑩　101⑦
にほんせいふ　（日本政府）　130⑬　147⑪　163

　⑪　175⑪　184⑪　199⑪　215⑪　229⑪
にほんちや　（日本茶）　120⑧　123⑦　127②
　153②　246②
にほんひん　（日本品）　153⑥　164⑧　176⑧
　185⑧　200⑧　216⑧　230⑧
にほんりすう　（日本里数）　234⑧
にまい　（二枚）　53⑪　⑫　123⑦
にまいいちりん　（二枚一厘）　80⑧
にまいさんりんごもう　（二枚三厘五毛）
　80⑨
にまいしちぶごりん　（二枚七分五厘）　53⑫
にまいにりん　（二枚二厘）　80⑧
にまんごせんしやく　（二万五千尺）　41⑧
にまんごせんトル　（二万五千）　83　⑭
にまんごせんばこ　（二万五千箱）　194⑨
にまんちやう　（二万挺）　193③
にまんななせん　（二万七千）　17③
にまんななせんにん　（二万七千人）　82⑦
にまんななせんパウン　（二万七千）　41⑩
にまんよんせんごひやくじふごこ　（二万四
　千五百十五箇）　60②
にもつ　（荷物）　59⑫　108⑬　109③　198⑥
にもつうんそうせん　（荷物運送舟）　37②
ニューヨーカ　【地名】　67⑫　83①　⑥　101
　③　207⑦
ニユーヨルカ　【地名】　234⑧
ニユーヨルク　【地名】　33⑯　35②　89⑤
ニユーワンドラン　【地名】　252⑥
ニユヨーカしんぶん　（新聞）　72⑧
ニユ－ヨカ　【地名】　172⑨
ニユヨルカ　【地名】　244⑤
ニユ－ヨルカかう　（港）　234①
ニユヨルカしんぶん　（新聞）　243⑥
ニユヨルカまち　（町）　243④
にようばう　（女房）　52③
ニヨオーリン　【地名】　233⑤
によたいぶつ　（女体仏）　102⑦
にり　（二里）　39③　41⑧

にりん （二厘） 42⑪
にる （似）
　《連用形》に　10⑫
にれんぱつ （二連発） 154①
にわかに　66⑭
にんき （人気） 87⑦ 88⑤ 138③ 219⑦
にんくわん （任官）
　《連用形》— し　155③
にんげん （人間） 159⑧
にんず （任）
　《未然形》— ぜ　99⑤
にんずう （人数） 72⑨ 92②
にんぷ （人歩） 109⑩

ぬ

ぬ （助動詞）
　《未然形》な　13① 22④⑧ 27③ 31⑧ 43⑧ 81⑪⑭ 131⑫ 140② 157④
　《連用形》に　66⑭ 146⑧⑨
　《終止形》ぬ　19②⑦ 64⑦⑫ 113⑪ 140⑤
　《已然形》ぬれ　139⑩ 140④
　《命令形》ね　237⑩
ぬきいづ （抜出）
　《連用形》— で　67⑭
ぬきさし （秋） 181③
ぬく （抜）
　《連用形》— き　65⑯
ぬすみぎき （偸聞） 48⑯
ぬすむ
　《連用形》— み　71⑭
ヌマンセン 【船名】 14⑥
ぬる （湿）
　《連用形》— れ　24⑥

ね

ねあがり （直上） 123⑦

ネーフルス 【新聞名】 38⑯
ねがはくは （願） 37⑬ 88④
ねがひ （願） 38⑬ 118⑦ 195③ 212③
ねがひいだす （願出）
　《連用形》— し　64③ 89⑪ 116⑨ 129⑧
　《已然形》— せ　131⑥
ねがひいづ （願出）
　《連用形》— で　35③ 156④ 167⑨ 195② 233⑪
ねがひずみ （願済） 88⑭
ねがふ （願）
　《連用形》— ひ　22④ 111⑫
　《終止形》— ふ　78⑬ 104②
　《連体形》— ふ　11⑭
　《う音便》— ふ　226⑦
ねがへだす （願出）
　《連用形》— し　130⑫
ネコロスホルダー 【地名】 219④
ねさげ （直下）
　《未然形》— せ　108⑬
ネジレツト 【人名】 84⑨
ねずみ （鼠） 115⑨⑩⑪⑫
ねたむ （嫉）
　《連体形》— む　118⑧
ねだん （直段・値段） 52⑪⑫⑮ 59⑫⑭ 60② 68⑥ 72⑯ 73④⑥⑦ 80⑪⑪ 84⑭ 87⑧ 93⑦⑨ 99⑧⑨ 100⑩ 120⑨ 127②④ 132⑩⑪⑫ 164⑥ 168⑩ 176⑥ 180⑫ 185⑥ 200⑥ 204④ 216⑥ 224②⑥ 230⑥ 235⑦
ネヂレツト 【人名】 84⑥
ねつたう （熱湯） 13⑭ 39③
ねつびやう （熱病） 49⑤ 69⑥
ねつれん （熱練） 119②
ネニユス 【人名】 237⑦ ⑨ 239④⑦
ネムロー 【人名】 214⑪ 237②⑤⑦⑪
ねらふ
　《連用形》— ひ　154①

ねる（練）
　《連体形》― る　21⑫
ねん（年）　29⑩　50⑬
ねんぐ（税・年貢）　9⑪　30②
ねんげつ（年月）　203⑪
ねんごろ（懇）
　《連用形》― に　51⑯
ねんぢゆう（年中）　248④
ねんねん（年々）　64④　68④　94⑫　110①
ねんぷ（年賦）　24①
ねんぶつ（念仏）　102⑪

の

の（之）（格助詞）　9②⑤⑦⑧⑨⑩⑪⑫⑫⑫⑬⑭⑭　10②③④⑤⑤⑥⑧⑧⑧⑫⑫⑬⑭⑭　11①②②③③④⑤⑤⑥⑦⑧⑨⑩⑪⑫⑭⑭⑮⑯　12①⑤⑤⑥⑦⑨⑩⑪⑪⑫⑫⑬⑭⑮⑯⑯　13①②⑥⑧⑨⑪⑬⑯　14①①③④④⑤⑤⑦⑨⑩⑬⑭⑯⑯　15①①②③⑤⑦⑨⑩⑪⑫⑬⑯　16①②⑥⑦⑧⑨⑩⑫⑫⑫⑫⑭⑭⑯　17③④④⑤⑥⑦⑦⑦⑧⑧⑨⑨　18⑪　19②③④⑦　21①①③④⑤⑤⑦⑨⑩⑪⑫⑫⑬⑭⑮　22①②③④⑤⑦⑨⑩⑪⑪⑫⑬⑭⑮⑯⑯　23②③④⑤⑤⑥⑦⑧⑨⑩⑪⑭⑭⑮⑯　24①②④④⑤⑥⑦⑧⑩⑩⑫⑬⑭⑮　25①①①②③④⑦⑧⑨⑩⑩⑪⑪⑬⑭　14⑭⑮　26①①②②③⑤⑨⑩⑩⑪⑪⑫⑭⑮⑯⑯　27②③⑤⑤⑨⑭⑮　28②③⑤⑤⑥⑦⑨⑩⑩⑩⑪⑫⑬⑭⑭⑯　29②③④④④⑤⑥⑥⑦⑧⑩⑩⑪⑬⑭⑮⑮⑯⑯　30①①①②②③④⑤⑦⑧⑧⑧⑨⑩⑩⑪⑫⑫　31①①③③③④④⑤⑤⑦⑧⑨⑨⑩　33①②③④⑤⑥⑦⑧⑨⑩⑪⑪⑫　13⑮⑮⑯⑯　34①①①②②③⑤⑥⑥⑥⑦⑦⑧⑧⑨⑨⑩⑩⑪⑪⑫⑫⑫⑭⑮⑯⑯　35①①②②③⑤⑥⑦⑦⑧⑨⑩⑪⑫⑬⑭⑯　36①①①②②②②③⑤⑤⑤⑥⑥⑦⑧⑨⑩⑪⑫⑮⑯　37②②②③④⑤⑤⑥⑥⑦⑦⑧⑧⑩⑪⑫⑬⑭⑮⑯⑯⑯⑯　38①②②②③④⑤⑥⑦⑦⑦⑧⑨⑩⑪⑫⑬⑮⑯　39①③③⑤⑤⑥⑦⑦⑧⑪⑪⑫⑭⑮⑮⑯　40②②③④⑤⑥⑥⑦⑨⑩⑪⑬⑬⑭⑮⑯　41①③⑤⑥⑦⑦⑨⑨⑪⑪⑫⑭⑮　42①②③④⑤⑥⑨⑩⑪⑪⑫⑭⑭⑮　43①①③③④⑤⑦⑧⑨⑨⑩　45①②③⑤⑥⑦⑧⑨⑩⑭⑮　46②②③④⑤⑥⑦⑧⑨⑩⑪⑪⑬⑭⑮⑯　47①②②③④⑤⑦⑨⑩⑪⑬⑭⑭⑭⑮　48①③④⑤⑤⑦⑨⑨⑬⑭⑭⑮⑮⑯　49①②②③④⑤⑥⑦⑨⑩⑫⑫⑬⑭⑮⑯　50②③③④⑤⑦⑦⑧⑩⑪⑪⑪⑬⑭⑭⑮⑮　51①①②③④⑤⑥⑦⑧⑨⑩⑫⑬⑭⑮⑯　52①②③③④④④⑤⑥⑩⑩⑪⑫⑬⑮　53①①③③④⑤⑥⑥⑦⑦⑨⑩⑩⑫　57①①③③④⑥⑦⑨⑩⑪⑪⑫⑭⑭⑮⑮⑯　58②④⑤⑥⑦⑨⑨⑩⑪⑯⑯⑯　59②③⑤⑥⑧⑨⑩⑩⑫⑬⑭⑮　60②③⑤⑤⑩⑪⑭⑮⑯　61①②③⑤⑥⑦⑧⑨⑫⑬⑭⑭⑭　62②②⑤⑦⑦⑧⑨⑪⑪⑬⑬⑮⑯　63②③⑤⑥⑧⑨⑩⑪⑬⑭⑮⑮　64①②③⑤⑥⑦⑧⑨⑫　65①③④⑧⑩⑪⑫⑫⑭⑮⑮⑯⑯　66⑦⑦⑨⑩⑭⑮⑮⑮　67①③③⑤⑤⑤⑦⑧⑨⑩⑪⑪⑫⑬⑭⑮⑮　68②③④④⑨⑩⑪⑪⑫⑬⑭⑮⑮⑯　69①③④⑤⑥⑦⑧⑨⑩⑪⑫⑮⑯　70①②③④⑤⑥⑨⑩⑪⑫⑫⑬⑮⑯　71②③④⑤⑥⑦⑦⑧⑨⑪⑬⑭⑮　72③⑥⑦⑧⑨⑩⑭⑯⑯　73②②

③③④⑧⑧ 75①②④⑤⑥⑥⑥⑦⑦⑩⑩⑪ ⑫⑬⑬⑮⑮⑮ 76①②③③④④⑥⑧⑨⑨ ⑪⑪⑬⑭⑭⑭⑮⑮ 77①②②③③④⑤⑤⑥ ⑦⑧⑨⑫⑬⑬⑬ 78①③⑤⑤⑥⑧⑨⑪⑪⑬ ⑬⑬⑭⑭⑭⑭⑮ 79①①②③④⑤⑥⑦⑨⑩ ⑫⑬⑭⑮⑯ 80①①④⑤⑤⑤⑤⑦⑦⑧⑪⑫ 81①②③③④④⑥⑨⑨⑨⑨⑩⑪⑪⑪ ⑫⑫⑫⑬⑬⑬⑭⑭⑭⑭⑮ 82①①①②③ ④⑧⑪⑬⑮⑮ 83①②②②③④④④⑤⑥ ⑥⑦⑦⑩⑫⑫⑬⑬⑮⑯⑯ 84①①②④⑤⑥ ⑥⑦⑨⑨⑩⑪⑪⑬⑬⑭⑭⑯ 85①②③③④ ⑤⑥⑥⑦⑧⑧⑩ 87①①②③③④④⑤⑤⑦ ⑧⑨⑪⑫⑫⑫⑬⑭ 88①①②③④④⑤⑤ ⑥⑥⑥⑦⑧⑨⑫⑬⑮ 89①②②②④⑤⑤⑤ ⑥⑥⑦⑦⑧⑨⑩⑪⑪⑮⑮⑯ 90①①①③④ ⑥⑧⑨⑫⑬⑯⑯⑯ 91②②③③④⑤⑥⑧⑨ ⑫⑭⑮⑮⑯ 92①①①②③④④ 93①②③ ③④④④⑥⑩⑪⑫ 94③④⑤⑥⑧⑨⑪ 95 ③⑤⑥⑥⑨⑩⑪⑫ 96②④⑤⑥⑦⑧⑨⑨⑪ 97②③③③④⑤⑥⑥⑦⑧⑨⑪⑪ 98①①② ③⑤⑥⑨⑨⑩⑪ 99①②③④⑦⑨⑩⑪⑫ 100①②④⑤⑦⑧⑧⑫ 101①②③④⑥⑦ ⑦⑨⑪ 102②③③⑤⑦⑦⑦⑨⑪⑫ 103③⑤ ⑦⑨⑨ 104④ 107①①③④④④⑤⑤⑤⑥⑦ ⑦⑧⑨⑩⑪⑪⑫⑬ 108①①①②④⑫⑫ ⑬ 109①①①②③③④⑤⑥⑥⑦⑨⑩⑩⑩ ⑪ 110①①④⑤⑥⑦⑧⑧⑧⑩⑩⑫ 111①② ②②③④④⑤⑥⑦⑧⑩ 112①②②③④ 9 ⑪⑫⑬⑬ 113②③③④⑤⑥⑦⑧⑧ 115① ②③③④⑤⑥⑥⑥⑦⑦⑧⑧⑨⑩⑩⑪⑪ ⑫⑫⑬ 116①①②②②③⑤⑥⑧⑨⑩⑪ 117②⑤⑤⑥⑦⑩⑩⑩⑪⑫⑬⑬ 118①① ②④⑤⑥⑦⑦⑧⑨⑨⑩⑪⑬ 119①②② ②③④⑤⑥⑦⑦⑨⑩⑩⑪⑪⑫⑬ 120③④ ④⑥⑦⑩ 121①②③④⑧⑨⑨⑩⑫⑬ 122 ①②②②②④⑤⑤⑤⑥⑦⑧⑧⑨⑩⑩⑩ ⑬ 123①②⑤ 124①①②③③⑦⑦⑦ ⑧⑧⑧⑨⑨⑨⑩⑪⑫⑬⑬⑬ 125③⑤⑦⑧

⑨⑩⑩⑩⑫⑬⑬ 126①①④④⑥⑨⑪⑫ 127 ①② 129①①③④⑤⑤⑤⑥⑥⑥⑦⑦⑧⑨ ⑩⑪⑬ 130①②③④④⑤⑤⑤⑥⑥⑥⑥⑧ ⑨⑨⑩⑪⑫ 131①②③⑤⑥⑥⑥⑩⑪⑪⑪ ⑫⑬ 132①②②⑤⑥⑥⑥⑦⑦⑧⑨⑪ 135 ①①③④⑤⑧⑧⑩⑪⑪ 136①③④⑤⑦⑨ ⑨⑪ 137③⑨⑩ 138①③③⑤⑥⑦⑧⑩ 139 ②④⑤⑥⑨⑩ 140①①③③⑦⑦⑦⑨ 141 ③⑦⑦⑦⑧⑨ 142①②④⑤⑤⑦ 143①③ ④④⑥⑧⑩ 144①②④⑦⑧⑧⑨ 145①② ②⑤⑨⑩ 146①④④④⑥⑦⑦⑦⑧ 147① ②③⑦⑦⑧⑨⑨⑨⑩⑪ 151①③④⑥⑦⑧ ⑧⑨⑩⑩⑪⑪ 152①①②②③⑤⑤⑤⑥ ⑦⑩⑪ 153④⑥⑥⑦⑨⑩⑩⑩ 154①①② ②③⑤⑧⑧⑨⑨ 155①④⑦⑨⑪ 156①② ③④④⑥⑦⑨⑨⑩⑪ 157⑥⑥⑥⑧⑨⑩⑪ ⑪ 158②③③④④⑦⑧⑩⑪⑪⑪ 159② ③⑤⑥⑦⑦⑧⑩⑩ 160②③④④⑤⑥⑥⑦ ⑨⑩ 161①②②③③⑦⑨⑩⑩⑪ 162①① ④⑤ 163①②③⑦⑦⑧⑧⑨⑨⑩⑪ 164① ①②③④⑤⑦⑧⑨ 167①③④⑤⑤⑥⑥⑦ ⑩⑪⑪ 168①③④⑥⑧⑩ 169①②②③④ ④④⑤⑥⑥⑦⑦⑧⑨⑩⑩ 170①②②③ ③⑤⑥⑧⑧⑫ 171③③③④⑤⑥⑦⑧⑩ 172 ②②④⑥⑦⑧⑧⑧⑩ 173②③④⑤⑤⑥ ⑨⑨⑩ 174①①①②③⑦⑦⑧⑨⑨⑩⑪ 176①①②③④⑤⑦⑧⑨ 179②②③④⑦⑦ ⑧⑨⑪⑫⑬⑬⑭⑮ 180①②④⑥⑨⑨⑨⑪ ⑪⑭ 181②②③③④④⑦⑧⑧⑪⑫ ⑬⑭⑭⑮ 182②③④⑥⑦⑦⑦⑧⑧⑨⑨ ⑪⑫⑫⑭ 183①②③③④⑤⑤⑤⑤⑥⑥ 184①②③⑦⑦⑧⑨⑨⑨⑩⑪ 185①①②③ ④⑤⑦⑧⑨ 189①①④⑤⑥⑧⑧⑨⑨ 190 ③③④⑧⑪ 191⑥⑦⑩⑪ 192①①②⑤⑥ 193①②④⑦⑧⑧⑩ 194①③③④⑥⑦⑨⑩ ⑪ 195①②③⑤⑥⑥⑦⑧⑨⑩⑩⑪⑫ 196 ①②②②③④⑤⑤⑥⑥⑦ 197①① ⑤⑥ 198①②③③⑥⑧ 199①②③⑦⑦⑧

⑧⑨⑨⑩⑪ 200①①②③④⑤⑦⑧⑨ 203
①②④④⑤⑥⑨⑩ 204①③④④⑤⑥⑧
⑨⑪ 205①②④⑤⑥⑨⑧⑨⑩ 206①②⑤
⑤ 207①①②④⑥⑦⑨⑩ 208①②③
④④⑤⑥⑥⑥⑥⑨⑩⑪ 209①②③⑧⑨
⑩ 211①③③⑦⑨⑨⑨⑩ 212①②⑥⑥
⑥⑦⑧ 213①②②③⑤⑥⑦⑨⑨⑪⑪ 214
①①①②③⑤⑦⑧⑧⑧ 215①②③⑦
⑧⑧⑨⑨⑩⑪ 216①②③④⑤⑦⑧⑨ 219
②③⑤⑦⑨⑨⑩ 220③⑤⑥⑦⑦⑧⑪ 221
①②②④⑦ 222①②③③⑤⑥⑨⑩ 223①
②⑤⑥⑥⑧⑨⑨⑩⑩ 224①①②③④ 225
①②⑤⑥⑥⑨ 226④④⑥⑦⑨⑩⑩ 229
①②③⑦⑧⑨⑨⑨⑪ 230①①②③④
⑤⑦⑧⑨ 233④⑦⑧⑨⑩⑩⑪ 234①②
③④⑤⑧⑨ 235①③④⑤⑨⑩ 236④⑤⑤
⑤⑥⑥⑦⑧⑧ 237①②②④⑤⑥⑥⑥
⑦⑦⑦⑨⑨⑩⑩⑪ 238①②③④④④⑦⑧⑨
239③④④⑤⑤⑨⑩⑩⑩ 240①③⑥⑥⑦⑦
⑩ 241① 243⑦⑨⑨ 244⑤⑥⑦⑧ 245①
②②③⑤⑤⑦⑦⑦⑦ 246③⑥⑥⑦⑦⑦
⑦⑧⑧⑩ 247①②⑦⑩⑩ 248①②④④④
⑤⑩⑩ 249①①②④⑨ 250② 251①④⑤
⑥⑦⑧⑨⑨⑩ 252①②③⑦⑧⑨ 253①④
④⑥⑧⑧⑧

ノードイーストロン 【地名】108②
ノードフレテ 【地名】 108①
ノードワイストロン 【地名】107⑬

のがれかへる （逃帰）
　《連用形》― り　61②
のがれさる （逃去）
　《連用形》― り　45⑯
のがる （迯）
　《未然形》― れ　102⑫
のがれいだす （迯出）
　《連用形》― し　76⑦
のがれく
　《連用形》― き　237①

のがれさる （迯去）
　《連用形》― り　75③
のこす （残）
　《未然形》― さ　239⑥
のこらず （残・不残）　33⑧⑮　34③　40⑩
　47⑯　67②　167⑨　183⑥
のこり （残）　23⑮　29⑪　108④
のこりかず （数）　52⑭
のこりをり （残居）
　《已然形》― れ　42④
のこる （残）
　《未然形》― ら　33④⑤　40⑮　45⑩　239
　⑧　247①
　《連用形》― り　46⑭　51⑮　83⑯　179⑫
　《連体形》― る　109⑩
のす （乗・載）
　《未然形》― せ　40⑦
　《連用形》― せ　35⑬　36④⑨　40③　46⑦
　48⑯　61⑤　70⑬　72⑨　91⑬　92②　115③　224
　①
　《連体形》― する　12③　28⑪　33⑯　49①
のせわたす （渡）
　《連体形》― す　204②
のぞく （除）
　《連用形》― き　40⑦　122①
のぞみ （望）　135⑪
のぞみをり （望居）
　《已然形》― れ　144②
のぞむ （望）
　《終止形》― む　138⑨
　《連体形》― む　25⑯　147②　163②　175
　②　184②　193⑦　199②　215②　229②　253
　④
のち （後）　10⑮　13⑫⑭　25⑯　26⑭　36⑤
　41②　49⑬　52②③⑧　58⑬　61③⑦　62④　63
　②④　65⑨　69⑤　72⑮　75⑨　81⑬⑮　90⑦　92
　⑤　109⑧⑨⑨　111⑨⑩　115⑤　122⑪　125①
　④⑤　132⑤　144②④⑫　146⑤⑧⑨　160①

②⑫ 162① 167⑤ 169③ 180② 182⑦ 192② 196⑧ 197⑨ 198⑨ 212⑪ 213④⑦ 214⑤⑥⑪ 223⑥ 226⑪ 237②⑪ 246⑧ 252⑥

のばす（延）
《未然形》ー さ　26②

のぶ（延）
《連用形》ー び　67①

のぶ（述）
《連用形》ー べ　46⑥ 51⑯ 88⑦ 108④ 135⑩ 162① 182⑬ 190⑤ 212③
《連体形》ー る　46⑥

のぼる（登）
《連用形》ー り　13⑫ 84⑭

のみ（而已）（副助詞）　9⑮ 11⑧ 25⑫ 26① 30① 31⑧ 34⑧ 43⑧ 45⑮ 47①④ 53⑩ 82⑫ 91⑧ 95⑦ 137⑤ 138⑪ 144⑫ 160④ 172① 179⑫ 198④ 208⑤ 245④ 252②

のみならず（不而）　116④

のりあぐ（乗上）
《連用形》ー げ　17①

のりくみ（乗組）　34⑯ 41③ 195③⑨

のりくむ（乗組）
《連用形》ー み　158⑧

のりこむ（乗込）
《連用形》ー み　25⑩ 35① 98⑥ 112⑬

のりをり（乗居）
《未然形》ー ら　40⑧
《連用形》ー り　52③
《已然形》ー れ　25③

のる（乗・載・騎）
《未然形》ー ら　160①
《連用形》ー り　24⑮ 39⑮ 72⑪ 85③ 125③ 195⑨
《連体形》ー る　76⑩ 144②

は

は（歯）　164③ 176③ 185③ 200③ 216③ 230③

は（係助詞）　9⑥⑥⑦⑧⑧⑪⑫⑭⑭⑮ 10②③⑤⑥⑧⑪⑫ 11⑥⑥⑦⑩⑫⑬ 12②③⑤⑦⑨⑨⑩⑪⑫⑬⑭⑯ 13④⑤⑥⑩⑮⑮ 14①②②④⑤⑥⑩⑪⑮⑯ 15①⑧⑨⑩⑪⑬⑭⑭⑮⑯⑯ 16④⑫⑭⑭⑮ 17①①②②⑤⑤⑦⑩⑩ 19③⑤⑥⑦⑧ 21④⑤⑥⑧⑧⑧⑨⑨⑩⑪⑪⑫⑫⑫⑫⑭⑭ 22①③⑤⑤⑩⑪⑫⑬⑮⑮ 23①①③⑥⑦⑨⑨⑭⑭⑮⑯⑯⑯ 24①①③④⑤⑦⑦⑧⑫⑮ 25①①②②⑤⑥⑧⑨⑪⑫⑬⑭⑮⑯⑯ 26②⑤⑥⑨⑩⑪⑫⑭⑭⑭⑮⑯⑯⑯ 27①⑥⑦⑫ 28③⑦⑧⑩⑭ 29②④⑥⑦⑦⑨⑨⑨⑩⑪⑪⑭⑮⑯ 30②③⑤⑥⑨⑫⑫⑭ 31③⑥⑨⑩ 33⑤⑥⑨⑫⑬⑭⑮ 34①②③④④⑩⑪⑫⑯ 35①②⑧⑩⑫⑬⑭ 36③⑧⑨⑨⑫⑭⑮⑯ 37①①②③④⑤⑤⑥⑦⑦⑨⑩⑩⑬⑭⑯⑯ 38②③④⑤⑥⑥⑧⑨⑩⑬ 39①①③③④⑤⑥⑨⑨⑩⑬⑯ 40③④⑤⑥⑧⑨⑩⑪⑫⑬⑭⑮⑯ 41①③⑤⑦⑧⑨⑩⑩⑫ 42②②③③④⑤⑥⑦⑨⑩⑬⑯ 43②③⑥⑥⑨⑩ 45③⑤⑧⑨⑨⑮⑮⑯ 46①②④⑤⑨⑬⑭⑮⑮⑯ 47①②③⑦⑫⑫⑭⑯ 48①⑤⑤⑧⑧⑨⑩⑬⑮⑯ 49①②④⑤⑩⑪⑫⑭⑭⑯ 50⑤⑦⑧⑨⑨⑪⑬⑮⑮⑯ 51①①②⑤⑥⑦⑧⑩⑯ 52③④⑥⑨⑩⑪⑪⑫⑫⑭⑮ 53①③④⑥⑧⑨⑩ 57④⑦⑦⑨⑪⑫⑬⑭⑮⑯⑯⑯ 58①①②②②④⑤⑥⑦⑧⑩⑩⑫⑮ 59①①④⑤⑧⑨⑨⑪⑫⑫⑭⑮ 60②②③④⑤⑤⑦⑨⑩⑭⑮⑯ 61②③④⑤⑪⑬⑮ 62①②③⑤⑥⑦⑫⑫⑬⑭⑭⑭ 63②④⑤⑤⑨⑫⑭⑮⑯ 64①②②⑤⑥⑥⑧⑩⑫⑬⑬ 65⑥⑦⑨⑩⑪

⑫⑫⑫⑬⑬⑬⑮ 66③④⑤⑥⑦⑪⑬⑭⑮ 67
③⑤⑥⑦⑧⑨⑫⑬ 68③④④⑤⑤⑧⑨⑪⑭
69①②③③④⑤⑥⑦⑦⑧⑨⑩⑪⑫⑬
⑬⑭⑯ 70④⑤⑥⑪⑪⑫⑬⑭⑭⑮
71②⑥⑥⑧⑨⑪⑪⑬⑯ 72⑥⑥⑦⑦⑪⑪
⑫⑭⑯ 73①②②③④④⑤⑤⑥⑧⑧ 76
①④⑤⑦⑧⑪⑫ 77①①②②③⑥⑥⑨⑩
⑩⑪⑬⑬ 78④⑤⑦⑦⑨⑨⑩⑬ 79① 80⑧
⑨⑫ 81⑦⑧⑧⑨⑨⑩⑫⑬ 82④④⑧⑨⑩⑩
⑪⑫ 83④⑤⑨⑩ 84⑥⑨⑫⑬ 85④⑤⑥
87④⑫ 88①②④⑥⑪⑪⑫ 89⑤⑦⑦⑧⑨
90①③④⑤⑤⑦⑧⑧⑩ 91②⑦⑮ 92②③
④ 93⑧⑩ 94① 95④⑥ 96③⑧⑨⑩⑪
97⑦⑧⑨⑩⑪ 98③③⑧⑨ 99①④⑤⑧⑨⑩
100③⑨⑩⑩⑪ 101③⑧⑧ 102②③⑩ 103
③⑦⑩ 104①②⑤ 107⑦⑧⑧⑨⑩⑫ 109
①③④⑥⑫ 110⑦⑧⑩⑬ 111⑦⑦⑧⑬ 112
②⑤⑦⑬ 113④⑤⑤⑦⑨⑨⑩ 115⑥⑧
⑧⑩⑫⑬ 116③④⑨⑩ 117⑤⑨⑨⑫⑫ 118
①①②⑤⑥⑦⑪⑫⑫ 119③③④⑪⑪⑫ 120
⑦⑦⑧⑩ 122①⑤⑩⑪⑪⑬ 123③④⑥
⑥⑧ 124③⑤⑥⑦⑧⑨⑨ 125② 126①①
②②④④ 127③④④⑦⑫⑬ 130②④④④
⑥⑥⑦⑫⑬⑬ 131①②③④⑥⑪ 132②③
136⑧ 137①③⑤⑥⑦ 138⑧ 139③⑤⑪
140③③③⑪ 141⑤⑤⑦ 142②⑤⑤⑥ 143
②⑤⑤⑦⑦⑩⑪ 144⑦⑧⑨⑨ 145②③
③⑨ 146①②③③ 147②③⑥⑥⑨⑩⑩
⑫ 151④⑧ 152③ 153②④④⑥⑥
⑦⑧⑪ 155①③④⑨⑪ 156①③⑤⑧⑨⑩
157①④⑥ 158④⑨⑪⑪ 159②③⑤⑧⑨
160②③③③⑨⑩⑩⑪⑪ 161②③⑤⑥⑦
⑧⑨⑩ 162③④ 163③⑥⑥⑥⑨⑩⑩
⑫ 164①②④⑦⑨ 168①⑩⑩ 170①⑥⑦
⑩ 171②②②③⑧⑨⑩ 172②④⑧173④
⑥ 174② 175②③⑥⑥⑨⑩⑩⑫ 176①
②④⑦⑨ 179④④⑥⑩⑬⑭⑮ 180③④④
⑤⑪⑫⑫ 181⑤⑨⑩⑪⑬⑬⑭ 183⑥⑦⑫⑬

1 84②③⑥⑥⑥⑨⑩⑩⑫ 185①②④⑦⑨
189③⑤⑥⑨ 190⑧⑧⑨ 191⑩⑩⑪ 192③
⑤⑦⑩ 193②③⑤⑤⑤⑥⑦⑧ 194①⑩⑩
195⑤⑦⑧ 196①③④⑤ 197③⑤⑥⑦⑩
⑪ 198①②③ 199②③⑥⑥⑥⑨⑩⑫ 200
①②④⑦⑨ 203⑥⑧⑪ 204④ 205③⑤⑨
⑨ 206①① 207③④⑥⑦ 208①⑥⑩⑪
209⑦⑦⑧⑪⑪ 211④④⑧⑩⑪ 212⑥⑥
213③④⑤⑥⑨ 214④⑨⑩ 215②③⑥⑥⑥
⑨⑩⑩⑫ 216①②④⑦⑨ 219⑧⑧ 220②
⑥⑦ 221①③⑦ 222⑤ 223②③⑤⑥⑧ 224
④⑤ 225④⑥⑧⑩⑩ 226①⑤⑤⑩ 229②③
⑥⑥⑥⑨⑩⑩⑫ 230①②④⑦⑨ 233⑦⑦
235③④ 236①②③⑥⑧⑩ 237①④⑤⑦
⑦⑦⑧⑨⑨ 238③④⑩ 239①④⑧ 240①②
⑨ 243⑨ 244①③ 245①⑨ 246②②⑧⑧
247①②⑦⑩ 249①②④④ 251②③⑩ 253②
②③④⑤⑥⑥⑦⑦⑦

ば （場）　45⑧ 75⑬

ば （接続助詞）　9⑪ 10③③ 12②③⑧ 13⑤
14②⑭ 17⑨⑩ 19④ 21⑦⑧⑩ 22④⑧⑨⑬
2 4 ⑭⑮ 2 6 ⑦⑩⑪⑫⑮⑯ 2 7 ②③④⑦⑮
28⑤⑩⑪⑮ 29④⑪ 31⑤⑥⑦⑧⑮ 36⑩
37⑬ 38⑧ 39⑤⑩ 41⑧ 42①④⑩ 43⑤⑥
⑦⑧⑩⑭ 48⑤⑦⑨⑩⑬⑮ 49①⑮ 51⑨⑪
52①⑥⑦⑧⑨ 53⑤⑥⑦⑩ 57⑤⑭ 58⑨ 59
⑨⑬ 62⑭ 63⑫ 64①③⑨ 65⑬ 66②⑥⑦
⑪⑪ 67⑧ 68⑭ 71⑧⑨⑩ 73②⑤ 76⑩ 81
⑥⑪⑭ 82①⑥⑥ 83③⑧⑪⑭ 84⑤ 88⑥
⑦⑬⑭ 90⑥⑥ 91⑭ 94③⑦ 95①②⑦
⑨⑩ 96④⑥ 101⑨⑫ 102⑥⑦⑧ 104③ 109
⑤ 111② 115⑦⑫ 117⑧ 131⑫ 136②⑥
⑧ 137④② 138⑨⑨ 139⑪ 140②④⑩ 143
⑨ 144⑫ 145⑥⑦ 147④ 152④⑧ 153⑤ 156
② 157④⑩ 160⑧ 161④ 163④ 164⑤ 172
① 175④ 176⑤ 181③ 184④ 185⑤ 190⑧
191⑪ 193⑪ 194②⑦ 195② 199④ 200⑤
203⑪ 205① 209⑤⑦ 215④ 216⑤ 220⑨

海外新聞総索引　115

⑨ 221⑤⑥ 224⑥ 226⑤ 229④ 230⑤ 233⑥ 235④ 236③ 237③⑨ 240② 247⑧ 249⑤ 251② 252①

パーチメン 226③

ハアトム 【人名】 122⑧

ハートン 【人名】 46⑧

ハーム 【人名】 160⑪

ハアムストン 【人名】 124③⑩

パアムストン 【人名】 121③

ハーリー 【人名】 45④⑤ 82⑥

ハアルトウ 【人名】 75③

はいか （配下） 25⑮ 26⑭

はいぐう （配偶） 35⑨

はいぐん （敗軍） 182⑦ 248⑤
　《連用形》— し 183⑫

はいげふ （廃業） 94⑤

はいしす （廃止）
　《連体形》— する 139③

はいじゆ （拝受） 136③

はいす （廃）
　《未然形》— せ 139②

はいす （拝）
　《連用形》— し 212②

ばいす （倍）
　《連用形》— し 95② 112⑥
　《終止形》— す 107⑨

ばいぞうす （倍増）
　《終止形》— す 181⑭

ばいばい （売買・買々） 13④⑤ 24④ 28⑩ 35⑬⑬ 42⑤ 46⑯ 47③ 59⑪ 60③④ 62③ 73③ 77③⑩ 84⑬ 85⑤ 87⑦ 95⑥ 98⑪ 100⑤ 120⑥⑦⑩ 123⑤ 127① 132⑨ 137⑩ 153⑥⑧ 168⑥ 180⑬ 194⑩ 204③
　《連体形》— する 122⑫ 233⑧

ばいばいとりひき （売買取引） 179⑦

はいぶん （配分） 100③

はいぼく （敗北） 205⑦
　《未然形》— せ 99① 208⑧

　《連用形》— し 65④

はう （方） 15⑯ 16⑫ 17④ 21⑬ 25⑭ 26⑦ 37⑦⑯ 41⑫⑬ 45⑤ 46⑯ 51⑥ 52⑥⑪ 53⑩ 58⑤ 59① 62⑮ 63② 66⑥ 67⑮ 75⑩⑮ 76⑫ 78① 81⑥ 82⑤ 88⑪ 90①④⑥ 102⑦ 116⑧ 117⑩ 119⑦ 124⑧ 127② 130⑥⑥ 140⑨ 141⑤ 157③⑥⑧ 159④④ 167⑥ 196⑥ 205⑧ 206① 207⑦ 208③ 213③ 224② 234② 253④

はう （砲） 154③

はうがく （方） 196⑤

ばうぎよ （防禦） 21⑪ 23④ 29⑪
　《未然形》— せ 81⑧

ハウス 121⑨

はうせい （砲声） 27⑮

ばうぜん （茫然）
　《連体形》— と 212⑨

はうだい （砲台） 15⑦ 25⑦ 33⑫ 33⑬

ハウハキ 【地名】 126⑪

はうはつす （砲発）
　《未然形》— せ 53⑨

はうむる （葬）
　《未然形》— ら 111⑬
　《連用形》— り 52④

ばうめい （亡命） 95③

パウン 【貨幣単位】 41⑩ 47⑫ 71⑪

はかばかし （敷）
　《連用形》— しく 49③

はからずも （計・不計） 66⑦ 83⑨ 89⑬

ばかり （許）（副助詞） 15⑩⑩ 16② 29⑩ 39⑪ 41⑧ 52⑫ ⑫ 57⑮ 60⑯ 62⑭ 63⑦ 75⑤ 77⑪ 87④⑪ 89①⑮⑯ 99⑦ 102⑨ 115⑥ 140⑤ 142⑦ 158⑦ 172③ 191① 193⑤ 206⑨ 245⑥

はかりがたし （計）
　《已然形》— けれ 48⑩

はかりこと 191⑦

はかりみる （測見）

116

《連用形》— み　60⑭
はかる　（計・量）
　　《未然形》— ら　27⑨ 61⑯
　　《連用形》— り　41⑧ 66⑯ 75⑮ 107⑦
　　　109④
　　《已然形》— れ　75⑬
はきだす　（吐出）
　　《連用形》— し　13⑭
はくしよく　（白色）　179⑨
はくじん　（白人）　26⑩
ばくだい　（莫大）　161⑨ 173⑩
ばくち　（博奕）　159⑤
はくらい　（舶来）　147⑧ 163⑧ 175⑧ 184⑧ 199⑧ 215⑧ 229⑧
はくらんくわい　（博覧会）　236⑧
はげし　（烈敷）
　　《連用形》— しく　15⑧ 69⑥ 136⑧ 234⑩
　　《連用形》— しかり　120⑩
はこ　（箱）　66⑮ 179⑪
はこだて　（箱館）【地名】101⑦
はこびいる　（輸入）
　　《連用形》— れ　10⑮
はさむ　（挟）
　　《連用形》— み　75⑥
はし　（橋）　15⑮ 136⑨
はしご　（階子）　50⑮
はしばし　（橋々）　33⑦
はしぶね　（端舟）　72⑬⑬
はじまり　（始）　69④ 145②
はじまる　（始・創）
　　《連用形》— り　81⑭ 122⑬ 180⑨
　　《終止形》— る　36⑭
　　《連体形》— る　126②
はじむ　（始）
　　《連用形》— め　11③ 33⑪ 65④ 91⑩ 112⑤ 211③
　　《連体形》— むる　48① 116③

はじめ　（初・始）　35⑧ 42⑩ 49② 72⑬ 82⑥ 103⑦ 221⑨
はじめて　（初・始・初而）　16④ 23③ 33⑬ 50③ 69⑦ 75⑫ 100③ 111⑧ 143③ 144② 145③ 146⑤⑨ 159⑧ 168⑤ 190⑩ 193⑨ 195③ 197④ 211⑥ 226⑥ 237⑧⑨
ばしや　（馬車）　66③ 153⑩
ばしよ　（場所）　37④ 45⑧ 57③ 69⑪ 110⑥ 158⑨ 173④⑦ 194⑧ 203⑦
はしよがへ　（場所替）　209⑧
はしりあがる　（走上）
　　《連用形》— り　66⑨
はしりこむ　（走込）
　　《連用形》— み　75④
はしる　（走）
　　《連用形》— り　196⑥
　　《連体形》— る　38⑦
ハシントン　【人名】　92③
はずる
　　《連用形》— れ　130④
はせあつまる　（馳集）
　　《連用形》— り　87⑩
　　《連体形》— る　83⑥
はせきたる　（馳来）
　　《連用形》— り　27⑮
ハセトー　【人名】　223⑨
はせん　（破船）　41③
　　《未然形》— せ　16③ 123③
はそん　（破損）　109③ 203⑦
はた　（旗）　10⑬ 23④ 30⑪⑫
バダール　【人名】　147⑤ 63⑤ 75⑤ 184⑤ 199⑤ 215⑤ 229⑤
はたして　（果）　45⑫ 194①
はたす　（果）
　　《未然形》— さ　67①
　　《連用形》— し　60⑥
はたちぜんご　（廿才前後）　172②
はたもと　（旗本）　48⑮

海外新聞総索引　117

はたらき（働）69⑧
はたらく（働）
　《連用形》―き　61⑤
はだん（破談）76②
はづ（恥）
　《連用形》―ぢ　95⑫
はちくぐわつごろ（八九月頃）37⑬
はちくじふ（八九十）245①
はちくぶ（八九分）93⑨
はちぐわつごろ（八月頃）50⑨
はちぐわつじふさんにち（八月十三日）196⑤
はちぐわつにじふごにち（八月廿五日）219①
はちぐわつはつか（八月廿日）183⑤
はちぐわつふつか（八月二日）179①
はちぐわつみそか（八月晦日）247⑦
はちぐわつみつか（八月三日）243④
はちぐわつよつか（八月四日）30⑩
はちじふしちにん（八十七人）45⑭
はちじふはつせんはちじふにハウン（八十八千八十二）108⑦
はちじふまい（八十枚）224④
はちじふまんドロ（八十万）21⑫
はちじふよにん（八十四人）70⑫
はちじふよんさい（八拾四歳）107⑥
はちじふよんまんにせんバゥン（八十四万二千）79⑦
はちにん（八人）72⑭
はちねんらい（八年来）195③
はちまい（八枚）73⑩
はちまんごせんにん（八万五千人）182③
はちまんよ（八万余）236⑧
はちみつ（蜂密）53⑫
はつ（初）125⑬
はづ（筈）53⑦　65⑬　116⑧
はつか（廿日）47⑬　63①　70③　171⑩
はつさう（八艘）10②　16⑬⑯

はつす（発）
　《連用形》―し　40⑭　82⑧　88⑩　90⑭
はつせんにひやくまんハウント（八千二百万）130④
はつせんにん（八千人）67⑬
ハッテーラ　123③
はつと（法度）159⑥
ばつぱうす（抜放）
　《連用形》―し　66⑨
はつぴやくななじふごまんさんぜんろつぴやくじふろくパウン（八百七十五万三千六百十六）23⑧
はつぴやくにん（八百人）15⑩
はつぴやくはちじふきうこ（八百八十九箇）42⑦
はつめい（発明）40⑫　161⑥　193⑩
　《連用形》―し　117②
ハトラース【地名】72⑩
パトレー【新聞名】81④
はな（花）50⑮
はないれ（花入）36②
はなし（噺・話・談）17⑧　24⑫　31④⑨　43④⑨　45③
はなす（放）
　《未然形》―さ　171⑧
　《已然形》―せ　33⑫
はなちかく（放掛）
　《連用形》―け　15⑧
はなつ（放）
　《未然形》―た　154②
　《連用形》―ち　36⑤　68①　145⑦
　《連体形》―つ　67⑯　189④　212⑪
はなはだ（甚）13④⑥⑮　22①　29⑭　30⑭　33⑭　36⑧　38⑧⑩　47②③　48⑤　52②⑪　57⑧　58⑬　59⑨　60⑨　63⑩　72⑦　73④⑦　77⑬　78⑤⑫　80⑩　82④　85⑤　88⑬　91⑮　92②　93⑧　94③　95②　96③　97⑪　108⑫　111①　112⑪　120⑨　158①　164③　168⑥

176③ 185③ 200③ 216③ 220② 230③ 243
　　　⑨ 246②
はなはだし　（甚敷）
　　《連用形》― しく　136④
　　《連体形》― しき　66⑫ 98④
はなび　（花火）　16②
ハナムース　【施設名】　101③
はなる　（離）
　　《連用形》― れ　41⑪ 116① 244③
　　《連体形》― るる　41⑫
ハニナ　【地名】　132⑦
はね　（羽）　146②
はねる
　　《連用形》― ね　194⑦
　　《連体形》― ねる　194⑤
ハノーバル　【国名】　170①
ハノオホラ　【国名】　183⑭
ハノーボル　【国名】　189③ 205⑧
ハノーポル　【国名】　189⑥ 193⑧
ハノーポルこく　（国）　189⑧
ハノボル　【国名】　71⑥
ハノヲブルこく　（国）　247⑤
ハノヲボラこく　（国）　237⑥
はは　（母）　84⑪
はば　（幅）　40④ 115⑩
はば　（巾）　234⑦
ハバナー　【地名】　89⑯ 90②
ババリヤこく　（国）　247⑥⑧
バヒマース　【地名】　16③
ハビリヤこく　（国）　59⑦
はひる　（入）
　　《連用形》― り　23④⑦⑧ 33⑨⑯ 36③
　　47② 53① 70⑦ 71⑪ 107① 129① 140⑦
　　155⑩ 204⑪
　　《連体形》― る　47⑪ ⑬ 59③ 65⑫
はふ　（法）　10③ 11④ 12⑩ 26⑩⑫⑬ 27①
　　29⑥⑦⑭ 31② 46⑧ 53⑤ 57③⑦ 62⑬⑮
　　65⑫ 66⑤ 82① 83⑤ 91⑮ 109② 125⑩

　　131① 190⑤ 198⑤ 233⑦
はぶく
　　《連用形》― き　140②
はふせい　（法製）　12⑧
はふそく　（法則）　10⑤ 12⑥ 26① 29⑫ 57
　　⑥
はふだて　（法立）　46⑬ ⑬
はふりつ　（法律）　98③
ハムー　【人名】　160④
はや　（早）　60⑬
はやく　（早）　27⑥ 48⑥ 65⑦ 138③ 161⑧
はやし　（林）　39④⑮
はやし　（早）
　　《連体形》― き　153⑤
はやまる
　　《連用形》― り　53⑨
はやりをり　（居）
　　《已然形》― れ　205③
ハヨネヰー　119①
はらす　（晴）
　　《連用形》― し　112②
バラドレ　【地名】　241①
バラバラーキソ　【地名】　43①
バラパライソ　【地名】　173③
はらひかた　（払方）　39⑫
はらふ　（払）
　　《連用形》― ひ　9⑮ 39⑬
ハリイー　【人名】　67⑫
はりがね　（針金）　57⑬⑮ 58①④⑦⑨
ばりき　（馬力）　40⑤
ハリス　【地名】　29④ 37⑥ 61⑤ 70⑦
バリス　【地名】　62⑤
パリス　【地名】　29⑥ ⑪ 138② 157⑨
はりつむ　（張）
　　《連用形》― め　60⑨
はりでつぱう　（針鉄砲）　205⑤
ハリハキス　【地名】　76⑩
はりふだ　（張札）　169③

海外新聞総索引　119

はる　（張）
　《連用形》―り　61①
　《連体形》―る　57⑫⑬　58⑥　193①
はるか　（遥）
　《連用形》―に　28⑧　39⑯　211⑥
ハルテキかい　（海）　37③
バルメートル　【晴雨儀】　61⑥
ハルリス　【人名】　16④
バルンテル　【軍隊名】　72⑥
パレース　【地名】　81⑨　181①
ハレク　【人名】　76③
ハレケツト　【人名】　222⑧
バレシヤー　【人名】　39⑨
ハレス　【地名】　121⑪
バレス　【地名】　130⑩
パレス　【地名】　119②
ハレック　【人名】　82⑬
はれつす　（破烈）
　《連用形》―し　245⑥
　《終止形》―する　16②
ハレンケホーク　【地名】　34④
パロース　【地名】　196④
パロネスフロナヲ　【人名】　40⑪
はん　（半）　10③　239⑩
ばん　（番）　35①　89⑥
ばん　（晩）　38⑯　40⑩　212①
はんぎやくにん　（反逆人）　65⑬
ハンゲレイこく　（国）　238③
ばんこく　（万国）　19②　64⑦　65⑫
はんざつ　（繁雑）　174②
ばんじ　（万事）　11⑯　68⑪
はんじやう　（繁昌・蕃昌）　64⑥　116⑧
　《未然形》―せ　244②
　《連体形》―する　42⑮　112⑥
はんす　（反）
　《連体形》―する　137⑥
パンス　【地名】　169④
はんせん　（帆船）　147⑧　163⑧　175⑧　184⑧　199⑧　215⑧　229⑧
ハンタル　【人名】　25⑩
はんとき　（半時）　40⑥
はんドロ　（半）　62⑫
ばんぺい　（番兵）　33⑬　97⑥
はんまい　（半枚）　204⑦
ばんみん　（万民）　81⑥
はんりん　（半厘）　60①

ひ

ひ　（火）　39①　40⑮　69⑬　144⑤　193⑩　194⑤⑦
ひ　（日）　26②　27⑫　40⑧　59⑧　69⑨　70④　84⑫　90②　94②③⑩⑪　121⑥　125⑬⑬　126①　140⑥　145⑪　151⑨　152⑧⑩　167⑪
ひ　（比）　240①
ひ　（碑）　71①①
び　（美）　36⑧
ピーバルド　【人名】　152⑤
ピーボルト　【人名】　135④　136②
ヒールーン　【国名】　14④
ひかうおくさんす　（比考臆算）
　《連体形》―する　240①
ひかく　（比較）　67⑦
　《已然形》―すれ　59⑨
ひがし　（東）　29③　38⑬　126⑨　160⑩　161②⑦　213③　223⑥
ひかふ　（扣）
　《連用形》―へ　63②
ひかへぜい　（扣勢）　29⑦⑧⑫
ひかへだいとうりやう　（扣大頭領）　46⑤　67④
ひかへをり　（居）
　《連体形》―る　159①
ひかり　（光）　145⑩　⑪
ひかる　（光）
　《連用形》―り　145⑥

ひきあぐ（引上）
　《連用形》ーげ　45⑦
ひきいる（引入・引容）
　《連用形》ーれ　70⑭　84②
ひきうく（引受）
　《未然形》ーけ　90⑤⑦
ひきかふ（引）
　《連用形》ーへ　143⑥
ひきこむ（引込）
　《連体形》ーむ　28⑨　34④
ひきさぐ（引下）
　《連用形》ーげ　30⑮　42⑥⑩
ひきしりぞく（引退）
　《連用形》ーき　89⑭　189⑥　192②
ひきたつ（引立）
　《連体形》ーつる　48④
ひきつづく（引続）
　《連用形》ーき　34①　174②
ひきつる（引）
　《連用形》ーれ　189⑦
ひきとる（引取）
　《未然形》ーら　39⑩
　《連用形》ーり　45⑧　84⑨　125④　151⑥⑧
　《終止形》ーる　119⑤
　《連体形》ーる　36⑪　48①
　《已然形》ーれ　17①　28⑥
　《命令形》ーれ　34③
ひきはらひ（引払）　33⑥
ひきはらふ（引払）
　《連用形》ーひ　28⑧　33④
　《終止形》ーふ　34②
ひきふだ（引札）　18⑪　19②　31⑪　43⑪　64⑦　147①　163①　175①　184①　199①　215①　229①
ひきもどす（引戻）
　《連体形》ーす　59①
ひきやくせん（飛脚船・飛脚舟）　10①　17⑨　21①　31⑤　33①　42⑧　43⑤　45①　57①　64③⑤⑨　65①　79⑦　81①　135①　151①　167①　169⑥　179①　189①　203①
ひきやくや（飛脚屋）　79⑮
ひきやくら（飛脚等）　37⑤
ひきよす（引寄）
　《連体形》ーする　91②
ビキロー　68⑫
ひきわたす（引渡）
　《連用形》ーし　90⑦
ひきゐる（率）
　《未然形》ーゐ　16⑤
　《連用形》ーひ　27⑧　28③　76⑤　81⑪　84⑦
ひく（抽・引・棄）
　《未然形》ーか　76⑧　115⑤⑧
　《連用形》ーき　198⑦
　《終止形》ーく　88⑤
　《連体形》ーく　115⑤⑦⑫
ひぐれごろ（日暮頃）　63③
ひける　《連体形》ーる　115⑧
ひけん（披見）　129⑩
びこう（鼻孔）　69⑭
ひこざうしんぶん（彦三新聞）　233②
ヒコゾー【人名】　243①
ヒコル【重量単位】　47②
ひさし（久）
　《連用形》ーしく　41③　94①　103③
　《終止形》ーし　95⑪
　《連体形》ーしき　61⑮
ひさまづく
　《連用形》ーき　212②
ビシビシ【山名】　38⑯
ひじやう（非常）　9⑭　21⑨　29⑦⑨　48⑨　119④　138⑩
ひす（比）
　《已然形》ーすれ　14⑭
ヒストー【地名】　209⑧

ヒセカセル 【国名】 189③

ひせふたち （婢妾達） 248⑥

ひせん （飛船） 87① 93①

ひせん （卑賎） 239④

ひそか （窃）
《連用形》ーに 33⑨ 48⑯ 51⑤ 137⑦ 154①

ひたたか
《連用形》ーに 66⑧

ひだり （左） 9②⑮ 10⑦ 16⑨ 19⑦ 21① 23⑥⑨ 25⑨ 33① 36②⑯ 45① 49⑨ 53⑩ 57① 59③ 64⑫ 65① 73⑧ 75① 78⑭ 81① 87① 93① 107① 124① 129① 135① 183⑤ 189① 203② 249④

ひつかかる （引掛）
《連用形》ーり 58③

ひつきやう （畢竟） 137⑤

ひつけ （火附） 89①

ひつし （必死） 27⑫

ひつじさる （未申） 196⑥

ひつぢやう （必定） 45⑩ 51⑦

ひつとう （筆頭） 90⑮ 111⑩

ヒテーブン 【人名】 122⑧

ひと （人） 9⑮ 22⑥ 24①⑩⑯ 25⑪ 33③⑭ 34②⑦⑫ 35⑨ 38⑦ 39②⑨ 40⑦ 41⑤ 42①⑮ 45③ 46⑤⑥⑧⑮ 49⑨ 50⑦⑨⑨⑩⑪ 51⑥⑩ 56⑦ 57⑩⑪⑫ 59⑤ 60⑤ 61⑨⑬⑮ 62⑤⑥ 63⑥ 67⑤ 68⑫⑬ 71②⑦ 78⑩ 85④ 91⑬ 93⑪ 99⑧ 102① 110⑤ 111⑤⑦⑦ 112②⑬ 115④⑪ 121④ 124⑤⑥ 125⑤ 130④ 132③⑤⑤ 135④⑥ 137⑤ 140⑦ 143③④⑦ 144①⑥⑧ 146⑥ 153⑤ 154⑨ 155④ 156⑨⑩ 160①④⑨ 161④⑤⑩ 172⑧⑪ 179⑩ 183⑤ 193⑩ 195⑩ 197③④⑤⑥⑥⑩ 198②⑧ 203⑨⑪ 209⑪ 211⑪ 212⑥⑧ 213⑥⑧⑪ 214⑤⑤⑦⑧⑩⑪ 219⑨ 222①⑥⑦ 224④ 225⑨ 226⑦ 236⑤ 237②②⑥⑧⑨ 240⑦ 245④ 246②⑧ 251③⑩ 252③ 253④⑦⑧

ひとかたならず （一方） 90⑭

ひとかたまりもの （一塊物） 145⑤

ひとくち （一口） 24⑥

ひとし
《連用形》ーしく 103⑧

ひとじち （人質） 61⑫

ひとすみ （一隅） 11⑩

ひとつ （一） 25⑧ 51④⑫ 57⑧ 58⑫ 85② 87⑥⑥ 93⑦⑧⑨⑩ 99⑦⑧⑩ 100⑨⑩ 102⑦ 108⑥⑧⑩ 111③ 115⑥ 117⑨ 120⑦⑧⑨ 123⑧⑨ 127②④ 132⑩⑪⑬ 140③ 145④ 160③ 182⑭ 194③ 211⑨ 233② 235⑥⑥⑦⑧ 237⑩ 243② 246②②③

ひとつき （一月） 17⑩ 31⑥ 43⑥ 52⑧ 111⑫

ひとつきあと （一月跡） 111⑫

ひとつこく （一国） 237⑧

ひとところ （一処・一所） 51① 58① 142⑦ 145⑦

ひととほり （一通） 25⑬ 65⑬

ひとびと （人々） 26⑪ 36⑥ 37⑫ 40⑪ 41③ 46⑥ 47⑭ 49②④⑥ 50⑭ 52① 57⑤ 60④⑫ 62⑦ 66② 69④⑧⑨⑪⑫ 72⑪⑭ 73⑧ 87④ 88②⑦ 93⑦ 109⑦ 118⑧ 124⑪ 137⑥ 147③ 152⑥ 163③ 175③ 184③ 199③ 211③ 214⑥ 215③ 229③

ひとま （一間） 51①

ひとり （一人） 13① 21⑤⑩⑭⑮ 25⑪ 30①⑧ 51⑬ 57③ 58⑪ 65⑭ 66④ 72⑥ 77⑬ 82⑧ 83⑧ 139⑨ 145② 154①② 162⑤ 221⑪

ビニシヤ 【地名】 171⑧ 204⑩ 136⑪

ピニターたいはう （大砲） 119⑦

ひのえとら （丙寅） 233②③ 243②

ひばう （費亡） 96⑦

ひび（日々）　70⑫ 83⑫ 93⑨ 159③ 167⑪ 170⑨ 223⑦⑧
ひびき（響）　39③ 154④ 194⑦ 244⑥
ひびく（響）
　《連用形》―く　152④
ひふん（悲）　88⑦
ひま（暇）　17② 31⑦ 41⑭ 43⑦
ひめ（姫）　206⑤
ひめぎみ（姫公）　15③
ひめみや（姫宮）　71⑦⑧
ビヤ　34⑫
ひやうぎ（評議・評義）　12④ 16④ 21④⑤ 22⑫ 26⑦ 34⑮ 46⑬⑭ 77② 80⑦ 84⑫ 93③ 155⑨ 181③ 183⑦
びやうき（病気）　35⑦⑩ 41⑮ 68⑩ 69④ 70⑨⑮ 207④ 233⑨
　《連体形》―する　58⑬
ひやうぎちゆう（評議中）　10④
びやうきやうじやう（病気養生）　5⑪
びやうしやう（病床）　66⑨
ひやうぢやう（評定）　155⑧
ひやうぢやうしよ（評定所・評定処）　9④ 10③ 11②④⑨ 21④④ 22①⑤⑦⑪⑫ 25⑧⑨ 26⑤⑫ 28⑨ 29⑭ 33⑪ 34⑤⑥⑧⑬ 35③ ⑩ 39⑧ 41⑫ 47⑬⑭ 48⑥ 49① 50④ 57⑧ 58⑭ 68④ 77①⑨⑬ 78⑭ 89⑩ 99③⑤ 100① 112⑤ 124⑦⑧⑨ 126⑥ 139⑤⑧ 155⑧ 161⑪ 167⑤ 172⑦ 179③ 183⑦ 203⑤ 207① 220⑥ 222③ 223⑪ 237⑤
ひやうぢやうしよづめ（評定所詰）　34⑭
びやうにん（病人）　50⑪ 70⑪⑭ 72⑪
ひやうばん（評判）　87④ 117② 151⑥ 234⑥
びやうま（病間）　66⑧
びやうめい（病名）　69⑥
ひやうらうるい（兵粮類）　170⑦
ひやうろん（評論）　47⑭ 48⑥ 50④⑧

びやうゐん（病院）　50⑪⑪ 70⑫⑬ 121⑫
ひやく（百）　87⑩ 115⑤
ひやくいちまい（百一枚）　235⑥
ひやくきうじふななまい（百九拾七枚）　16⑩
ひやくきうじふまんバウン（百九十万）　79②
ひやくきん（百斤）　47② 52⑬ 53⑪ 73⑤⑨ 120⑪ 246③
ひやくさんじふさんまんさんぜんはつぴやくはちじふにパウン（百卅三万三千八百八十二）　59⑦
ひやくじふきうまい（百十九枚）　16⑩
ひやくじふごメレン（百十五）　59⑬
ひやくじふまんトルラル（百十万）　59⑩
ひやくしやう（百姓）　12⑬ 29⑮ 75④
びやくだん（白檀）　73⑩
ひやくにじふ（百二十）　115⑤
ひやくにじふに（百廿二）　155⑩
ひやくにまんさんぜんにひやくじふにハウン（百二万三千二百十二）　108⑩
ひやくにん（百人）　15⑩ 28⑮⑮ 49⑥
ひやくにんあまり（百人余）　156⑨
ひやくねん（百年）　39④
ひやくねんまへ（百年前）　213②
ひやくねんらい（百年来）　41⑨
ひやくひろ（百尋）　57⑯ 58⑥
ひやくまい（百枚）　16⑫
ひやくまん（百万）　49⑭
ひやくまんきん（百万斤）　52⑩ 59⑭
ひやくまんどる（百万）　244⑧
ひやくまんドルラル（百万）　67⑧
ひやくまんパウン（百万）　59⑤
ひやくもじ（百文字）　224④
ひやくよんじふいちばん（百四十一番）　18⑬ 31⑪ 43⑪
ひやくよんじふかうり（百四十行李）　80⑦

びやくらふ（白臘）24⑧ 42⑬ 51②
ひやくりやう（百輛）45⑮
ひやくろくじふはちまんバウン（百六十八万）
　　　59④
ひやくろくじふまんドルラル（百六十万）
　　　221⑪
ひやくろくメリン（百六）59⑭
ヒヤナ【地名】208⑪
ビヤナー【地名】158③
ヒヤナス【地名】60⑧
ヒヤノー【地名】209⑥
ひようてん（氷点）38⑤ 60⑨
ひらきみる（開見・披見）
　《連用形》ーみ　65⑧ 179⑫
ひらく（開）
　《未然形》ーか　91② 171⑨
　《連用形》ーき　42⑯ 48⑬ 84⑧ 147⑦ 160
　　⑪ 163⑦ 175⑦ 184⑦ 194⑥ 199⑦ 215
　　⑦ 220⑥ 223⑪ 229⑦ 237⑧
　《終止形》ーく　90⑨
　《連体形》ーく　36⑬ 95⑫ 136⑨ 220⑥
ひらける（開）
　《連用形》ーけ　109②
ひる（昼）145⑩ 203⑤
ヒルウ【国名】77⑥
ビルー【国名】39⑧⑩
ピルウ【国名】14④
ビルーこく（国）39⑩
ヒルボクシロベリヰン【国名】47⑥
ひれ（鰭）146①
びれい（美麗）
　《連用形》ーに　36⑤ 72⑦
　《連体形》ーなる　102⑧
ひろがり（広）88⑨
ひろがりをり（居）
　《連体形》ーる　161⑦
ひろし（広・廣）
　《連用形》ーく　49⑥ 57⑨ 135⑥ 143⑪

　　156⑧ 161⑩
　《連体形》ーき　40⑥ 182⑧
ビロナ【地名】191④
ひろひあぐ（拾揚）
　《連用形》ーげ　102⑦
ひろむ（広）
　《連用形》ーめ　214⑨ 251⑧
ひん（貧）241②
　《連体形》ーなる　154②
びん（鬢）212⑦
ひんきう（貧究）69③
ひんじん（貧人）152⑤⑥ 154⑪
ひんぷ（貧富）69④
びんらうじ（檳榔子）73⑨

ふ

ふ（経）
　《連用形》へ　179⑫ 21⑦
ぶ（部・分）11①⑮ 13③⑧ 14③⑧⑬ 15
　⑤ 21③ 25④ 28⑯ 29⑬ 30④⑦⑯ 33②
　35⑤⑯ 36⑮ 37⑪⑮ 38⑫⑮ 39⑦⑭ 42⑭
　45② 46⑫ 47⑤⑩ 48③⑪ 49⑧ 50② 57
　② 61⑧ 62⑩⑯ 65③ 68②⑦ 69⑮ 70②
　⑯ 71④ 75② 76⑬ 77④⑧ 78③ 81②
　82② 84④⑩⑯ 85⑦⑩ 87②⑨ 88⑮ 89④
　90⑫ 91⑤ 93②⑫ 94⑫ 95⑤ 96② 97②
　98⑩ 99②⑫ 100⑦⑫ 101⑥⑪ 107③ 112
　④⑨ 113② 115② 118④⑩⑬ 119⑥⑨⑬
　120③⑥ 121②⑩ 122④⑦ 123⑤ 124②⑫
　125⑦⑫ 126⑫ 127① 129③ 130① 131⑤
　⑩ 132①⑨ 135③ 138①⑤ 139④ 141③ 142
　①④ 147① 151③ 152⑪ 153⑨ 155⑦ 156
　⑥⑪ 158②⑥⑩ 163① 167③④ 169①⑨
　170⑤⑫ 171⑤⑦ 172⑥ 173② 175① 179
　②② 180⑭ 181⑦⑪⑬ 182②⑥ 183⑤ 184
　① 199① 204⑧ 205④ 207⑨ 215① 219
　⑤ 220⑤⑪ 222②④⑨ 229① 233④ 234

⑤ 235⑨ 237④ 238①②⑦
ぶあひ（歩合） 109⑫
ふい（不意） 34⑤ 179⑦ 189⑤
フイリヘイル 236④
ふう（風） 57⑪ 61⑪
ふうう（風雨） 109④
ふうか（富家） 95⑧
ふうき（富貴） 69③
ふうせつ（風説） 9⑩ 12⑯ 36⑭ 46④ 49⑭ 81⑩ 119③ 122⑤ 125③⑧ 171③ 235⑩ 247⑥
　《已然形》ーせ 76 ⑨
ブーツ【人名】 66⑬ ⑭ 67④
ふうひやう（風評） 81⑫ 89⑫
ふうふ（夫婦） 51⑤⑨⑩ 52⑧
ふうふどうしよ（夫婦同所） 172⑨
ふうぶん（風聞） 10⑩⑪ 13⑯ 14⑨ 37⑥ 41⑬ 46①⑧⑮ 49⑬⑮ 71⑥⑦ 84⑥ 87③ 99① 170③ 181⑤ 183③⑮ 209⑤
ぶか（部下） 233⑩
ふかさ（深） 40④ 57⑮ 58⑥⑥ 117⑥
ふかし（深）
　《連体形》ーき 41⑧ 57⑬ 236⑤
　《連用形》ーく 95⑫ 97⑪ 102②⑥ 109⑦ 135⑨
　《連用形》ーかり 78⑩
ふがふ（符合） 47⑮
ぶき（武器） 91⑫ 92② ⑥ 98⑨
ふきあぐ（吹上）
　《連用形》ーげ 117⑧
ふきいだす（吹出）
　《連用形》ーし 39①
　《連体形》ーす 39③
ふきたほす（吹倒）
　《未然形》ーさ 247①
ふきながす（吹流）
　《未然形》ーさ 72⑫
ふきはまり（不極） 26① ② 29⑭

ぶぎやう（奉行） 61⑬ 68⑮ 81⑧⑪ 82⑪ 132⑤ 234②
ふきをり（吹居）
　《已然形》ーれ 39②
ふく（吹）
　《連用形》ーき 60⑪ 61⑦
　《已然形》ーけ 38⑥
ふく（服） 119②
ぶぐ（武具） 82④
ふくしやう（副将） 28④
ふくしやうぐん（副将軍） 222⑧
ふくじゆう（伏従）
　《連用形》ーし 170⑨
ふくしよく（服食） 96③
ふくす（服）
　《未然形》ーさ 237②
　《連用形》ーし 65⑨ 237⑨
ふくす（覆）
　《連用形》ーし 72⑬
ふくとうりやう（副頭領） 78⑫ 122⑧
ふけいき（不競気） 46⑯ 68⑥ 99⑦ 108⑫ 137⑩ 235⑥ 246②②
　《連用形》ーに 14⑪ 30⑭ 42② 63⑩ 68⑭ 180⑩
　《終止形》ーなり 59⑪ 120⑩
ふこく（富国） 88⑥
ふし（父子） 95⑫ 252③
ぶじ（無事） 154⑩
ふしぎ（不思議） 69⑫
　《連用形》ーに 102③ 154⑧
　《連体形》ーなる 110⑨
　《連体形》ーの 212⑨
ふじこう（不時候） 235③
ふじさん（富士山） 41⑧
ふじつ（不日） 138②
フジニアー【国名】 89⑪
ふしやう（富商） 222①
ふしようち（不承知） 13⑮ 37⑩

ふしをり（臥居）
　《連用形》―り　66③
ふしん（不審）　40① 49② 233⑥
ふじん（婦人）　51⑥ 69② 95⑥
ふじん（不仁）　111②
ふす（附）
　《連用形》―し　197⑧
　《連体形》―する　19② 64⑦
ふぜうす（富饒）
　《連体形》―する　9⑦
ふせぎ（防）　61⑤
ふせぎかた（防）　21⑯
ふせぎがたし（防難）
　《連用形》―く　33⑭
ふせぎかぬ（防）
　《連体形》―ぬる　179⑩
ふせぐ
　《連用形》―ぎ　198⑧ 209⑦
ふそく（不足）　34⑦ 48⑧ 49⑫ 120⑧ 195⑥
ふぞく（附属）　33⑥ 83⑦ 179③
ふだ（札）　16⑩ 41⑬ 126② 140⑦ 155⑩
ぶたい（舞台）　65⑯
ふたくち（二口）　35⑫
ふたごころ（二心）　63⑯
ふたしな（二品）　34⑪ 40⑬⑮⑯
ふたたび（再・復）　22⑬ 33⑫ 36⑬ 41⑤ 47⑧ 89⑫ 97③ 145⑦ 155⑨ 180⑨ 225②
ふたたる（二樽）　194⑥
ふたつ（二）　81⑫ 117⑤ 145⑪
ふたとき（二時）　140⑤
ふたとほり（二通）　117⑨
ふたま（二間）　51①
ふたり（二人）　48⑮ 51⑦⑧ 66⑨ 83⑩ 89⑪ 162④ 206⑨ 245⑥
ふたりのり（二人乗）　234⑧
ふち（扶持）　93⑤

ふつ（仏）　81⑬⑭ 97⑧ 169⑦
ふつう（不通）　77⑥
ふつうよう（不通用）　168⑦
ぶつか（物価）　103⑨
ふつがふ（不都合）　57⑦ 97⑪
ふつかふたや（二日二夜）　246⑩
ふつこく（仏国・佛国）　36⑩ 48⑩ 100③ 107⑤ 239⑧
ふつこす（復古）
　《未然形》―せ　244④
ふつたう（沸湯）　245⑦
ぶつだう（仏堂）　102⑪
ふつてい（払底）　73⑦ 99⑨
ぶつぴん（物品）　96⑦
ふてい（不底）　93⑦⑧
ふでき（不出来）　113⑪
ふと（不度）　39⑯
フドアレキ【海名】　208②
ふどうい（不同意）　75⑮
ふとし（太）
　《連用形》―く　58④
ふなあし（舟足）　40⑥
ふなおろし（船卸）　122⑥
ふなかた（舟方）　160④
ふなぢ（舟路）　161④
ふなどめ（舟止・船留）　33⑨ 35① 129⑬
　《未然形》―せ　130⑪ 243⑧
ふなに（舟荷）　47①
ふなのり（舟乗）　195⑫
ふなびと（舟人）　144⑨
ふなもち（舟持）　131⑥
ぶなん（無難）　226⑧
ふね（船・舟）　10⑫ 14⑥ 16③④⑭ 24⑮⑯ 25①③ 28⑪ 30⑬⑬⑬ 33⑧⑧⑨ 34⑯ 35①①② 37④ 40③⑦ 41④ 51④ 52③ 53① 61⑭ 65⑪ 72⑧⑫⑮ 76⑩ 79⑨ 90①⑥ 91⑭⑯ 92①④ 98⑥ 112⑫⑬ 113① 117⑤⑧⑪ 119⑦ 122⑤ 123② 139

⑨⑪　140④⑧　144②⑤⑫　160①③　162⑥　169⑥　193⑦　195③⑨⑨　196③⑤　198⑥　212⑨　234⑥⑦⑨　244①　245⑤

フヒシル　【地名】　15⑦

ふぶんめい　（不分明）　84⑨

フホオツレスマンルーヲ　【地名】　118⑤

フホーツレスマンロー　【地名】　122⑨

ふぼく　（浮木）　226④

フホツレスマンルーヲ【地名】　113⑥

ふみ　（文）　118⑨

ふみこむ　（踏込）
　《連用形》―み　66⑧

ふむき　（不向）　127④

フムプトン　【人名】　82⑧

ふもと　（麓）　102①

ふゆ　（冬）　14⑪　38④

ふゆう　（不融）　179⑥

ふゆきとどき　（不行届）　88⑬　180⑧

ふよ　（附与）
　《連用形》―し　181⑤

ぶらい　（無頼）　83⑫　159⑥

ブライキレー　【人名】　164⑤　176⑤　185⑤　200⑤　216⑤　230⑤

ふらう　（浮浪）　81⑪

ふらち　（不埒）　111②

フラレムタニ　【地名】　251③

フラヰギ　【人名】　63⑤

フランケー　【貨幣単位】　119⑪⑪

フランケフホットこく　（国）　237⑦

フランケホール　【地名】　183⑩

フランス　（仏蘭西）　9⑫　10②⑩　12⑮　15②　37⑦　38③　48⑧　61⑥　70⑦　76⑭　81④⑨⑬　83⑮　95③　167①　169①　180⑭　209④　219⑤　235⑨

フランスこく　（国）　24⑮　27⑦　28⑯　29②　33⑧　35⑯　37⑥　38②　47⑩　50⑬　68⑦　76⑬　81②　87⑨　93⑫　99⑫　107④　118⑬　121⑩　124⑫　130①⑬　138①　158⑩　203⑨　204⑧　246⑤　249⑨⑨

フランスこくわう　（国王）　37⑫　59④　91①　137③

フランスじじやう　（事情）　9③

フランスじやうか　（城下）　119②

フランスわう　（王）　119③

ブリキンレイヂ　【人名】　75⑬

フリツキ　68⑥

プリンス　87⑤　88⑧

プリンスウヲン　【人名】　35⑦

ふる　（降）
　《連用形》―り　160①
　《連体形》―る　60⑫　61①　235①

ふる　（触）
　《連用形》―れ　16③　67③　75⑦　83⑤　111③　181⑤　244⑥

フルイス（仏郎西・沸郎西）【国名】　179⑬⑮　180③　181⑤　236⑤

フルイスこく　（払郎西国）　119⑥　120①

プルイス　（国）　247④　248①①

フルイスりやう　（沸郎西領）　180④

ふるぎ　（古着）　23⑧

ふるし　（古）
　《連用形》―く　179⑪
　《連体形》―き　39⑯　41⑨　115⑨　117④　194③　197④　198③

ブルシヰルこく　（国）　22⑫

ふるふ　（震）
　《終止形》―ふ　117⑧

ふるまひ　（振舞）　83⑫

ふるまふ　（振舞）
　《連用形》―ひ　88①

ふれ　（触）　151⑦⑧

ふれいだす　（触出）
　《未然形》―さ　244④
　《連用形》―し　9⑤　81⑯　83⑭　84⑥　90⑨　97⑤　131⑫
　《已然形》―せ　83⑪　98⑧　191③

フレーギユー 【地名】 189⑥
ふれおく （触置）
　《連用形》ーき 81⑮
フレギットー 【船名】 14⑤
フレゲットー 【船名】 10⑫ 38⑭
フレケンシー 【人名】 89⑨⑨
ブレケンレジー 【人名】 82⑥ 96⑩
フレシールかい （海） 16⑥
フレシス 37⑫
ふれしらす （触知）
　《未然形》ーせ 121⑦
プレスイル 【国名】 118⑫
プレスヰルこく （国） 118⑪
ふれまはす （触廻）
　《已然形》ーせ 141④
ブレンス 10⑧
プレンセストプレンスト 【人名】 50③
フロイス 【国名】 157⑤ 183⑪⑫⑮ 189⑦
プロイス 【国名】 136⑦ 180②④ 181④⑫
　183⑧⑩⑭ 205⑧⑨ 207⑩ 208⑨ 209⑥ 219
　③⑩ 220⑤ 221④ 237⑩ 238③
フロイスこく （国） 138⑤ 169⑨ 170⑥ 171
　① 189⑩
プロイスこく （国） 36⑯ 136⑪ 138⑥ 151
　⑤⑧ 157① 158④ 181⑦⑮ 189③ 205
　①⑤ 221①
プロイスこくわう （国王） 136⑩ 223⑩
ブロイスこく （国） 151④
フロイセン 【国名】 10⑤
プロイへこく （国） 179⑭
フロウレン 【貨幣単位】 209⑪
フローレンセン 【地名】 13⑨
フロテラ 16⑭
プロトンプランケー 【地名】 27⑩
フロリスタントしう （宗） 190④
フロヰス 【国名】 37① 36①⑮ 37⑤⑥⑦⑨
フロヰスこく （国） 48③
プロヰスこく （国） 29⑬ 36⑯ 37④ 62⑩

プロヰスこくわう （国王） 59⑤
プロヰスりくぐん （陸軍） 37⑤
フロヰセン 【国名】 11⑧⑩⑪
プロヰセンこく （国） 11①②
ブロン 【地名】 208⑨⑪
ふわ （不和） 89⑨
フワテラ 16⑯
フェンくみ （組） 116①
フヲーソレツマンロー 【地名】 25⑦
フヲーワレスマンロー 【地名】 72⑨
フヲツレスマンロー 【地名】 89⑤
ぶん （分） 49⑫ 71⑮ 78⑮ 79①②③④⑤
　⑩ 80⑤ 83④ 109⑩ 124④
ぶんがふ （分合） 110①
ぶんきやう （分境） 180⑦
ふんくわざん（噴火山） 101⑫ 102④
ふんげき （憤）
　《連用形》ーし 94⑤
ぶんご （文語） 46⑭
ぶんさん （分散） 167⑤ 179⑧
ふんしう （憤愁） 78⑧
ぶんしやう （文章） 31⑧ 43⑧
ぶんつう （文通） 33⑩ 37⑯ 41④ 47③⑮
　49⑤ 52⑯ 53③⑧ 63⑭ 70④ 73⑤ 90⑮
　⑯ 131②
ぶんぱいなす （分配）
　《連体形》ーなす 95④
ふんぱつ （噴発） 102④
　《連用形》ーし 101⑫
ぶんぶ （文武） 88⑤
ぶんめい （分明） 26⑫ 45⑧ 63⑮ 64② 65
　⑩ 92④ 183⑯
ぶんめん （文面） 66⑮

へ

へ （格助詞） 10④ 11⑤ 15⑯ 16①④⑤⑥
　17①④ 22① 25⑤⑧⑨ 26⑤⑦⑬ 27⑪⑫

128

28② 29① ⑭ 34④ 35③ 37⑫ 39⑧ 40②
③⑨ 41⑬⑭⑭⑭⑯ 42①③③ 45③⑪ 46
⑧ 47⑯ 48⑦⑫ 49①⑦⑨⑪ 50④⑨⑩⑪
⑫ 51⑫⑬ 52④ 53④⑧ 57⑫⑬ 58⑫⑭⑮
60⑥ 61⑨⑩⑭⑯ 62①④④⑪⑮ 63⑪ 64③
③ 65⑯ 67⑥⑦⑨⑪⑮ 68⑧⑧⑨⑯ 69⑬
70⑥⑧⑧⑩⑪⑪⑭ 71⑥⑯ 75⑥⑫⑮ 76①
②②②③④⑤⑨⑫⑭⑮ 77①⑥ 78①②
②⑤⑥⑦⑧⑩ 80④ 81③⑤⑤⑨⑪⑫⑬⑭
82①①③⑨⑩⑫⑬ 83③⑪⑮ 84②⑤⑤⑦
⑦⑨ 85②③⑤⑪ 87③④⑤⑩⑫ 88①②
⑦⑪⑪ 89②⑥⑧⑩⑭ 90①③④⑤⑯
91①⑥⑨⑩⑪⑭ 92②⑤ 93④⑤ 94⑥⑨
95③⑧ 97⑦ 98①②④⑤⑯ 99③⑩ 100②
③⑨ 101④⑦⑧ 102②⑩ 109⑧ 110⑨
111④⑨ 112②⑩ 113①⑨ 115④ 116⑤⑨
⑫ 117③③ 118⑥⑨ 119②④⑦ 120① 122
② 124⑬ 125④⑨ 126④⑨⑫⑬ 129⑥⑧⑩
⑪⑫ 130⑨⑪ 131⑥⑥ 132②③④⑤⑦⑧
136⑩ 137③④ 138⑥ 141④ 144⑫ 147⑪⑪
151⑥⑪ 152⑤ 155⑧ 156④ 157①⑨ 158
③ 160⑩⑩⑪⑫ 161② 162① 163⑪⑪
167⑥⑨ 168① 169③⑦⑧ 170⑦⑨⑩ 171
① 173⑨ 175⑪⑪ 180①③ 181①⑤⑫⑮
182④⑩⑫⑬ 184⑪⑪ 192⑤⑩ 193⑪ 196
⑥⑧ 199⑪⑪ 203⑤ 204⑩ 205②⑧ 209
④⑥ 213②④ 214⑥ 215⑪⑪ 220① 221
① 224⑤ 226④⑥⑧ 229⑪⑪ 234⑦ 235
⑩ 236②⑩ 237⑤⑥ 239① 243⑪ 247⑤⑥
248①⑨⑨

へい （兵） 26⑧ 27⑯ 29⑦ 33⑥ 45⑬
⑬ 48⑧ 59① 63⑬ 72⑦⑦ 76⑨

へい （塀） 198⑤

へいあん （平安） 40⑦

へいあんのん （平安穏）
《連用形》ーに 112⑥

へいおん （平穏）
《連用形》ーに 26④⑦ 90⑪

へいきしちよう （兵器輜重） 33④

へいきんす （平均）
《未然形》ーせ 252①

へいじやう （平常） 9⑭ 49⑩ 161⑤ 239
⑨

へいすい （弊衰） 88④

へいぜい （平生） 29⑦ 40⑮ 50⑪ 195⑩

へいそつ （兵卒） 15⑬ 27⑮ 65⑤ 67⑭ 97
④

へいたん （兵端） 26⑩ 36⑬ 84⑧ 171⑨

へいち （平地） 39④ 60⑭ 69③ 160③

へいりよく （兵力） 137①

へう （表） 118⑦

ヘーニ 【人名】 38⑦

ヘーフル 【地名】 197②

ヘーブル 【地名】 237③

ベーフル 【地名】 214⑤⑦

ヘーブルじやう （城） 237⑥

ヘーギユー 【地名】 222⑥

ベール 191⑩

ベキトーイマニユーリル 【人名】 191②

ペキン （北京）【地名】 50⑨

ペクラン 【人名】 28④

ベグラント 【人名】 28②

ペケイ 【地名】 219⑥

べし （可） （助動詞）
《未然形》ーから 21⑧ 158① 220⑨
《連用形》ーく 18⑫ 31⑪ 43⑪ 143⑦ 147
⑤⑩ 163⑤⑩ 164⑥⑧ 175⑤⑩ 176⑥⑧
180① 183⑨ 184⑤⑩ 185⑥⑧ 199⑤⑩ 200
⑥⑧ 215⑤⑩ 216⑧ 229⑤⑩ 230⑥⑧
《終止形》ーし 19③⑦ 34⑭ 37⑥⑨ 64
⑧⑫ 65⑧⑫ 68⑯ 76④ 78①⑬⑬ 82⑬ 83
④ 97⑫ 100⑨ 110③ 111② 113⑦ 115⑩
116⑬ 117⑬ 118⑬ 119⑤ 124⑨ 126⑤⑤
129⑧⑬ 130④ 142⑥ 161⑧ 179⑮ 180⑦
⑨ 223⑦ 234④ 237⑦ 243⑦ 244⑧ 248
⑦ 249④⑤

海外新聞総索引 129

《連体形》ーき　16⑤⑥⑮ 46⑥ 81⑤⑮⑮
82④⑧ 83①⑤⑭ 84⑥⑫ 87④⑤ 88⑤
90⑦⑨ 92① 93⑥ 97⑤ 98⑦⑦⑪ 100④
101⑤⑩ 110⑬ 111③ 112⑩ 113⑤⑨⑨ 115
⑪ 116⑤⑦⑨⑩ 126③ 129⑧ 130⑧ 131⑫
143⑦ 161③⑩ 169③ 179⑤ 182⑪ 221⑪
241② 243⑪ 249③
《已然形》ーけれ　103⑧
ヘシヤダムストダツトこく　（国）247⑨
ベジンこく　（国）50④
へだつ　（隔）
　《未然形》ーて　27⑭
　《連用形》ーて　28⑧ 45⑯ 60⑯
　《促音便》ーつ　189⑪
べつ　171⑥
べつじ　（別事）100⑨
べつして　（別）68④ 71⑤ 138④ 153① 164
　⑦ 176⑦ 185⑦ 200⑦ 216⑦ 230⑦ 235⑦
　249⑤
べつたう　（別当）39⑯
べつだん　（別段）30⑭ 57⑭ 249⑥
べつでう　（別条）41④
ベトマン　【材料名】58⑩
ペニシアン　【地名】144④
ヘニヤン　【地名】192①
ヘニンセコーク　【地名】82⑪
ヘノレイななだい　（七代）252③
ヘヒシヤー　【地名】51④
ヘブロン　【地名】213②
ベベローン　【地名】237⑦
ベベローンこく　（国）237⑩
ベベローンじやうか　（城下）237⑥
ベベロン　【地名】239⑩
ベベローン　【地名】237④⑧
へめぐる　（経廻）
　《連用形》ーり　144①
ペラヤス　【国名】253②
ヘリユス　【神名】237⑥

ベルジニア　【地名】252⑦
ヘルトウ　【人名】75⑤⑤
ヘルドール　【新聞名】33⑯
ヘルナ　【地名】183⑪
ベレイ　【人名】111⑤⑦
ヘレシヨン　【地名】95④
ヘロドー　【新聞名】223⑪
へんか　（変化）61⑥
へんかく　（変革・変格）28⑦ 180⑨
　《終止形》ーす　179⑮
べんぎ　（便宜・便義）109⑪ 183⑤
べんきやう　（勉強）
　《連体形》ーする　57⑨
べんきん　（弁金）221⑦
へんさい　（返済）62⑭
へんじ　（返事）52⑥ 152⑨ 157⑩
ヘンジアムこく　（国）236②
ペンジアンこく　（国）235⑩
へんしやう　（変症）112⑦
へんしよ　（返書）88⑬
ヘンジヨメン　【人名】96⑩
べんず　（弁）
　《連体形》ーずる　24⑫ 27① 37①
べんず　（便）
　《未然形》ーぜ　94③
ヘンズタウレズ　【国名】36⑬
へんたふ　（返答）90②
　《已然形》ーせ　92⑥
ヘントー　【船名】195⑦
ペントンベレー　【地名】63①
へんぱ　（偏頗）49⑤
へんぺき　（返壁）95⑨
べんり　（便利・弁利）17⑨ 28⑪ 31⑤ 41
　⑥ 43⑤ 48⑭ 57⑤ 103④⑩ 104④ 140②
　179⑥⑥ 204②
　《連用形》ーに　109③
　《終止形》ーなり　194⑧

ほ

ぼう （某） 57⑧

ぼうえき （貿易） 17⑨ 29② 31⑤ 36⑬ 43⑤ 48⑭ 109⑪ 129⑥⑦ 131⑥⑧⑬ 144⑪

ぼうえきでうやく （貿易条約） 30③ 36⑬

ぼうけい （謀計） 91⑧

ほうこうにんども （奉公人共） 68⑭

ぼうし （帽子） 155②

ほうしやう （褒賞）
《未然形》ーせ 220⑨

ぼうしゆ （謀主） 89⑨

ボウツ 【人名】 75③⑤⑤⑥

ほうねん （豊年） 120④

ほうび （褒美） 67③ 83⑭ 110⑧ 111③ 192⑧ → ほふび

ホー 【地名】 183⑬

ポーストヲヒス 79⑮

ホートー 【地名】 10⑬

ボートー 【船名】 9⑰

ホートローヱル 【人名】 15⑭

ホーラント 181⑫

ホール 147⑫ 163⑫ 175⑫ 180⑥ 184⑫ 199⑫ 215⑫ 229⑫

ホーレス 【地名】 38③

ほか （他・外） 9⑮ 10⑭ 12⑫ 17① 23⑦⑮ 24⑥ 25⑪⑫⑮ 27⑨ 29⑪ 30⑦ 33⑤⑦⑫ 34⑥⑪ 36④⑦ 45⑭ 47① 48⑮ 49⑩ 50⑭ 59⑪ 65⑨ 69⑧⑪ 71⑮⑮ 80①⑫ 84⑬ 90⑨ 91⑧⑨ 92⑤ 112⑦⑩ 122⑧ 123⑪ 138④ 145⑩ 147⑧ 160② 163⑧ 164⑧ 172⑩ 173⑤ 175⑫ 176⑧ 179⑬ 180⑪ 184⑧ 185⑧ 189⑦ 195⑩ 199⑧ 200⑤ 215⑧ 216⑧ 222① 226⑥⑩ 229⑧ 230⑧ 233⑦ 235③ 239⑩ 240④ 247⑩ 248⑦

ほかう （歩行） 247②

ほかくに （外国） 42③

ポカタレゴー 【橋名】 15⑮

ほかに （外） 30⑪

ほかほか （外々） 170⑩

ホガラ 【人名】 63⑤

ぼく （卜） 103③

ほくぐん （北軍） 16⑭ 34⑤ 75⑩

ほくはう （北方） 15⑭⑯ 16⑭

ほくはうかいぐんかた （北方海軍方） 16④

ほくぶ （北部） 25⑤⑥⑨ 26④⑤⑦⑧⑨⑭ 27②③④⑥ 28⑬⑮ 33⑨⑩⑫⑬ 34⑮ 46⑤⑦ 63⑪⑯ 65⑬ 84① 89⑬ 90③ 97⑨ 118⑧

ほくぶがた （北部方） 45⑮ 83⑨

ほくぶぐんかん （北部軍艦） 53②④⑤⑦

ほくぶしやうぐん （北部将軍） 27⑦ 33③ 45③⑥⑨⑩⑬⑯ 46① 63⑥ 65⑤ 67⑥ 75⑫ 83⑦

ほくぶせいふ （北部政府） 53⑧ 96⑤

ほくぶたいしやう （北部大将） 83⑩

ほくぶだいとうりやう （北部大領頭） 63⑧⑭ 65⑩⑭ 98⑦ 101①

ほくぶやくにん （北部役人） 82⑩

ほくぶりくぐんかかり （北部陸軍掛） 83⑬

ほくへい （北兵） 89⑮

ほし （星） 145⑩⑪

ほしがひ （干貝） 73⑩

ほじよ （補助） 221②

ほそつ （歩卒） 130⑥

ボタンこく （国） 58⑪⑫⑮

ぼち （墓地） 52④

ほつかい （北海） 60⑤

ホック 【人名】 213⑥

ほつす （欲）
《連用形》ーし 46③ 47⑥ 50① 62② 72⑭ 181② 183②
《終止形》ーす 26② 139⑧ 152⑦
《連体形》ーする 23⑤ 26① 27⑥ 29⑮

海外新聞総索引 131

34⑤ 36⑫ 60⑦ 65⑦ 95⑩ 161⑨ 164① 176① 185① 200① 216① 230①
《已然形》ーすれ 31⑧ 43⑧

ほど （程） 21⑭ 39⑥ 40②⑥ 41⑦⑧ 42②⑥⑩ 45⑯ 49②⑬ 59⑧⑩ 60⑭⑮ 65⑤⑥⑩ 67⑧ 69⑪ 70③ 72⑨ 73⑥ 76⑤ 85⑨ 103⑦ 110⑥ 111④⑫ 115⑦⑬ 116⑪ 117⑥ 123①②⑦⑨ 160⑧ 190⑪ 195⑩ 222⑩ 234⑧⑨ 235①

ほどこす （施）
《連用形》ーし 135⑤ 152⑤

ほどなく （程） 29② 45⑩

ほとんど （殆） 90② 103⑤ 144⑤

ほにふ （補入）
《未然形》ーせ 248⑤

ほね （骨） 164② 176② 185② 200② 216② 230②

ホヒーマース 【地名】 211⑨

ホヒミヤ 【地名】 205⑥

ポヒヤ 【地名】 189⑩

ほふび 110⑦

ほへい （歩兵） 28⑭ 30② 36⑥ 45⑪⑫⑬ 63⑭ 111④④⑧⑨ 122⑩ 125②②⑤

ポヘミヤこく （国） 183⑬

ほまへぶね （帆前船） 164⑤ 176⑤ 185⑤ 200⑤ 216⑤ 230⑤

ボム 15⑧

ポムビアイ 102④

ホムフレヱ 【人名】 122⑧

ほやう （保養） 182⑧

ほりう （掘得）
《連用形》ーえ 102③

ほりさぐる （掘索）
《連体形》ーぐる 116⑪

ほる （掘）
《未然形》ーら 102②
《連用形》ーり 37② 198⑥⑦ 203⑨

ボルケヘンド 【地名】 234⑩

ホルトカル 【国名】 53⑨ 119⑬

ホルトガル 【国名】 53⑧ 162①

ホルトガルこく （国） 14⑧ 53①④ 85⑦ 112⑨

ホルトカルせいふ （政府） 14⑨

ホルランドこく （国） 140①

ボルリン 【地名】 30③

ボレカール 【人名】 82⑥

ホレスタンド 【地名】 37⑧

ホヰジャー 【船名】 10①

ほん （本） 159⑩

ほんい （本意） 103⑦

ほんげつ （本月） 15⑭ 35⑨ 125⑬ 208⑧

ほんごく （本国） 49⑯ 91⑩⑭ 101⑧ 125③ 126⑧ 139⑪ 147⑤⑩ 163⑤⑩ 175⑤⑩ 182④ 184⑤⑩ 199⑤⑩ 215⑤⑩ 229⑤⑩ 237② 238⑨ 240⑧

ほんこくわう （本国王） 124⑬

ほんこん （香港） 53⑩ 73⑧

ほんぜん （本然） 159①

ポンヒアイこく （国） 101⑪

ま

マーシュルバリエント 【人名】 10⑨

マーシロナーベーズ 【人名】 39⑧

マーシロバセヰン 【人名】 36⑩

まいさう （埋葬） 124⑩

まいつき （毎月） 19④ 64⑨

まうく （設）
《未然形》ーけ 88⑨

まうけ （設） 138⑧

まうけだか （儲高） 108④⑫

まうしあはす （申合）
《連用形》ーせ 94②

まうしいだす （申出）
《連用形》ーし 45⑪ 116⑤ 179⑤
《終止形》ーす 41⑬

《連体形》ーす　22①　57⑥　63⑪　80④
　《已然形》ーせ　28⑨　57④⑫　67④⑦　69
　　⑬　126④　131⑪
まうしいづ（申出）
　《連用形》ーで　22⑧⑧⑩　26⑤　29⑭　89
　　⑩　110⑨　129⑨　193⑪　209④　221⑥
　《終止形》ーづ　111②
まうしいる（申入）
　《連用形》ーれ　77②
まうしうく（申受）
　《連用形》ーけ　90③
まうしおくる（申贈・申送）
　《連用形》ーり　26⑥　28②　37⑫　45⑥　63
　　①　65⑧　76②　83①　87⑬　88⑪⑬　98⑦　101
　　⑩　139①　152⑧　180③　223⑪
　《連体形》ーくる　223②
　《已然形》ーれ　92①
まうしかでう（申ケ条）　82⑤
まうしきく（申聞）
　《未然形》ーか　113⑥
まうしきたる（申来）
　《連用形》ーたり　27⑧　36⑩　41④　42⑧
　《已然形》ーたれ　23①
まうしこす（申越）
　《已然形》ーせ　50⑦　52①
まうしたつ（申立）
　《連用形》ーたち　168①
　《連体形》ーつる　48⑤
まうしつく（申付）
　《連用形》ーけ　246⑦
　《連体形》ーくる　221⑤
まうしつけおく（申付置）
　《連用形》ーき　25⑬
まうしつたふ（申伝）
　《終止形》ーふ　85⑪
まうしのぶ（申述）
　《連用形》ーべ　47⑬　88⑨
まうしふる（申触）

　《連用形》ーれ　28⑬
まうしやる（申遣）
　《未然形》ーる　70⑪
　《連用形》ーり　49⑨　61⑯　173⑦⑩
まうしわたす（申渡）
　《未然形》ーさ　182⑪　243⑪　244③
　《連用形》ーし　82⑭
　《連体形》ーす　237⑤
まうじん（盲人）　235③
まうす（申・啓）
　《未然形》ーさ　14②　48⑫　112⑤　113③
　　129⑫
　《連用形》ーし　18⑫　60⑤　63⑫　78②　82
　　③④　87⑬　88②　90①②③⑤⑧　101⑧　113
　　⑤　131⑧　164⑧　176⑧　185⑧　200⑧　216
　　⑧　221③　230⑧
　《終止形》ーす　31⑪　43⑪　83①　116⑩⑩
　　147⑤　163⑤　164⑥⑧　175⑤　176⑥⑧　184
　　⑤　185⑥⑧　199⑤　200⑥⑧　215⑤　216⑥⑧
　　229⑤　230⑥⑧　249③⑤
　《連体形》ーす　21⑯　26⑧　38⑧　48⑦　50
　　⑩　51⑯　77⑤　90⑤　112⑪　244①　245⑨　248
　　②　249①
　《已然形》ーせ　35⑩　66⑤⑥
まうづ（詣）
　《連用形》ーで　154⑧
まうゐ（猛威）　82⑦
まかしがたし
　《連用形》ーく　143⑨
まかせおく（任置）
　《連用形》ーき　88⑪
まかなふ（賄）
　《連用形》ーひ　234③
まきあぐ（巻上・巻挙）
　《連体形》ーぐる　53⑨　117⑦
まぎる（紛）
　《連用形》ーれ　15⑯
まく（巻）

海外新聞総索引　133

《連体形》ーく 58⑩⑩
まく（負）
　《連用形》ーけ 125⑧⑧ 183⑦
まご（孫）237②
まこと（誠）112⑥
まごと（間毎）51②
まことに（誠）15④⑯ 29⑫ 39① 40① 49⑥ 51④ 68⑤ 69⑥ 87⑥ 113⑪ 196⑧
まさる（優）
　《連用形》ーり 51⑥ 62⑥ 116⑦ 235⑤
まじ（助動詞）
　《連用形》（間敷）まじく 22⑤ 39⑤
　《終止形》まじ 65⑦ 90⑥ 190⑧ 221⑥
　《連体形》（間敷）まじき 90⑤
まじはり（交）22⑫⑭ 76⑪ 97⑨ 98④
まじはる（交）
　《未然形》ーら 223④
　《終止形》ーる 37⑥
　《連体形》ーる 47⑭
ます（増）
　《未然形》ーさ 34⑦
　《連用形》ーし 30① 34⑩ 48⑨
　《終止形》ーす 14⑮
　《連体形》ーす 36⑫
マスコー【地名】11⑯
ますます（益々）64⑥ 132⑪ 170①
まぜあはす（交合）
　《連体形》ーする 40⑬
まぜもの 194④
また（又・亦）12⑧ 13⑪ 14①⑩ 16⑤ 18⑪ 19③ 21⑩⑭⑮ 22⑨ 24⑨ 25⑤⑬⑭ ⑭⑮ 26⑪⑭ 27⑩ 28①⑮ 31⑩ 33④ 36 ⑤ 41⑭ 43⑩ 46⑨ 50⑮ 51⑫ 58②⑦⑬ ⑯ 60⑮ 61② 62⑭ 63④⑯ 64⑧ 65⑫ 68 ⑤⑧⑮ 71② 73⑤ 75⑤⑦ 76⑪ 77② 82 ⑨ 89⑦⑫ 91⑫ 96⑥ 100⑩ 102⑨ 108⑬ 109①⑧⑨ 110④⑨ 111③⑤⑨⑩⑪ 112②⑫ 115⑩ 116④ 118⑧⑫ 120⑩ 122

⑤⑩ 123⑧ 125⑤ 140③⑨ 141② 143④ 145 ④⑩ 146① 147⑧⑩ 162① 163⑧⑩ 164 ⑧ 168⑤ 175⑧⑩ 176⑧ 180⑬ 183⑮ 184 ⑧⑩ 185⑧ 194②② 196⑥ 198⑤ 199⑧⑩ 200⑧ 215⑧⑩ 216⑧ 220⑧ 225② 229⑧ ⑩ 230⑧ 237②⑦⑨ 239① 240① 244② 249⑥ 252⑦
またぞろ（又候）180⑧
または（又）29⑯ 30① 37④ 41⑪ 152① 179⑧ 214④⑩
またまた（又々）42⑩ 46⑩ 70④ 195② 238③ 240⑨
マタモラス【地名】243⑧
マタモラスかう（港）244①
マタロス 10⑮
まち（町）39⑪ 43① 68⑮ 160⑦ 167⑦ 172⑪ 198② 214④ 233⑤
まちうく（待受）
　《連用形》ーけ 45⑤
　《連体形》ーくる 172④
まちがひ（間違）72③
まちがふ（間違）
　《連体形》ーふ 64②
まちぢゆう（町中）67① 167⑧
まちどしより（町年寄）243⑤
まちなか（町中）71⑮
まちぶぎやう（町奉行）10⑨ 71⑬ 84①
まちまち 67⑨ 140⑤
まちもふく
　《已然形》ーくれ 137⑦
まちをり（待居）
　《已然形》ーれ 138④
まつ（待）
　《未然形》ーた 46⑤
　《終止形》ーつ 172①
　《連体形》ーつ 52⑥
まづ（先）25⑯ 50⑧ 69④ 109⑥ 112⑥ 116③ 117⑫ 140⑩ 144③ 157④⑤ 161⑪

212②
まづし （貧）
　《連体形》ーしき　135⑤
　《已然形》ーしけれ　143⑨
まつたく （全）　26⑯ 34⑤⑨ 39⑩ 49⑭ 64⑤ 71⑨⑨ 111⑬ 119③ 126④ 138⑨ 152③
まつりごと （政）　9④⑤
まつる （祭）
　《終止形》ーる　94⑫
まで （迄）（副助詞）　12⑨ 25⑦ 28⑥⑨ 37⑯⑯ 38④⑧ 40⑩ 41⑭ 45⑭ 49⑨ 50⑨ 52⑩ ⑬ 53⑪⑬ 59⑮ 61①②⑤ 62⑭ 63⑫ 67⑧ 68③⑨ 69⑯ 70⑧⑫ 71⑬ 72⑮ 73② ⑨ 76⑩ 78⑤ 80⑧⑨ 81⑦ 94⑪ 98④ 107⑩⑪ 109⑩ 111⑫ 113③④ 115⑤ 116④⑬ 118⑦ 120⑪ 130⑤ 137① 143⑩ 147④ 154⑥ 163④ 170⑥ 171⑩ 172④ 175④ 180③ 183⑤ 184④ 196⑦ 198⑧ 199④ 204⑥ 215④ 219⑧ 222⑩ 223② ③⑦ 224④⑤ 229④ 234⑧ 252⑧
マテネーコ 【地名】　131①
マトラアス 【地名】　129⑨ ⑩
マドレー 【地名】　191⑥
まなぶ （学）
　《連用形》ーび　161⑤
まぬがる （免）
　《未然形》ーれ　49⑤
　《連用形》ーれ　40② 69⑨⑩
まねく （招）
　《連用形》ーき　87⑫ 88①
　《終止形》ーく　42⑮
マハコネ 【植物名】　179⑫
まはす （廻）
　《連用形》ーし　68⑯
まはる （廻）
　《未然形》ーら　28③
　《連用形》ーり　62⑮ 111⑨

　《連体形》ーる　69⑤
マヒダムラ 【地名】　84⑦
まへ （前）　25⑤ 40① 51① 61⑮ 67⑤ 77⑩ 84⑬ 87⑦ 89⑩ 100⑪ 110⑩ 112⑩ 124⑧ 132④ 157⑥ 195① 197⑦ 207② 211① 212①⑤ 213①② 214② 237⑤ 252⑥
まへさうばづけ （前相場附）　59⑯
まへせん （前銭）　19⑨ 64⑬
まへばし （前橋） 【地名】　15① 24⑤ 42⑤ 59⑯ 73① 99⑩ 127③ 153⑦ 204⑥ 246③
まへばしいと （前橋糸）　180⑬
まへまへ （前々）　99⑧ 119③ 179⑥
まほし （助動詞）
　《連体形》ーしき　52①
マホメテアン 【地名】　144④
まま （儘）　22⑪ 51⑩⑪ 61⑮ 154⑦ 204①
まもなく （間）　21⑭ 67④ 240⑨
まもる （守）
　《未然形》ーら　53⑦ 198⑤
　《連用形》ーり　89⑥
　《終止形》ーる　39⑩
　《連体形》ーる　27① 47⑭
マリインボルコ　236④
まるし （丸）
　《連体形》ーき　60⑤ 161⑤
マルタア 【地名】　111⑩
まるみ （円）　118①
まれ （稀）
　《終止形》ーなり　13⑦
　《連体形》ーなる　110④ 112⑦
マレボート 【船名】　10①
マレエンニレソワントレー 【人名】　131②
まわりゆく （行）
　《已然形》ーけ　161④
まゐる （参）
　《未然形》ーら　113⑨
　《連用形》ーり　83⑪
まんいち （万一）　21⑯ 48⑩ 249②

海外新聞総索引　135

まんさく（万作） 120④
マンシン【人名】 121⑨
マンヅレラールかう（港） 21⑬
まんなか（真中） 36⑦ 43①
マンフレドウ【地名】 41②

み

み（身） 34⑫ 61②⑪ 195⑤
みあたる（見当）
　《連用形》ーり 45⑪ 102⑥ 111②
みあはせる（見合）
　《連用形》ーせ 46②
　《連体形》ーせる 130⑧
みいだす（見出）
　《未然形》ーさ 252④⑥
　《連用形》ーし 28④ 43① 60⑤ 212① 252⑦
　《連体形》ーす 196①
　《已然形》ーせ 143③④ 211⑥ 225④⑤ 226②⑦⑩ 240④ 251②
ミイトン【人名】 76③
みうく（見受）
　《連用形》ーけ 98⑥
みおくる（見送）
　《連用形》ーり 124⑪
みかく（見掛）
　《連用形》ーけ 83⑦
みかた（味方） 45⑤ 63③ 237⑥
　《未然形》ーせ 82①
みかど（帝） 40① 41⑨ 59② 153⑩⑪ 154⑥⑦⑦⑨ 155⑤
みがら（身柄） 51⑤⑥
みぎ（右） 9⑩⑫ 10③ 12④ 16⑫⑯ 17⑦ 21⑨ 22③④ 23⑭ 25⑦⑩ 26①②⑤ 27⑤⑥ 29⑫ 30⑫ 31③ 36②⑤⑫ 37②⑥⑩ 39⑤ 40⑮ 40⑯⑯ 43③ 48⑤ 49⑫⑬ 52④ 62⑮ 65⑧ 67①③ 77①② 78⑥ 80①④ ⑤ 81⑧⑨⑪ 82① 83⑤⑬ 85③ 87⑫ 88⑤ ⑦⑪⑬ 90⑤⑯ 92① 94④ 96⑧⑩ 99⑤ 101⑧ 102⑪ 108④⑫ 109①① 110⑫ 111① 115 ⑦⑫ 116⑪ 117④ 118② 129⑩ 130⑥⑦ 131 ⑦ 136⑨ 147⑩ 152② 155④⑪ 157⑨ 163 ⑩ 167⑪ 168③ 172① 175⑩ 184⑩ 194⑥ ⑦ 195⑦ 196③ 199⑩ 215⑩ 220③ 229⑩ 233⑩ 246⑧
みきたる（見来）
　《命令形》ーれ 62①
みぎて（右手） 28③
みぎやう（右様） 9⑪ 22⑧⑩ 23② 25⑯ 71⑨ 90⑤ 91⑮
みくるま（輦駕） 13⑨
みごと（見事） 39① 51④ 237⑥
　《連用形》ーに 192⑥
みこみ（見込） 11⑧ 21⑫ 24⑤ 50⑥ 168⑩
みこむ（見込）
　《連用形》ーみ 47⑪ 62⑪
みしやう（未詳） 47⑫ 246⑨
みしん（未審） 238⑨
みせ（店） 147⑦ 163⑦ 164④ 175⑦ 176④ 184⑦ 185④ 199⑦ 200④ 215⑦ 216④ 229⑦ 230④
みせもの（見世物） 116⑦
みせる（見）
　《未然形》ーせ 70⑩
みぞ（溝） 37② 198⑦
みぞう（未曾有） 247③
ミソナー【地名】 13⑫
みたす（満）
　《終止形》ーす 103⑤ 145⑧
みたり（三） 160④
みだる（乱）
　《連用形》ーれ 28⑤
みち（道・路） 39⑪⑯ 46③ 60⑦ 95⑫ 107⑩ 247①

みぢかし （短）
　《連体形》ーき　42⑪
みぢん （微塵）　101⑫
みづ （水）　16⑭ 58② 61③④ 70⑭ 102②
　117⑦⑧ 145⑦ 198⑦⑧
みづうみ （湖）　22⑭ 46⑧ 50⑦
みつか （三日）　25⑨ 40⑧ 42⑩⑫ 60⑩ 125
　⑬ 208⑧
みづから （自・親）　13⑫ 15⑬ 16② 22④
　⑨ 26⑦ 27⑧ 33⑧ 36⑦ 45④ 46⑥ 47⑦
　50⑯ 57④ ④ 61⑪ 70⑦ 71⑤ 85③ 87③
　88⑫ 104③ 121⑫ 135⑪ 146⑤ 192⑥ 220
　⑥⑥ 223⑩ 239⑦ 248⑥
みづぎは （水際）　72⑮
みつしよ （密書）　81⑩
みつむ （認・看）
　《未然形》ーめ　118②
　《連用形》ーめ　71⑭
みとめおく （認置）
　《連用形》ーき　110⑪
みな （皆）　9⑤ 26⑪ 49③⑯ 69⑪ 70⑨ 95
　③ 122⑩ 123⑥ 193②⑧ 225④
みなす （見）
　《連体形》ーす　65⑬
みなと （港）　9② 17⑩ 21① 24⑯ 31⑥ 33
　①⑨⑨ 43⑥ 53①③ 57① 62⑫ 65⑪⑫ 91
　⑬ 92⑤ 129① 135① 169⑥ 173③③⑥
　196④ 238⑩ 243⑧
みなとみなと （港々）　64⑥
みなみ （南）　16⑫ 27⑨ 28② 33③④⑥⑨
　34①②③⑯ 46② 75⑩⑬ 76②⑪ 90①
　160⑩ 161③ 172⑧ 191⑩
みなみアメリカ （南亜米利賀）　10⑮ 14④
　15⑩⑪ 16⑤ 27⑤ 28③⑫ 35② 42⑭ 77
　⑤ 118⑩⑪ 129④ 142① 173② 182③ 222
　⑤ 233⑨ 243⑥
みなみアメリカこく （南アメリカ国）　24⑭
　39⑧ 158⑥

みなみアメリカじん （南アメリカ人）　91
　②
みなみかいがん （南海岸）　122⑨
みなみキヤライナ （南）【地名】　76⑦
みなみキヤライナない （南キヤライナ内）
　83⑩
みなみキヤラナイ （南）【地名】　82⑪
みなみしやうぐん （南将軍）　76⑤ ⑨
みなみだいしやうぐん （南大将軍）　63⑦
みなみだいとうりやう （南大頭領）　89⑩
みなみな （皆々）　13⑩ 50⑧ 67② 89③ 179
　⑬ 244④ 252⑧
みなみヨーロツパ （南要呂波）　253③
ミニストル　15② 38② 40⑨⑩ 41⑭⑮⑤ 42
　① 48⑫ 50⑬⑭⑯ 68⑫⑬ 78① 82⑮ 98
　① 129⑪ 151⑥⑧ 158③ 222⑥
ミニストルくわん （官）　132③
ミニストルつき （附）　77⑤
ミニストルふうふ （夫婦）　76⑭
ミニユーヘル【銃名】　193②
ミニユストル　90⑯ 91⑥
ミネストル　248⑩
みはり （見張）　181⑫
みぶん （身分）　112②
みまひ （見舞）　107④
みみなり （耳鳴）　69⑤
みめい （未明）　83⑥
みもち （身持）　191⑩
みや （宮）　102⑥
みやうごねん （明後年）　29④
みやく （脈）　116⑬
みやこ （都）　12⑮ 13⑩⑮ 14①⑩ 27⑤ 29
　④ 63⑬ 76④ 180⑥
ミヤムトノモノ【船名】　238⑨
みゆ （見）
　《未然形》ーへ　38③ 39⑩
　《連用形》ーへ　16⑯ 27⑬⑬ 61⑤ 67⑭
　117⑧ 237⑧

《終止形》―ゆ　26②　30⑭　73①　137②
《連体形》―ゆる　116⑤　153⑤
《已然形》―ゆれ　137⑧
ミリミキ　【船名】　34⑮
みる　（見・閲）
　《未然形》み　19⑤　60④　64⑩　85③　102⑩　144①
　《連用形》み　24⑯　39②⑤⑯　45⑦　47①　51⑩　52①⑥　53⑤　72⑮　88⑩　111⑬　154③　159①　160⑧　194①　212⑩⑪
　《終止形》みる　81⑩
　《連体形》みる　12⑮　41⑧　48⑨　51⑨　67⑬　81⑬　113⑪　121⑬　137③　138⑦　214③
　《已然形》みれ　51⑨　52⑨　102⑧　115⑫
みわけ　（見分）　247②
みをり　（見居）
　《已然形》―れ　212⑨
みんこ　（民戸）　237③
みんしん　（民心）　88⑫
ミンステル　182⑪　183③

む

む　（助動詞）
　《終止形》む　19⑤　64⑩　137④　138⑪　144⑨　147②　151⑤　154⑤⑩　156③　157④⑤　163②　175②　182①　184②　199②　215②　222①　225⑦　229②　236③　237⑩　245④　248⑥　251⑩
　《連体形》む　136①⑩　137②　139⑥　144①　221⑨　238⑩　249②
むいか　（六日）　28②　100⑤
むいかかぎり　（六日限）　99⑥
むえをり　（燎居）
　《連体形》―る　194⑥
むかへぶね　（迎舟）　36③
むかし　（昔）　41⑦　57⑭　59①　60⑫　92③　143④

むかふ　（向）　77②
むかふ　（迎）
　《未然形》―は　35⑧
　《連用形》―ひ　206⑥
むかふ　（迎）
　《連用形》―へ　63④
むかふ　（向）
　《未然形》―は　91⑩　179④
　《連用形》―ひ　46⑥　53⑨　58⑪　82③　84⑦　90①③　113⑦　137③　154⑨　161⑧　181⑮　204⑪　225③　⑧
　《連体形》―ふ　196⑤
むき　（向）　42⑤　46⑯　59⑫　60③　77⑩　93⑪　99⑩　123⑨
むく　（向）
　《連用形》―き　154④
　《連体形》―く　85⑤
むくふ
　《未然形》―は　135⑦
むける　（向）
　《連用形》―け　119⑦
　《連体形》―ける　73①
むし　（虫）　113⑩
むしろ　（寧）　140④
むすぶ　（結）
　《未然形》―ば　47⑥　53①　97⑨⑫　139⑥
　《連用形》―び　11⑨　22⑭　⑮　36⑬　38⑬　39⑧　51⑤　94②　98④　100③⑤　130⑫　139⑩
　《終止形》―ぶ　88②
　《連体形》―ぶ　30③　47⑧
　《已然形》―べ　97⑩
むすめ　（娘）　61⑩　110⑧
むすめご　（娘子）　238⑧⑨
むつかし　（六ケ敷）
　《連用形》―しく　73①
　《連体形》―しき　111⑥
ムット　【人名】　75⑦
むつどき　（六ツ時）　85⑧

むつまじ（睦敷）
　《連用形》ーじく　38③　51⑨
むなし（空敷）
　《未然形》ーしから　104④
　《連用形》ーしく　36⑫
むにむざん（無二無）
　《連用形》ーに　66⑨
むね（胸）　66⑩　112②
むね（旨）　78⑥　82④　83⑤　84⑥　88⑭　89⑪　90③⑨　97⑤　170②　182⑪　243⑨⑪　244④　246③
ムネトウ【新聞名】　81⑬
むはふ（無法）　173⑨
むほん（謀叛）　120⑤　191⑦
むよう（無用）　57⑪　182⑪
むら（村）　51④　60⑭⑯　61②
むらがりをり（群居）
　《已然形》ーれ　153⑪
むらぢ（村路）　247①
むらやど（村宿）　13⑮
むり（無理）　183①

め

め（目）　69⑤
めあて（目）　211②
めい（命）　9⑬　10⑦　29③　33⑪⑭　34⑬　47⑬⑮　50⑨　65⑩　67⑯　76④　84①　99⑤　118⑦　136②　152⑩　156③　172④　252⑧
めい（姪）　71⑧
めいさい（明細）　71②
めいしや（名者）　121⑨
めいず（命）
　《未然形》ーぜ　29⑤　46⑧　76①④　113⑧　155⑤　183⑧　209⑨　222⑦⑧
　《連用形》ーじ　28③　36①　62①　154⑥　160①　252③
めいせい（名姓）　233⑥

めいはく（明白）
　《連用形》ーに　39⑩　48⑦　89⑨
めいめい（銘々）　170⑩
めいやくす（盟約）
　《未然形》ーせ　219④
めいれい（命令）　47⑬　182④　248⑥
めいわく（迷惑）　12⑥　179⑩
めう（妙）　38⑦
　《終止形》ーなり　194①
めがく（目掛）
　《連用形》ーけ　27⑬
メキシコ【国名】　36⑨⑩　47⑮　81⑪⑬　83②　91①　98⑩　156⑦　169⑤　220①
メキシコぎん（銀）　119⑪
メキシコこく（国）　10⑩　36⑪　81⑤⑫　84④　90⑫　91②　141⑦　156⑤⑥　207⑤　236⑩　237②　243⑧　⑩
メキシコこくわう（国王）　91③
メキシコだいとうりやうかた（大頭領方）　90⑯
メキシコないらん（内乱）　132②
メキシマリイム　90⑬
めぐむ（恵）
　《未然形》ーま　152⑥
めくらむ（目暗）
　《連用形》ーみ　66⑧
メコシコぬし（主）　237①
めしかかふ（召抱）
　《連用形》ーへ　94⑤
めしつる（召連）
　《未然形》ーれ　112⑩
　《連用形》ーれ　90⑬
めしとらふ（召捕）
　《連用形》ーへ　82⑮　83⑭
　《音便形》ーひ　72①
めしとらわれる（召捕）
　《終止形》ーれる　89③
めしとり（召捕）　67④

めしとる （召捕）
　《未然形》ーら　84② 89⑪⑫
　《連用形》ーり　89⑩
メスレーム　【人名】　197②
めづらし　（珍敷）
　《連体形》ーしき　17⑧ 23⑬ 24⑬ 29④
　30⑥ 31④ 43④ 111③ 112① 115③ 195
　⑩
メデタリニーンかい　（海）　144③
メデトリン　【地名】　130⑨
メドサー　【船名】　30⑪⑬
めどほり　（目通）　66⑤⑥
メトポロテンポリス　【役所名】　71⑬
メトランクルーソー　【船名】　30⑪
めとる　（娶）
　《終止形》ーる　87⑤
　《連体形》ーる　71⑧⑨
メニース　【人名】　197⑨ 198③
メニースヘロツ　【人名】　197⑪
めみへ　（目見）　50③ 154⑪
めりけん　（米利堅）【国名】　10⑩ 113②
　117① 122⑫ 125⑫ 126⑥⑨⑪ 172⑥
メリトレニシー　144⑥
メルナン　【地名】　108①
メレアンタルペット　【人名】　110⑬
メレトンはふ　（法）　233⑥
めん　（綿）　13⑥ 24⑦ 30⑮ 35②⑬⑭
　42⑨⑫ 47② 52⑫ 59⑨⑯ 73④ 75⑪ 77
　⑩ 80⑦⑧ 84⑭ 85⑥ 87⑦ 89⑮ 99⑩ 120
　⑩ 123①② 127④ 137⑪ 153② 168⑨ 194
　⑩ 204⑥ 207① 235⑥ 246②
めんきよ　（免許）　11⑭ 30① 35④ 109⑨
　182⑩
メンシイヨ　【地名】　209①
めんそく　（綿足）　42⑩
めんてい　（面体）　102⑧
メンピース　【地名】　198②
メンフワイ　123①

も

も　（係助詞）　9⑥⑧⑪ 10⑤ 12⑨⑯ 13④
⑪ 14①②⑪ 16⑥⑧ 17⑧ 18⑪ 21⑦⑦
⑭⑮⑮ 22②③④⑦⑧⑨⑩⑪⑪ 24④⑨
⑨ 25②⑥⑧⑪⑭⑮ 26⑩ 27③④⑤
⑨ 28①⑤⑧⑧⑮ 30② 31①④④⑦⑧⑪ 33
④④ 34① 35⑫⑬ 36⑫ 37⑭ 38④⑧⑩
⑩ 39②③③④⑤⑤ 40①⑤⑦⑨⑭⑭⑮
⑮ 42④⑥⑯ 43④④⑧⑪ 45⑩ 46⑨
⑯ 47⑧⑯ 48⑥⑦⑨⑩⑭⑭ 49④⑥⑥⑦
50⑤⑫ 52②④⑤⑫ 53⑥⑨ 57⑤⑩⑭
⑮ 58⑦⑦⑧⑨⑨ 59①①⑬⑮ 60①⑦⑫
⑫⑬⑭⑮ 61②⑫⑯ 62②④⑦⑫⑭ 64①
65⑪⑫⑭ 66③⑤⑫ 67⑧ 68①⑤⑧⑭
69③ 70⑤⑧ 71⑨ 72⑫⑫⑭⑯ 73⑥⑥
⑦ 75⑩⑬⑮ 78⑧⑬ 80⑥ 81⑨ 82①⑦ 83
⑧⑫ 84①②⑭⑭ 85⑥ 87⑧⑪ 89①⑩⑪
⑫ 90④ 91⑯ 92③ 93⑧⑪ 95①④ 96⑦
⑧ 98②⑪ 99⑧⑩ 101①① 104④⑤
109①⑩ 110②⑪⑫⑫ 111④⑥⑨⑫ 112③
113⑨ 115⑪⑬ 116⑤ 117⑧⑩ 118⑧⑧
⑫ 119④ 122③ 123⑧ 126⑤ 127②③ 129
⑦ 130⑦ 131⑪ 132⑪ 137②④⑩ 138
③⑪ 139③⑩ 140③④ 141①⑥ 143④ 145
④⑪ 146① 147⑦⑧⑩⑪ 151⑥ 152⑪
⑩⑩ 153①② 157③④⑧ 158① 159⑤ 160
③ 161⑨⑩ 163⑦⑧⑩⑪⑪ 164⑧⑧ 167⑦
168② 170③ 172② 175⑦⑧⑩⑪⑪ 176⑧
⑧ 179⑬ 180⑫⑬ 183⑦ 184⑦⑧⑩⑪
185⑧⑧ 189⑤ 190④ 194⑥⑧⑪⑪ 197⑤
198④⑧ 199⑦⑧⑩⑪⑪ 200⑧⑧ 203
⑪ 205⑧ 206⑨ 211② 212①⑤⑦ 215⑦
⑧⑩⑪⑫ 216⑧ 221② 224④ 223④⑦
224②③ 225⑦⑩⑩ 226②③ 229⑦⑧⑩⑪
⑪ 230⑧⑧ 234④ 235⑤ 237③ 238④ 239
①①⑥ 246⑨ 249⑥⑥ 250③

140

もうとう（毛頭）249③
もうまい（蒙昧）88③
もえいづ（萌）
　《連用形》ーで　145⑨
もえうつる（移）
　《未然形》ーら　193⑩
モーズス【人名】145③　159⑧
モートンピトン【人名】168③
モーピール【地名】182⑨
もくせん（木船）193⑤
もぐる（潜）
　《連体形》ーる　57⑬
もし（若）12⑩　19⑤　26⑮　37①　46⑤　49⑭　58①③　60⑬　64⑩　67③　76⑩　81⑩　82①　83③　84⑤　95⑧　98⑤　101⑨　147④⑧　156①　159②④　163④⑧　171②　175④⑧　184④⑧　199④⑧　215④⑧　226⑤　229④⑧
もじ（文字）24⑫⑬
もしも（若）9⑩
もしや（模写）
　《連用形》ーし　109⑧
もち（持）58⑪　164③　176③　185③　200③　216③　230③
もちあつかひ（持扱）90④
もちあはせ（持合）147④　163④　164⑧　175④　176⑧　184④　185⑧　199④　200⑧　215④　216⑧　229④　230⑧
もちいだす（持出）
　《連体形》ーす　10④　170⑦
　《已然形》ーせ　155⑧
もちいづ（持出）
　《連体形》ーづる　189⑨
もちいる（持入）
　《連体形》ーる　207②
もちきたる（持来）
　《連用形》ーり　65⑮　66④
　《連体形》ーる　19④　64⑨
もちこらへかたし（持）
　《連用形》ーく　183⑭
もちにげす（持逃）
　《連用形》ーし　173①
もちはこぶ（持運）
　《連体形》ーぶ　170⑩
もちゆ（用）
　《終止形》ーゆ　40⑯
　《連体形》ーゆる　62⑬　66⑤　117①　131①　142⑥　170⑨
もちゆく（持行）
　《連用形》ーき　76⑧
もちろん（勿論）42③　53⑥　220⑧　236①
もちゐかた（用）24⑦
もちゐがたし（用難）
　《終止形》ーし　58②
もちゐきたる（用来）
　《連用形》ーり　40⑪
もちゐる（用）
　《未然形》ーひ　9⑭⑮　121⑤　233⑦
　《連用形》ーゐ・ひ　16④　37⑦　41①　48⑥　69⑦⑫　71⑩　92③　109②　117⑨　144⑫　233⑥
　《終止形》ーる　75⑫
　《連体形》ーゐる　16⑭　33⑤　34⑪
もつ（持）
　《未然形》ーた　162⑥
　《連用形》ーち　35⑮　57⑮　66⑦　145⑪　146②　154③　226①
　《連体形》ーつ　38④　57⑭
もつて（以）9②　10④⑥　13⑯　16②　24①　26①⑥　27⑧　28②　36⑩⑯　40⑤⑫　45③③　48⑫　50⑪　52⑯　53⑧　57⑥⑫　62⑪　63①⑥　65⑯　68⑫　70④　76⑮　77①　78②　80⑤　82⑨　83⑯　87⑪⑬　90⑧　91⑦　95⑧⑩　96⑪　98⑫　107⑤　109⑦⑫　110②　121⑦　122⑩　126③⑫　130⑫　135⑨　141④　146②　154①　157①　173⑨　183①⑮　190③⑤　191②⑩　209④　220②　223④　233⑩　243⑨　252⑧
もつとも（尤・最）19④　21⑩⑮　23⑤　31

⑦ 41① 43⑦ 57⑪ 58④ 64⑨ 69⑧ 70⑭ 76① 88⑤ 92⑤ 99⑨ 117⑪ 120⑦ 121⑤ 129⑪ 142⑧ 143⑪ 146⑧ 158⑤ 171③ 190④ 193③ 195⑨ 197⑥ 212⑨ 246⑦

もつぱら　（専）　28⑫ 46③ 47⑦ 75⑦ 95⑫ 116② 117② 137⑦ 138⑦ 143⑩ 168⑨ 181⑧ 236⑧

もてなしをり　（居）
　《終止形》—なり　118⑪

もてなす
　《已然形》—れ　137④

もと
　《已然形》—せ　15③ 50⑭

もと　（元・本・許）　27③ 33⑬ 46⑭ 47⑮ 52⑦ 60⑤ 71⑯ 81⑮ 93⑤ 107④ 122② 126② 157② 164⑥ 173④ 176⑥ 180⑪ 185⑥ 200⑥ 216⑥ 230⑥

もとこめ　（元込）　193② 142⑤

もとね　（元直）　42⑥

もとむ　（求）
　《終止形》—む　147② 163② 175② 184② 199② 215② 229②
　《連体形》—むる　103⑥ 144⑧

もとより　（元）　41⑫ 103⑥

モナアツポレー　30①

モネトー　【新聞名】　204⑨

モネトードスワ　【新聞名】　119②

もの　（物・者）　9⑫⑬ 10⑧⑫ 12① 13⑥⑭ 13⑥ 14⑦⑭ 15①⑪ 16⑦ 17⑤⑧⑩ 22⑪ 23⑬ 26③ 27⑧ 28②⑩⑪⑭⑭ 29⑤ 30①②⑤ 31④⑥ 34④⑨⑪⑪⑭ 35⑥⑮ 36③ 38⑧ 39④⑫⑭ 40⑤ 41⑨⑨⑩ 42⑨⑪⑪⑫ 43④⑥ 45⑥⑨⑭⑮ 46⑧ 48⑥⑮ 49②③⑤ 51⑦ 53⑦⑩ 57⑧⑬⑭ 58①⑤⑦⑧⑨⑩ 59⑨⑩⑪⑫⑮ 60② 62⑤ 63⑯ 64② 65⑬ 66⑤⑥⑬⑬⑭⑯ 67②②③ 69③③③③⑥⑧⑩⑬⑭ 70⑪⑫⑭⑭ 71③⑭ 72①②②③④⑤⑥⑦⑭ 75③③④⑥⑫ 77⑤ 　⑬ 78⑪ 79⑯ 81⑩⑫⑬ 82⑫⑮ 83③④⑥ ⑦⑬⑭⑭⑭ 84①⑤⑪ 88①③④⑥ 89⑧⑧ 93⑤ 95⑥⑩ 101① 102⑥⑦⑫ 103③⑩ 104 ②⑤ 109⑪ 110⑦⑧⑩⑩ 111②② 113⑦ 115 ⑪ 116② 118⑦⑧ 119② 122⑤ 125① 129 ⑦ 132⑧ 137① 142⑤ 143① 144⑪ 145② ⑤⑪ 146③④⑦ 154②③⑤ 155① 159 ⑧ 160③④⑤⑦ 161⑤⑩ 167⑨ 172③ 173 ①⑨ 179④⑧ 181⑨⑩ 182⑩ 190⑪ 192 ③ 193② 194⑩ 197⑨ 213⑤ 221⑪ 225 ⑤ 226⑤ 233⑥⑩ 235⑤ 237⑧ 240⑤⑤ 245⑦ 247⑨ 251⑨ 252① 253⑥

ものおき　（物置）　75④

ものごと　（物毎）　179⑥

ものども　（者共）　68⑯ 75⑩ 81⑪ 94④⑤ 116③ 172② 212④ 221③

ものみ　（斥候）　45⑨

もはや　（最早）　17⑦ 22⑧ 34⑤ 58⑮ 67⑧ 68③ 93⑥ 122⑪ 125④ 170⑥ 172③

もふしつかはす　（遣）
　《連用形》—し　171①

もみすれ　（揉磨）　58③

もめ　132⑥

もめん　（木綿）　113⑩ 120⑩ 123⑨ 132⑬

もやう　（模様）　10⑥ 13⑥ 16⑤ 21⑩ 26⑮ 28⑦ 39⑤ 46⑨ 47⑨ 48① 49⑬ 52⑨ 77⑨ 81⑤ 87④ 113⑨ 130⑦⑧ 132④ 159③ 169⑤ 170⑦ 171⑩ 172⑧ 189⑪ 190⑨ 209⑥

もやうがへ　（模様替）　34⑨⑨

もゆ
　《連用形》—へ　194⑤

もよほす　（催）
　《連用形》—し　181⑧

もらう　《未然形》—わ　130⑫

もらす　（洩）
　《未然形》—さ　82⑮ 83⑧

もらひうく　（貰受）

142

《連用形》ーけ　84⑧　90⑥
もり　（森）　60⑭
もる
《連用形》ーれ　191⑦
モレバーフ　【人名】　155④
もろとも　203⑥
もんごん　（文言）　36⑨
モンテイネグロウ　【地名】　238④
モンドカムロー　【地名】　75⑩

や

や　（屋）　115⑨⑫
や　（哉）（間投助詞）　10⑥⑯　11⑦　12⑮　13② 30⑤⑨ 45⑧ 50⑫⑬ 58⑫ 60④⑧ 61④ 62⑥⑧ 63③⑤⑮ 65⑨⑩ 77② 82⑤⑧⑮ 104① 108③ 110⑦⑪ 111④⑬ 112⑦ 113⑪ 116⑫⑬ 117⑦ 118②③ 120④ 121④⑤ 122①② 125③⑪ 126⑫ 131④⑦ 135⑧ 136⑥ 137②⑦ 141⑨ 154⑥ 161⑤ 172① 190⑩
ヤーバン　【人名】　253⑥
やう　（様）　29⑯ 31① 33⑤ 38③ 47⑯ 57⑤⑥ 60⑤ 61② 62⑮ 64② 68⑮ 71⑪ 76⑩ 77② 78② 81⑨⑮ 83① 85⑪ 90⑤ 91⑧ 97⑫ 98⑫ 101⑩ 110⑬ 116⑪ 124⑧ 129⑧ 131⑨ 146⑦ 160⑨ 172① 173⑦⑩ 179④ 182⑧ 214⑥ 220① 234② 249①
やうか　（八日）　77① 208⑥
やうき　（陽気）　235②
やうぎん　（洋銀）　11⑫ 41⑩ 49⑩ 60① 83⑭ 108⑥ 115⑬ 135⑤ 139⑦ 224①③
やうじやう　（養生）　51⑮
やうす　（様子）　16⑥ 28⑨ 34④ 35⑨ 45⑦ 47⑧ 48⑨ 49⑥ 50⑦ 52⑤⑦ 61④ 62①⑤⑦⑬ 66⑮ 67① 69⑥ 70⑩⑪ 101⑤ 113⑨ 116⑥ 119① 132⑦ 137③④⑦ 151⑤ 152③ 153⑦ 158①③③ 167⑥ 205⑨ 207⑥ 209⑪ 219⑨ 236⑥ 238④ 239① 250③
やうちゆう　（洋中）　91⑬
やうやう　（漸々）　81⑭
やうやく　（漸）　16⑯ 17⑥ 41⑯ 47⑮ 51⑧ 61② 67⑧ 69⑩ 70① 71⑧ 72⑭ 103④ 140⑨ 223①
やうラル　（洋）　119⑪
ヤウロツハ　168⑨
やかた　（館）　66④ 248⑩
やから　（輩）　31⑧ 43⑧
ヤカンドー　【地名】　30⑤
やきすつ　（焼棄）
《連用形》ーて　116④
やきはらひ　（焼払）　33⑧
やきはらふ　（焼払）
《連用形》ーひ　173④
《已然形》ーへ　173⑧
やく　（役）　9⑮ 29⑦ 49② 58① 111⑧ 155⑤ 192⑦
やく　（約）　91⑦
やく　（訳）　243①
やく　（焼）
《連用形》ーき　75⑪
《連体形》ーく　69⑬
やくがかり　（役掛）　83④
やくしいだす　（訳出）
《連用形》ーし　19② 64⑦
《終止形》ーす　19③ 64⑧
やくしおく　（約置）
《連用形》ーき　25⑫
やくしや　（役者）　66⑬
やくしゆるい　（薬種類）　147② 163② 175② 184② 199② 215② 229②
やくしよ　（役所）　33⑮ 57⑨ 71⑭
やくす　（訳）
《連用形》ーし　18⑪ 28⑭ 31⑪ 43⑪
やくす　（約）

《已然形》ーせ 91⑨ 136⑩
やくにん （役人） 10⑦ 11③⑤ 26⑦ 28⑨ 29⑤ 30① 36⑩⑩ 37⑤⑤ 49① 68⑪ 77⑤ 79⑥ 83② 90③⑤ 93④ 117③ 121⑬ 130⑥ 154⑤ 167⑥ 181⑤ 249①
やくにんちゆう （役人中） 99④
やくにんども （役人） 76⑨ 84⑧ 90⑬
やくひん （薬品） 40⑫
やくむき （役向） 83④⑮
やくめい （役名） 125⑤
やくるい （薬類） 164⑤ 176⑤ 185⑤ 200⑤ 216⑤ 230⑤
やけ （焼） 72⑮
やけうす （焼）
　《連用形》ーせ 156⑧
やしなふ （養）
　《未然形》ーは 11⑦
　《終止形》ーふ 29⑧
　《連体形》ーふ 11⑦
やしゆ （椰子油） 73⑥
やじん （野陣） 61①
ヤスコル 【地名】 37⑯
やすし （安・廉）
　《未然形》ーから 80⑤ 87⑥
やすみ （休） 68④
やすみをり （休居）
　《已然形》ーれ 68④
やすむ （休）
　《連用形》ーみ 112⑤
　《已然形》ーめ 121⑧
やすらぐ
　《イ音便》ーい 146⑨
やすんずる （安）
　《連用形》ーじ 146⑤
　《連体形》ーずる 47⑯
やそまへ （耶蘇前） 197⑪
やちんなど （家賃等） 14⑩
やつどき （八時） 61①

やつはん （八半） 15⑧
やつはんどき （八半時） 61①
やど （宿） 63⑥
やどあづけ （宿預） 243⑦
やとふ （雇）
　《未然形》ーは 83③ 144④
　《連用形》ーひ 90⑯ 115⑧
やに 40⑬
やね （屋根） 203⑧
やぶりがたし （敗難）
　《連体形》ーき 45⑦
やぶる （敗）
　《連用形》ーり 63②
　《連体形》ーる 63⑪
やま （山） 13⑭ 38⑯ 39④ 41⑦ 60⑮ 211⑥
やまたか （山高） 115⑬
やまひ （病） 35⑦ 49⑥ 51⑬ 69①①②⑥⑩⑫⑭ 136⑤ 147② 163② 175② 182⑦ 184② 199② 215② 229②
やむ （止・已・罷・廃）
　《未然形》ーめ 138⑨ 157④⑤
　《連用形》ーめ 39⑬ 50⑨ 67② 141② 156⑤ 157④ 160② 181④ 183④
　《終止形》ーむ 237⑩
　《連体形》ーむ 28⑥ 39⑬
やむをえず （不得止） 51⑪ 156②
やめ （罷・止） 41⑮ 46⑨ 59② 207①
やや （稍） 51⑥
ややもすれば （動） 183②
やらむ 88⑨
やらん 100②
やる （遣）
　《未然形》ーら 17④ 111⑪ 162⑥
　《連用形》ーり 25⑤ 78①⑥ 247⑤⑥
　《終止形》ーる 236⑩
　《命令形》ーれ 25⑥
ヤンペトルスボルク 【地名】 48⑫

ゆ

ゆうづう （融通） 12⑥⑦
ゆうふ （勇婦） 239⑤
ゆき （雪） 38⑨ 60⑫⑭ 61①
ゆき （行） 83⑨
ゆきがた （行） 162⑥
ゆきがたしれず （行方） 66⑭
ゆきちがひ （行違） 14⑨
ゆきどけ （雪解） 60⑬
ゆきとどく （行届）
　《未然形》ーか　21⑥　180①
ゆきをり （行居）
　《已然形》ーれ　67⑩
ゆく （行）
　《未然形》ーか　41⑭ 50⑪⑫ 63⑨⑨ 70⑥ 87⑭ 107④ 112⑩ 132④ 154⑦ 213②
　《連用形》ーき　37⑭ 47① 61⑩ 62①④ 65⑩⑭ 66④ 67⑩ 68⑧⑬ 77⑥ 92⑤ 111⑤⑦ 112② 132⑤ 160⑪⑪ 162①⑥ 192⑩ 196⑥ 206③ 213⑩ 237②
　《終止形》ーく　42① 160⑩
　《連体形》ーく　14⑦ 41⑯ 50⑨ 62④④ 68⑧⑩ 76⑩ 132④⑤ 161②⑧ 167⑨
ゆしゆつ （輸出）
　《未然形》ーせ　77⑪
ゆだん （油断） 81⑥ 245⑦
ゆづりうく
　《連用形》ーけ　237②
ゆび （指） 24⑫⑫
ゆふがた （夕方） 131①
ユラキニー 【船名】 10①
ゆるし （免） 64④ 144②
ゆるしおく （許）
　《連用形》ーき　168②
ゆるしねがひ （赦願） 118⑨
ゆるす （許・赦・免・緩）
　《未然形》ーさ　51⑦ 65⑪⑫ 72② 118⑤ 122⑨ 131⑦ 156④ 172⑨ 189⑨
　《連用形》ーし　29⑦ 91⑫
　《終止形》ーす　81⑮ 98⑨
ゆるやか （緩）
　《連用形》ーに　12⑩ 115⑦ 191⑪
ユレゴン 【船名】 10①
ゆゑ （故） 9⑧ 11⑥ 12⑦⑫ 14⑯ 17③ 21⑧ 22⑪ 23②⑤ 25⑫ 26②⑥⑮ 27⑥ 31⑦⑨ 34⑬ 35⑪⑭ 36⑨ 38③⑩ 39⑩⑬ 41③⑤⑬ 42②③⑯ 43⑦⑨ 45⑥ 49②⑭ 52①③⑦⑩ 53④⑧ 58② 59⑪⑫ 60⑤ 61⑫⑬⑮⑯ 63⑫ 64②② 66④⑬ 67① 69⑫⑬ 70⑤⑦⑮ 72⑪⑫⑫ 73② 77⑬ 78⑤⑥⑧⑩ 81⑦ 83⑨⑯87⑥⑦(ゆへ)⑬ 88⑩ 89② 90②⑨⑪⑯ 91⑦ 92⑥ 94③ 100④⑨(ゆへ) 101⑧(ゆへ) 102⑦⑧ 108⑬⑬ 109①(ゆへ) 110② 111⑨ 112②⑪ 113⑦ 116⑤⑧⑬ 118⑦ 119⑤ 126⑪ 129⑧ 130⑤⑦ 131⑧ 132⑫ 137⑦ 152⑩ 153④⑤⑦ 154④ 160⑨ 161⑤ 164③⑦ 167⑧ 168① 173⑩(ゆへ) 176③⑦ 179④ 180⑧ 181⑨ 182⑩(ゆへ)⑬ 183①(ゆへ) 185③⑦ 191⑪ 192⑥ 193⑪ 194②⑧ 195⑤ 197⑥(ゆへ) 198⑧ 200③⑦ 209⑦ 211③④ 216③⑦ 230③⑦ 241① 246⑨ 251⑥⑧
ゆゑに （故） 38① 42⑦ 57⑤⑩ 58④ 110① 140⑤ 161⑧ 225⑦ 237②
ゆゑん （所以） 60⑥

よ

よ （余） 130⑩
よ （世） 88⑨ 95⑫ 141⑥ 143③ 144⑧ 146⑧ 159⑩ 161⑩ 198⑤ 226⑦ 239⑤ 240⑤
よう （用） 24⑫ 26⑯ 37① 58④ 67⑯ 68⑯ 193⑦⑪ 194⑤

よい（容易）
　《連用形》ーに　45⑦
よい（用意）　28⑬　46③④　50⑥　63⑦　119
　⑤　138⑩　139②　141⑪　152②　169⑩　170
　②　181⑧⑭　183③
　《未然形》ーせ　236⑧
ようきん（用金）　22①　62⑬　221⑤
ようげきす（邀撃）
　《未然形》ーせ　76③
ようじ（用事）　26⑯　67⑩
ようしや（用捨）　22⑯　98⑥
ようしよ（容所）　96⑥
ようす（容子）　136⑨　138⑦
ようだい（容体）　70⑤
ようだつ（用立）
　《連体形》ーつる　63⑬
ようばう（容貌）　52①　239⑥
ヨウロッパ　81③　141⑩
ヨーロッパ（要呂波・欧呂巴・鴎羅巴）
　16⑤　60⑪　67⑪　144⑨　153④　160⑪　251
　③　101④　179⑭
ヨーロッパこく（国）　38①
ヨーロツハしよこく（諸国）　59②
ヨーロッパじん（人）　42⑮
ヨーロツパぢゆう（欧羅巴州中）　49⑦　93
　⑧
よく（能）　9⑬　12⑥　30⑭　47⑮　51③⑥⑭
　57⑨　62①⑥　71⑩　72⑤⑦　101⑤　123⑤
　132⑪　162②　170⑨
よく（翌）　211⑦
よく（欲）　236⑤
よくじつ（翌日）　63④　77⑨　154⑦　223⑧
よくばうす（翼望）
　《終止形》ーす　223④
よくよく（能々）　23②　51⑩　52⑦　58⑭　136
　⑤　151⑨
よこはま（横浜）【地名】　19⑤　43⑩　64⑥
　⑩　147⑥　163⑥　175⑥　184⑥　199⑥　215

⑥　229⑥
よこはまざいりう（横浜在留）　18⑪　31⑩
よこはましんぶん（横浜新聞）　19②　64⑦
よし（好・吉・能）
　《連用形》ーく　38⑦　109①　110⑨　111⑦
　132⑩⑪　223③　223⑦
　《終止形》ーし　66⑫
　《連体形》ーき　46②　112②　142⑤　146③
よし（由）　11⑥　12⑯　14⑥　23⑤　26①
　29①②　30⑨　35⑦　37⑭　38④⑨⑪　40③
　42⑤　50⑧⑨　52⑤　53⑨　60⑬　62④⑦⑨⑮
　⑮　63⑧⑨⑭⑮　64①　66⑤⑬　67④　68⑧⑩
　⑪　69⑤　70⑭　71⑥⑦⑧　77③　78②　81⑧
　82⑭　83⑬　84⑧　87⑬⑭　89⑥⑩　90⑦⑦
　92⑥　111③　113⑤　116⑩⑫　121⑪　122⑩　126
　⑫　129⑩　130③　131⑫　132⑧　136⑧⑩　138
　⑧　141⑩　151⑥　152⑧　159⑥　170⑪　172⑤
　⑩　181③⑤　204⑤　207⑧　208⑨
よじ（余事）　112⑧
よじ（四時）　146①
よしあし（悪）　69④
よせきたる（寄来）
　《連用形》ーり　28①
よせだか（寄高）　109⑬
よつか（四日）　46⑤⑩　100①　245⑧
よつぐるま（四車）　41⑨
よつて（依・依而・因）　15⑪　21①　23①
　24⑫　25⑥　26⑧　33①④⑬⑮　34②　35⑥
　36⑫　37⑬　40⑨　41⑫⑬⑮　45①　47⑯　48
　⑤　52⑪　53⑨　57⑪　60⑫　61⑯　63④⑨
　⑩　67②　68⑩　80⑫　82⑤　84①　88④⑬
　89②⑭　99③　104②　107①　109②　115⑨　116
　⑩　124④⑧　126⑫　129①　139⑦　155⑨　167
　⑪　168⑥　169④　173⑧　214⑧　238④　239
　②⑥　244①　249④
よつどき（四時）　15⑨
よにん（四人）　69⑪　125⑨
よねんまへ（四年前）　33⑬

よはひ　（齡）　241②
よびいだす　（呼出）
　《未然形》―さ　29⑨
　《連用形》―し　12⑤　89⑩　112②
　《終止形》―す　125⑨
よびきたる　（呼来）
　《已然形》―れ　225⑦
よびなす
　《已然形》―せ　143④
よふ　12⑥　15⑬　21⑦⑧　22⑩⑮　29⑨　39⑤　40⑧　41⑫　46⑭　58⑮　62⑬　98⑨　225⑪
よふ　（酔）
　《連用形》―ひ　46⑥
よぶ　（呼）
　《連用形》―び　117⑤
　《終止形》―ぶ　38①
　《撥音便》―ん　170②
よふす　49④
よぶん　（餘分）　80④
よほど　（餘程・余程）　12①⑯　27⑬　70⑤
よみ　（黄泉）　102⑫
よみかき　（読書）　72③④
よむ　（読）
　《未然形》―ま　43⑧
　《連用形》―み　31⑧　50⑦
　《連体形》―む　143⑨
　《撥音便》―ん　167⑤
より　（格助詞）　9④⑬　10⑤⑩　11④⑪⑬⑭　12⑤⑧⑬⑮⑯　13①⑨⑫⑭⑯　14④⑨　15⑧　16⑧⑬　18⑪　21⑯　22⑦⑩⑯　23④④⑬⑯　24①⑤⑥　25②⑤⑥　26④⑥⑦⑫　27④⑦⑧⑫　28①⑮　29①③④⑥⑭　30⑧　31⑩⑪　33⑨⑪⑭　34②⑬　35②　36③⑦⑨⑩⑭⑯　37⑫⑯　38②④⑤⑯　39②④⑫　40①②　41④⑦　42③⑥⑧⑪　43⑩⑪　45③⑪⑫⑯　46⑥⑯　47①②③④　⑫⑬⑮⑯　48⑤⑦⑨⑫⑯　49⑤⑨⑯　50④⑥⑨　52②⑧⑩⑪⑭　53④⑥⑧⑨⑪⑫

⑫⑫⑫⑫⑬　57⑭⑯　58②⑧　59⑫　60①⑤⑧⑩⑩⑭　61①②⑤⑥⑨⑩　62②⑧⑪⑭63④　64④　65⑥⑩⑪⑫⑮⑯　66①④　67③⑭⑯　68③⑭⑭⑮　69③⑤⑭　70③⑩⑫　71②⑪　73②⑤⑨⑨⑩⑩⑪　75①④⑤⑦⑨⑪⑭　76②⑧⑩⑭　77①⑪　78⑥⑨⑭　79①⑯　80②⑧⑨　81④⑥⑫⑬⑭　82⑤⑬⑮　83①②⑥⑧⑬⑮　84⑤⑫　85②⑥⑪　87⑧⑩⑫　88⑥⑬　89⑨　⑯　90③⑮　91①⑥⑥⑩⑪⑯　97③④⑧　98①⑧⑪　99④⑤⑧　100①　101④⑦　102⑤⑧　107⑩　111③⑧⑨　112⑩⑫　113⑦　115⑤⑧⑬　116⑪　117④⑥　118⑨　120①⑪　121③⑤⑫　122②③⑨⑬　123⑦⑨　124⑥　125③⑨⑬　126③⑧⑨　129⑨⑪　130②⑧⑬　131②⑭　135⑧　136④⑩　138②⑫　139①⑤⑪　141①④　142⑤　143③　144①　145②⑪　146⑤⑨　147③⑤⑩　151①⑤⑦　152⑤⑥　153②　155①　156③　157①②⑦⑧⑨　158③　159⑧⑪　163③⑤⑩　167⑩　168②③　169⑤⑧　170①⑦　171⑧　173④⑩　175③⑤⑩　179③④⑥⑪　180⑬　181④⑤⑫　182④⑩⑫⑫　183⑧　184③⑤⑩　190③　191②　192①⑩　193③④　194③⑤⑪　195⑤　197②⑥　199③⑤⑩　203②⑥　204⑤⑥⑨⑩　208⑥　209③⑪　211①　213①③⑪　214⑤⑥　215③⑤⑩　221⑦⑧　222⑩　223①④⑤　224②③⑤⑤　229③⑤⑥　233⑩　234②③⑩　235①⑩　236②⑩　237②⑤⑪　238⑤　240⑦　244②　246③⑧　247⑧　248⑨⑩　249⑤⑥　252⑤⑤　253②③⑥
よりあつまる　（寄集）
　《連用形》―り　126⑦　157⑪
よりあひがしらやく　（寄合頭役）　124⑥
よりて　（依）　21⑨　26⑩　30⑭　42③　45⑦　48⑥⑨　50⑫　51⑧　53⑦　60⑦
よる　（依・因・由）
　《未然形》―ら　66⑪　240⑤
　《連用形》―り　11⑪　38⑨⑬　47⑦　48⑬⑬

52⑤ 53② 57① 58⑨ 59② 63⑮ 64② 65①⑬ 66⑧ 67⑮ 75⑮ 76② 81①④ 83⑤ 87① 89⑦ 93① 121⑪ 135① 157③ 179⑦ 182⑧ 183③ 209① 223③ 235② 246⑩
《連体形》ーる　42② 58⑨
《已然形》ーれ　53⑤ 59⑬ 220⑨
《促音便》ーっ　181③ 189⑤

よる（寄）
《連用形》ーり　126⑨

よる（夜）　13⑬ 15⑧⑯ 39① 65⑭ 66⑭ 145⑩

よろこびあふ（喜合）
《已然形》ーへ　9⑥ 33⑪ 41⑤

よろこぶ（喜・悦）
《未然形》ーば　9⑥ 57⑪
《連用形》ーび　49③ 51⑯ 61⑫ 63⑭ 146⑤ 196③
《終止形》ーぶ　234④
《連体形》ーぶ　112⑥

よろし（宜）
《未然形》ーしから　21⑩ 22③ 30② 41①⑬ 57⑧ 58⑬⑭ 59①② 82④ 92③ 112⑪ 126② 140④⑪ 160⑨ 209⑤ 220② 245⑩ 246③
《連用形》ーしく　40⑬ 60② 68⑤ 72⑯ 127② 164③ 176③ 185③ 200③ 216③ 230③
《終止形》ーし　17⑥ 24⑨ 46⑯ 52⑮ 58⑤⑨⑪ 59⑫ 60③ 68⑤ 73②⑥⑦ 77⑩ 80⑪⑪ 84⑬⑭⑮ 85④⑥ 87⑥⑧ 93⑦⑨ 99⑩ 100⑩ 153① 159④ 168② 204⑦ 235⑦⑦⑧ 246③
《連体形》ーしき　9⑧ 12⑬ 17⑤ 29⑫ 42④⑥ 50⑭ 52⑪ 61⑬ 62③ 65⑦ 109① 116⑧ 130⑦ 152⑧ 157⑩ 168⑩
《連体形》ーしかる　78① 90⑥ 126⑤

よろづ（万）　145⑨
よんかこく（四ヶ国）　237⑦

よんかそん（四ケ村）　89①
よんかでう（四ケ条）　37⑥
よんかねん（四ケ年）　46⑩
よんじふいち（四十一）　155⑩
よんじふいつけん（四十一軒）　85①
よんじふごまい（四拾五枚）　87⑧
よんじふごまんバウン（四十五万）　59⑤ 80②
よんじふさう（四十艘）　36④ 125⑪
よんじふにち（四十日）　196⑦
よんじふにんよ（四十人余）　140⑥ 221②
よんじふねん（四十年・四拾年）　112① 195⑫
よんじふはち（四十八）　140⑥
よんじふはちまい（四十八枚）　140⑦
よんじふまい（四十枚）　53⑫
よんじふまん（四十万）　29⑦
よんじふまんきん（四十万斤）　59⑭
よんじふまんドルラル（四十万）　50⑬
よんしやう（四将）　76③
よんすん（四寸）　25①
よんせん（四船）　130⑨
よんせんかうり（四千行李）　77⑪
よんせんにひやくトン（四千二百）　40⑤
よんせんにん（四千人）　190⑪
よんせんひやくきん（四千百斤）　234⑧
よんせんひやくななじふさんトン（四千百七十三）　40④
よんせんまい（四千枚）　224①
よんせんよんひやくねん（四千四百年）　159⑨
よんちやう（四挺）　25①
よんど（四度）　205⑦
よんどころなく（無拠）　51⑦
よんひやくきうじふはつせんよんひやくしちハウン（四百九十八千四百七）　108⑨

よんひやくきうじふりはん （四百九十里半）
　108①
よんひやくごじふごまんきうせんろつぴやく
　ななじふはちハウン （四百五十五万九千六
　百七十八） 23⑫
よんひやくさんじふよんせんななじふよんハ
　ウン （四百三十四千七十四） 108⑨
よんひやくさんにん （四百三人） 72⑤
よんひやくさんまんいつせんバウン （四百三
　万一千） 80④⑤
よんひやくしちりはん （四百七里半） 107
　⑪
よんひやくにじふごまんパウン （四百二十
　五万） 79⑮
よんひやくにん （四百人） 206⑨
よんひやくまんトル （四百万） 96⑥
よんひやくよねん （四百余年） 237⑪
よんひやくより （四百四里） 107⑫
よんひやくよんじふきん （四百四十斤）
　117⑫
よんひやくろくじふごまんななせんバウン
　（四百六十五万七千） 79⑤
よんひやくろくじふろくせんよんひやくきう
　じふさんハウン （四百六十六千四百九十三）
　108⑦
よんまい （四枚） 23⑨⑨ 41⑩ 47⑫ 53⑪
　59④ 71⑪ 73⑤ ⑩ 108⑥ 224③⑤
よんまいちがひ （四枚違） 140⑦
よんまいよ （四枚余） 79①
よんまんいつせんいつひやくにん （四万一
　千一百人） 85①
よんまんななせんななひやくごじふななバウン
　（四万七千七百五十七） 71⑯
よんまんにん （四万人） 63⑥

ら

ラアグランド 【地名】 243⑩

らいげつここのか （来月九日） 100⑧
らいげつついたち （来月一日） 78⑤
らいげつはつか （来月廿日） 68⑨
らいしゆん （来春） 236⑦
らいしゆんさうさう （来春早々） 125⑨
らいでん （雷電） 234⑩
らいねん （来年） 47⑪ 49⑨ 64⑤
ライフル 【銃名】 193②
らいめい （雷鳴） 246⑨
らう （労） 110②
らうし （浪士） 30⑤ 116① 120④ 213③
らうしども （浪士） 89②
らうじん （老人） 69②
らうぜきもの （狼籍者） 65⑮ 66④ 67③
らうぢゆう （老中） 10⑨ 14⑨ 30⑧ 46⑦
　48⑤⑫ 62⑦ 70① 75⑦ 83⑦⑬ 140⑨ 154
　⑥ 183⑥⑦ 203④④
らうぢゆうがた （老中方） 76⑥
らうぢゆうがへ （老中替） 69⑯
らうぢゆうしふくわい （老中集会） 219⑥
らうぢゆうしゆう （老中衆） 113⑨
らうぢゆうしゆうがた （老中衆方） 124⑦
らうぢゆうしよく （老中職） 122⑤
らうぢゆうども （老中共） 75⑭
らうぢゆうない （老中内） 69⑯
らうぢゆうら （老中等） 15③
らうにやく （老若） 95①
らうにんども （浪人共） 213⑦
らうばい （狼狽） 66② 72⑬
らうや （牢屋） 89⑥ 172⑧
ラエン 【地名】 29⑪ 68⑮ 70⑧
らくさつ （落札） 41⑬ 49②
ラクシヤンこく （国） 118⑪
らくせい （落成） 223①
らくだ （駱駝） 125②
らくちやくしだい （落着次第） 238③
らしや （羅紗） 143⑩ 207②
らふ （蝋） 226③ 235⑧

海外新聞総索引　149

らふせき （蝋石） 164② 176② 185② 200② 216② 230②

らふそく （臘燭） 51②

らる （被）（助動詞）
　《未然形》られ 138⑨
　《連用形》られ 27⑭ 30⑬ 35⑥⑨ 46⑧ 50⑫ 63⑮ 66③ 70⑨ 72⑥ 75③ 78⑫ 89⑥⑦ 90⑤ 112⑤⑤⑩⑪⑫ 113⑧⑨ 115⑩⑪ 121⑦ 124③ 130⑪ 132⑤ 154⑦ 155①⑤ 164① 169② 176① 183① 185① 200① 209⑩ 216① 220⑩ 222④⑦⑧ 230① 240⑧ ⑧ ⑧ 243⑤ 253⑤
　《終止形》らる 99⑤ 113⑥ 183⑧
　《連体形》らるる 12③ 28⑩ 40⑦ 138⑪ 152⑧ 237⑥

らん （乱） 30⑤ 47⑮ 49⑯ 58⑪ 169④⑤ 170③ 190③

らんこく （乱国） 82①

ラントンイ 【地名】 110④

らんばう （乱妨・乱暴） 113③ 116③ 126⑩ 192② 211③ 212④

らんわう （蘭王） 180⑦

り

り （理） 69⑫ 157⑪ 159①

り （助動詞）
　《終止形》り 9④⑥ 10⑯ 11④ 14②⑤⑩ 15⑦⑨⑬ 16③⑧⑬ 17② 21⑬⑮ 23① 25③⑥ 28⑤⑥⑬ 33⑥⑨⑪⑫⑮ 34②③⑯ 35⑤ 36⑤ 38⑤⑥ 39②④⑩⑫ 41④⑥ 42②⑮ 46②④⑭ 47⑯ 51⑨ 53③ 60⑨⑩ 63④⑩ 67⑧⑨⑩⑫ 68③④ 70①④⑤ 72⑥⑮ 75⑤⑬ 76①②④⑤⑨⑮ 78① 80⑧⑨ 85⑧⑨ 87⑥ 89⑧ 90⑪ 91⑨⑯ 92①⑥ 94⑨ 95④⑥ 97⑤ 98③ 103⑥ 107② 108② 111⑫ 112⑦⑩ 117⑧ 137② 138④ 142③ 143④⑥⑪ 144② ⑨ 147⑪ 153⑪ 156①⑩ 163⑪ 175⑪ 184⑪ 189⑪ 193③ 196① 198①② 199⑪ 205③ 207④ 208①⑤⑦⑩ 211⑥⑪ 212⑨ 213⑥⑩ 214⑧ 215⑪ 219④⑨ 220② 221③⑦ 223⑤⑨⑩ 224② 225⑦ 229⑪ 234⑦ 236②⑧ 238⑩ 239⑥⑩ 240①⑦ 244⑩ 249①⑩
　《連体形》る 15⑫⑮ 22⑩ 40⑯ 73④ 79⑯ 84② 97⑪ 172⑧ 223② 225⑤ 239① 240④ 243⑧ 244②④ 246⑧ 247⑥ 248⑨ 249⑦ 251②⑥⑨

リイ 【人名】 113⑧ 118⑧

リー 【人名】 89⑫ 96⑪

リイー 【人名】 65⑥⑧ 67⑧⑬

リイレ 【地名】 76①

りうかう （流行） 69①⑦⑦ 190⑪
　《未然形》ーせ 69② 244⑩
　《連用形》ーし 49⑥⑦ 89① 112⑦ 121⑪

りうかうびやう （流行病） 70⑩ 136④

リウサイ 【地名】 234⑨

りかい （理解） 109⑦

りがい （利害） 109⑧

りきせん （力戦） 27⑯

りく （陸） 21⑯ 68⑧

りくあげ （陸揚）
　《連用形》ーし 132⑫

りくぐん （陸軍） 9⑨ 11⑥⑦ 15⑥⑨ 21⑪ 23⑧⑩ 28⑦ 29⑥⑮ 30② 33⑫ 34⑤⑦⑧ 36⑧ 37⑤ ⑬ 48④ 49⑬ 58⑮⑯ 60⑯ 67⑦ 76⑥ 79③ 119① 131② 158⑦ 181⑧ 250③

りくぐんがかり （陸軍掛） 48⑤

りくぐんがかりらうぢゆう （陸軍掛老中） 62⑪ 67⑯

りくぐんしよ （陸軍所） 70⑬⑭

りくぐんぶぎやう （陸軍奉行） 33⑪ 48⑦

りくぐんへい （陸軍兵） 118⑪ 130②⑬

りくぐんらうぢゆう　（陸軍老中）　67⑦
りくせん　（陸戦）　118⑪
りくち　（陸地）　144⑫
りすう　（里数）　107⑧⑨　109④
りせん　（離船）　225⑪
りそく　（利足）　24①
リチメン　【地名】　28⑧
リチメント　【地名】　75⑨
りつす　（率）
　《連用形》ーし　125⑥
リッチモントじん　（人）　91⑬
リツナヌン　【地名】　17①
りつぱ　（立派）
　《連体形》ーなる　51⑥
りつぷく　（立腹）　236⑥
りとく　（利徳）　115⑬
リネスホルー　【地名】　45⑭
リノーセー　【地名】　39⑪
りひ　（理非）　97⑧
リヒ　【人名】　119①
りふじん　（利不尽）　243⑨
　《連用形》ーに　173③
りぶん　（利分）　221⑦
りべつ　（離別）　51⑩
りやう　（領）　192①
りやうえき　（両益）　104④
りやうがへや　（両替屋）　42①　167⑨⑩　168　④⑤　172⑩　221⑥
りやうがへやなかま　（両替屋仲間）　221⑩
りやうくわやく　（良火薬）　41①
りやうぐん　（両軍）　75⑬
りやうこく　（両国）　25⑯　36⑮　47⑥　64③　65⑫　91⑧　129⑦③　136⑧　137③　139⑤　152②　173⑤　181④　183⑨　239②　252⑨
りやうこくとも　（両国共）　28⑭
りやうさんしやう　（両三将）　82⑫
りやうじ　（両児）　111①
りやうしよ　（両所）　29⑪

りやうしよく　（糧食）　16⑮
りやうす　（領）
　《未然形》ーせ　180③
りやうせつ　（両説）　140⑦
りやうだう　（両道）　88⑤
りやうたん　（両端）　37③
りやうど　（両度）　64⑨
りやうとうりやう　（両頭領）　46⑪
りやうどづつ　（両度）　19④
りやうにん　（両人）　24⑪　40⑪　46⑩
りやうはう　（両方）　51①
りやうぶん　（領分）　21⑤　38①　59⑧　181③
りやく　（略）　12⑤　159⑧
　《終止形》ーす　100⑨　159⑩　247⑧
リヤムスステーシユン　【地名】　27⑨
りゆう　（竜）　117⑦
リユークハーセゲネー　【人名】　10⑧
りよかう　（旅行）　120①
　《終止形》ーす　87③
リキ　【人名】　28②
リキイ　【人名】　76⑥⑨
リキー　【人名】　34③　46④
りん　（厘）　109⑩
りんごく　（隣国）　126⑦
リンコリン　【人名】　16⑦
リンコルン　【人名】　78⑨⑩⑪⑪⑬

る

る　（被）（助動詞）
　《未然形》れ　15⑫　39⑤　41⑩　131⑦
　《連用形》れ　15⑪　16⑮　22⑥　48⑫　49①　50⑪⑫　63⑨⑨　64①①　65⑤⑤　67④　70⑧　72②⑫　75⑤⑤⑦⑩　76⑩　77②⑬　78⑥⑦　83③　84②　88⑫　89⑪　98②③④　101②　107④　111⑩⑪　113⑨　118⑤⑥　122⑨　124④⑤⑦　129⑦　131⑧　136④　144④　152

海外新聞総索引　*151*

⑥ 155⑨ 156④ 157② 158⑧ 162③ 169③ 172⑨ 182⑪ 189⑧ 203⑧ 213④⑦ 221④ 222⑤ 237① 240⑨ 243⑪ 244⑤ 247①

《終止形》る　84② 90⑤⑦

《連体形》るる　9⑩ 11⑦ 21⑮ 29⑨ 35⑨ 40⑧ 51② 60⑦ 61② 70⑥ 71⑦ 80⑥ 82⑫ 90⑦ 112⑤ 113④ 116⑪ 124⑧ 129⑫ 158④ 182⑩ 190⑤ 197⑥ 244③

《已然形》るれ　95⑥

るい　（類）　179⑪⑫ 233⑧

ルイシヤナクキセース　【地名】　113⑩

るい　（類）

《未然形》ーせ　164② 176② 185② 200② 216② 230②

ルーデンボヰク　【地名】　37⑨

ルシナ　【地名】　87③

るす　（留守）　68⑩

るすちゆう　（留主中）　88⑪

るふ　（流布）

《未然形》ーせ　109⑪

れ

れい　（令）　40② 138③ 145②

れい　（礼）　51⑯ 135⑨ 182⑬ 183④ 190⑤ 212③

れい　（例）　76② 107⑤ 139⑪ 183⑥

レイ　【人名】　77⑤

れいぎ　（礼儀）　50⑯

れいしき　（礼式）　87⑪

れいせつ　（礼節）　107⑤

レイト　【人名】　76③

れいねん　（例年）　95②

れう　（料）　103⑤

れうけん　（了簡）　47⑭ 49② 58⑮

れうぢ　（療治）　66⑩ 111⑥⑨

れきし　（歴史）　19③ 64⑧ 198② 214①

れきす　（歴）

《未然形》ーさ　39⑤

レシコン　116⑫

レジメント　【地名】　16⑫

レスノー　164③ 176③ 185③ 200③ 216③ 230③

レスホシみなと　（湊）　120①

レスポムン　【地名】　53①

レチメン　【地名】　67⑥

レチメント　【地名】　27⑤ 34①② 46②（レチメントー）63⑬⑯ 67⑩⑮ 76⑦

れつざ　（列座）　89⑩

レヅポーン　【地名】　14⑩

レバホール　【地名】　52⑬

レバポール　【地名】　35⑭

れる　（助動詞）

《終止形》れる　124⑥

《連体形》れる　171⑧

レヰー　【人名】　63⑦

れん　（連）　104③

れん　（廉）　104④

レンコレン　【人名】　46⑩

レンコロン　【人名】　34⑬ 63⑧ 65⑩⑭

れんざ　（連坐）　78⑧

れんし　（連枝）　119①

れんちよく　（廉直）

《連用形》ーに　78⑩

ろ

ろ　（爐）　69⑩⑩

ろうじやう　（楼上）　13⑫

ロウマこく　（国）　253②

ローテスチヤイル　【人名】　221⑪

ローマきやう　（経）　181⑨

ローマこく　（国）　119④

ローランベルス　【地名】　110⑪

ロール　【官名】　99④

ろくぐわつ（六月）71⑪ ⑬
ろくぐわつさんじふにち（六月卅日）204④
ろくぐわつじふいちにち（六月十一日）179②
ろくぐわつじふごにち（六月十五日）87① 219③
ろくぐわつじふさんにち（六月十三日）30⑩
ろくぐわつついたち（六月一日）36⑭
ろくぐわつとおか（六月十日）89① 91⑥ 93③
ろくぐわつにじふににち（六月廿二日）179①
ろくぐわつにじふろくにち（六月廿六日）94⑨ 189③
ろくぐわつやうか（六月八日）87③
ろくじふごまんパウン（六十五万）59④
ろくじふななばん（六十七番）164⑨ 176⑨ 185⑨ 200⑨ 216⑨ 230⑨
ろくじふねん（六十年）38⑩
ろくじふはちきん（六十八斤）117⑬
ろくじふまんさんぜんこ（六十万三千箇）52⑭
ろくじふまんドル（六十万）169⑦
ろくじふメリンリヤル（六十）49⑭
ろくじふメレント（六十）77③
ろくじふよんひやくまんプランケー（六十四百万）119⑩
ろくしやく（六尺）60⑭
ろくしやくいつすん（六尺一寸）234⑧
ろくしやくばかり（六尺計）40①
ろくす（録）
　《連用形》ーし 23⑥ 71②
ろくせんろつぴやくじふさんまんパウン（六千六百十三万）79⑧
ろくせんろつぴやくはちじふきうまんパウン（六千六百八十九万）71⑪

ろくでう（六条）159⑩
ろくにん（六人）244⑦
ろくねん（六年）62⑭
ろくぶ（六分）34⑩
ろくまい（六枚）53⑪ 73⑩
ろくまいしちぶごりん（六枚七分五厘）15①
ろくまんこ（六万箇）89⑯
ロシア【国名】101⑧
ロシヤ【国名】48⑧ 125⑩
ロシヤこく（国）11⑮ 180⑧ 248⑧⑨
ロシヤやくにん（役人）249⑤
ロスホーレシ【国名】120④
ロスル【人名】22⑥
ロスロー【人名】110⑩ 124④
ろつかねん（六ケ年）62⑪
ろつかねんかん（六ケ年間）77②
ろつぴやくきうじふはちりにぶごりん（六百九十八里二分五厘）108②
ろつぴやくななじふにりななぶごりん（六百七十二里七分五厘）108①
ろつぴやくにん（六百人）72⑧
ろつぴやくねん（六百年）237⑤
ろつぴやくまん（六百万）76⑧
ろつぴやくろくじふごにん（六百六十五人）72④
ローマこくわう（国王）119③
ローユルユナキトイフススステーンユン【施設名】60④
ろん（論）12① 34⑨ 142⑤ 157⑥
ろんぎす（論議）219⑥
《連用形》ーし 221③
ロングドック 244⑤
ろんず（論）
　《連体形》ーずる 43⑩
ロントン【地名】107⑬ 110⑧⑨
ロンドン【地名】24⑩ 42⑨⑫ 52⑯ 60① 71⑬ 116⑨ 157⑨ 167⑦ 223⑨ 234⑥⑧ 244

海外新聞総索引　153

⑩ 245②
ロンドンしじん （市人） 152⑤
ロンドンしぢゆう （市中） 135④ 152④ 203⑥
ロンドンふ （府） 80⑦ 85①

わ

ワーラスくみ （組） 147⑥ 163⑥ 175⑥ 184⑥ 199⑥ 215⑥ 229⑥
ワーラスホールくみ （組） 147⑥ 163⑥ 175⑥ 184⑥ 199⑥ 215⑥ 229⑥
ワイキヘール 【会社名】 168⑤
わう （王） 13⑪ 16⑫ 22④ 36⑥⑦ 40⑨ 59③ 61⑩⑫ 81⑬ 87⑫⑬ 88⑩ 95③ 107④ 112⑤ 190④ 198① 252③
わうかふす （横行）
　《連体形》－する 95⑪
わうくわん （往還） 33⑦ 107⑦
わうこう （王侯） 79⑯
わうじやう （王城） 70⑦
わうせき （往昔） 81⑫ 101⑫ 102④
わうひ （王姫・王妃） 87⑤ 94⑨
わうへん （往返） 109④
わうらい （往来） 37② 40③ 61⑨⑩ 198⑥
わうわう （往々） 65⑪
わが （我） 22④ 25⑩ 26⑥⑯ 27①⑬⑯ 51⑯ 53⑧ 58⑯ 65⑩⑪ 76⑪ 78⑦ 82④ 90③ 91⑩⑭ 92④⑤⑥ 104② 112⑤ 113④ 125⑬ 126④ 129⑫⑬ 132⑦ 135④ 137① 143⑧ 152⑥ 157③④ 159④ 171② 212③ 226⑥ 249②
わがかた （我） 25⑬
わかぎみ （若公） 12⑭ 37⑭ 171①
わがくに （我国） 9⑦ 21⑤⑥⑧ 25⑮ 26⑨⑭⑯ 29⑥ 48⑨⑫ 83③ 87⑫ 91⑯ 97② 98① 112⑥ 117③ 129⑥⑨ 139③ 141④
わがぐん （我軍） 27⑫ 48⑨

わかし （若）
　《連体形》－き 61⑨
わかちがたし （難）
　《連体形》－き 83⑨
わかつ （分）
　《未然形》－た 145⑩
　《連用形》－ち 21④ 146①⑥ 197⑦ 224⑥
　《終止形》－つ 252①
わかどしより （若年寄） 66⑦ 84② 179③
わがはう （我方） 22⑨
わかりがたし （分）
　《終止形》－し 153⑥
わかる （分）
　《未然形》－ら 28③ 61④
わかる （別・分）
　《連用形》－れ 83⑧
　《終止形》－る 197②
わき （掖） 75⑥
わき （脇） 147③ 163③ 175③ 184③ 199③ 212⑧ 215③ 229③
わぎ （和議） 26⑩ 75⑮
わきまふ （弁）
　《イ音便》－ひ 197⑤
わきまへしる （弁知）
　《已然形》－れ 17⑧ 31④ 43④
わぎむすび （和議結） 131⑪
わく （分）
　《連用形》－け 159⑩
わけ （訳） 77⑥ 91② 92① 130④ 179⑮
わけおく （分置）
　《連体形》－く 40⑮
ワケン 【車名】 45⑮
わざ （技） 38⑧ 146⑧
わざわざ 139⑪
わしん （和親） 91⑦ 97⑩ 100③
わしんかうえき （和親交易） 94①
ワシントン 【地名】 33⑩⑭ 65⑭ 67①③⑥

75⑭ 76⑥⑮ 78①① 82⑫ 83⑮ 84① 89⑧ 97⑤⑫ 118⑥ 141⑦
ワシントンせいふ（政府）45⑪ 82⑭ 234②
ワシントンぢゆう（中）33⑮
ワシントンふ（府）75⑥
わす（和）
　《未然形》ーせ　26⑨
わすれがたし（忘）
　《連体形》ーき　39⑥
わする（忘）
　《連用形》ーれ　22⑥
わた（綿）61⑬
わたぐら（綿蔵）33⑥
わたし（私）53⑥ 91⑪ 164⑦ 176⑦ 185⑦ 200⑦ 216⑦ 230⑦
わたしがた（私方）14②
わたす（渡）
　《未然形》ーさ　33⑧ 85③ 90⑤
　《連用形》ーし　33⑭ 75⑫ 76⑫ 160⑤ 248①
　《連体形》ーす　209⑥
　《已然形》ーせ　76②
わたる（渡）
　《連用形》ーり　27⑮ 61③ 90④ 240⑩ 251⑤⑨
ワタロー【地名】94⑨
わだん（和談）238④
わづか（僅）130⑤ 156④ 193⑥
わづかに（僅）38⑥ 45⑮ 57⑭ 69⑤
わづらふ（煩）
　《連用形》ーひ　69⑧⑩⑪ 70③
　《連体形》ーふ　69③ 190⑪
わぶ
　《連用形》ーび　212⑤
わぼく（和睦）63⑨⑫ 129⑧ 130⑫ 248②
　《連体形》ーする　113③ 121⑥

わりいる（割入）
　《連用形》ーり　27⑭
わりつけ（割付）23⑨
ワリメーギートン【地名】45⑨
わるぐち（悪口）46⑦
わるし
　《終止形》ーし　123⑨
わるもの（悪者）71⑭⑮
われ（我）21⑮ 23① 25⑪ 34⑭ 65⑫ 103③ 139① 157⑤
われら（我等）9⑧⑪ 90④ 147⑥⑩ 163⑥⑩ 175⑥⑩ 184⑥⑩ 199⑥⑩ 215⑥⑩ 229⑥⑩
わろし（悪）
　《終止形》ーし　59⑫
　《連体形》ーき　39⑫
わん（腕）154③
ワンス【人名】84①

ゐ

ゐ（井）102②
ゐ（威）183①
ゐあはす（居合）
　《已然形》ーせ　66⑧
ゐがくくわん（医学館）69⑬
ゐげふ（為業）89②
ゐこん（遺恨）89②
ゐどころ（居所）16⑫ 115⑪ 237④
ゐなか（田舎）50⑪ 247②
ゐはい（違背）34⑮
ゐばしよ（居場所）51⑨
ゐほふ（遺方）24⑨
ゐやく（違約）75⑮
ゐる（居）
　《連用形》ゐ　103⑩

ゑ

ゑ（画）30⑩
ゑがく
　《連用形》―き　136①
ヱマ　121⑨　123②

を

を（格助詞）9②②④⑤⑤⑦⑦⑨⑨⑫⑫⑬⑭⑮⑮ 10③④④④⑥⑦⑦⑩⑬⑬⑭⑮ 11②③④⑤⑥⑥⑦⑧⑨⑨⑩⑬⑬⑭⑭⑯ 12①②②③④⑤⑦⑧⑧⑩⑭⑭⑮ 13①②⑥⑩⑪⑪⑪⑫⑭⑮⑯⑯ 14①⑥⑮⑯ 15③③⑥⑦⑮⑮ 16②④⑤⑥⑦⑧⑬⑭⑮⑯ 17③⑤⑥⑦⑧⑧⑨ 18⑪ 19②③⑤⑥ 21⑧⑫②⑧⑪⑫⑫⑭ 22①②③④⑥⑦⑨⑫⑭⑮⑮⑯ 23①①②④④⑤⑤⑥⑧⑧⑬⑭ 24①①⑫⑫⑫⑬⑬⑬⑮⑯ 25⑤⑥⑧ 26①①①②③④⑤⑤⑥⑦⑧⑨⑩⑩⑬⑮⑯ 27①③④⑥⑦⑧⑩⑩⑪⑫⑬⑬⑭⑮⑮⑯ 28①②③③④⑤⑥⑧⑩⑩⑫⑭⑭⑮ 29①①②⑤⑤⑤⑥⑦⑩⑫⑭⑮⑮⑯ 30①①①②②③⑩⑩⑪⑫ 31②③④⑤⑦⑨⑪ 33①④⑤⑧⑨⑩⑩⑪⑬⑮⑯ 34②⑤⑥⑦⑨⑪⑫⑫⑫⑭⑯ 35①①③③⑦⑨⑩⑭⑮ 36①②②③⑤⑤⑥⑦⑧⑧⑩⑪⑪⑫⑬⑮⑯ 37①①②②②③④④⑦⑫ 38①③④⑦⑦⑧⑬⑬⑭ 39①②②⑧⑧⑨⑩⑪⑫⑫⑬⑬⑬⑯⑯ 40①②③⑤⑤⑥⑦⑨⑨⑩⑫⑫⑬⑮⑯ 41②⑥⑦⑪⑫⑫⑭⑮⑯ 42⑥⑧⑩⑫⑮⑮⑯⑯ 43①③④④⑤⑦⑧⑨ 45①③③③④④⑤⑤⑦⑧⑩⑩⑪⑫⑬⑮⑮⑯ 46①②③④⑤⑤⑥⑦⑧⑨⑪⑬⑬⑭ 47①⑥⑧⑬⑬⑬⑭⑯ 48④⑥⑥⑨⑨⑩⑫⑬⑯ 49①③④④⑨⑫⑬⑮⑯⑯⑯ 50⑤⑥⑥⑧⑨⑪⑪⑫⑫⑭⑭⑮⑮⑯ 51①②③③⑤⑤⑧⑨⑨⑪⑬⑮⑯⑯ 52①①②⑤⑤⑤⑥⑥⑦⑯ 53①④④⑤⑤⑥⑦⑧⑨⑨⑩ 57①④④⑥⑥⑪⑪⑫⑫⑫⑬ 58④⑦⑧⑩⑩⑫⑮⑯ 59①⑤⑪⑪ 60⑤⑦⑦⑧⑬⑭⑯ 61①⑨⑩⑪⑪⑫⑬⑬⑭⑮ 62①②⑥⑧⑪⑪⑬⑬⑮ 63①②④⑥⑪⑫⑬⑯ 64③⑦⑧⑩⑪ 65①④⑥⑥⑧⑩⑪⑫⑭⑮⑯⑯ 66④⑤⑥⑥⑨⑩⑩⑬⑮⑯⑯ 67④⑥⑧⑨⑪⑪⑯ 68⑩⑪⑫⑯ 69⑤⑦⑨⑩⑫⑬⑭⑭ 70③⑤⑦⑩⑩⑪⑭⑮ 71①②⑦⑧⑩⑭⑭ 72⑦⑨⑩⑬⑬⑮ 75①③⑤⑥⑦⑧⑨⑨⑩⑫⑬⑬⑮ 76①②③⑤⑦⑦⑨⑪⑫⑫⑮⑮ 77①⑤⑦ 78①②⑤⑥⑧⑨⑪⑪⑬⑬⑬ 79⑯ 80④⑤⑥⑥⑨ 81⑦⑧①⑤⑦⑦⑧⑩⑪⑬⑮⑮ 82①⑨⑫⑮⑮ 83②③④⑤⑦⑧⑫⑭⑯⑯ 84⑦⑧⑫ 85②③③⑪ 87①⑤①⑬ 88①①②⑤⑤⑧⑧⑨⑩⑩ 89⑥⑩⑪⑭ 90④⑧⑨⑩⑭⑮⑯ 91②②⑥⑦⑧⑨⑩⑩⑬⑬⑯⑯ 92①②②④⑤⑥ 93① 94②③④④⑤⑥⑦⑩⑩⑫ 95①②③④⑦⑧⑨⑨⑫ 96①⑥⑪⑫ 97⑤⑥⑦⑧⑨⑨⑩⑫ 98④⑤⑧⑨⑪ 99④ 100③⑤ 101①④⑤⑦⑨ 102②⑦⑦⑩ 103④⑥⑥⑦ 104③③③ 107⑤⑦⑨⑩ 108④⑬ 109③⑤⑥⑦⑨⑫⑫⑬⑬ 110①②②⑥⑥⑦⑧⑩⑪⑫⑬ 111⑤⑥⑧⑪ 112②⑤⑫⑬ 113①①⑦⑬ 115③④④⑤⑤⑤⑦⑨⑪ 116②②③④④⑤⑤⑩⑪⑫⑬ 117①②③④⑤⑥⑥⑧⑨⑩⑪⑬ 118②⑦⑨⑨ 119②③④ 120⑤ 121⑤⑦⑧⑧⑫⑬ 122①②③⑥⑩⑩ 123①②②③ 124⑬ 125①③⑤⑥⑧⑩⑪ 126②②③⑩⑩⑫⑫⑬ 127④ 130⑤⑥⑦⑧⑨⑪⑫⑫⑬ 131①⑦⑧⑧ 132②⑧ 135①⑤⑦⑨⑨⑩⑩⑪⑪ 136①②④⑤⑤⑦⑨⑪ 137①③④⑤⑦⑧ 138⑦⑧⑨⑩⑩⑪

139②⑤⑥⑥⑦⑧⑧⑨⑩⑪ 140①①②④⑤
⑧⑧ 141①①④⑦⑩⑪ 142②⑥⑦ 143③
⑨⑨⑪⑪ 144①①②③③⑦⑧⑩⑩
⑫⑫ 145②③④⑥⑦⑧⑨⑩⑩⑪⑪ 146
①①②②③④⑤⑤⑥⑥⑦⑧⑩ 147②
③④④⑦ 151②⑦⑧⑨⑩⑩⑩ 152②⑤⑥
⑦⑧⑨ 154①③③④④⑤⑥⑧⑩ 155②
②⑤⑤⑨ 156②②⑤⑤⑨⑩ 157①③
⑤⑦⑪ 158①①④⑤⑥⑥⑨⑨ 160①③
⑤⑥⑦⑧⑨⑪ 161②③⑤⑨ 162①③
③④④⑤⑤⑥ 163②②③④⑦ 164①④
⑦ 167②⑤⑧⑨ 168①②③④⑥ 169③⑤
⑧⑩ 170②③③⑥⑨ 171⑧⑨ 172④⑦⑨
⑨⑩⑪ 173③⑨⑩ 175②③④④⑦ 176
④⑦ 179①⑧⑨⑨⑪⑪⑫ 180②④⑤⑥
⑦⑦⑩ 181②④⑧⑨⑨⑫⑫⑭ 182⑬⑬
⑭⑭⑭ 183①③④⑤⑥⑪⑫⑭⑭ 184
②②③④⑦ 185①④⑦ 189①④⑦⑨⑨
⑪ 190③③⑤⑤⑨ 191②④⑦⑩⑩⑪ 192⑦
⑦⑧ 193①⑩ 194③⑤⑦⑧⑪ 195④⑥
⑥⑩⑫ 196①①③⑤⑤⑧⑨ 198①②④
④⑤⑤⑤⑤⑥⑥⑥⑦⑦⑧ 199②③④
④⑦ 200①④⑦ 203②⑤⑥⑨⑩ 204①⑩ 205
⑤②⑤⑨ 207①①②②③ 208①①③⑩
209②④⑥⑩⑪ 211②⑥⑦⑨ 212②③
⑤⑨⑩⑩⑪⑪ 213⑤⑦⑧ 214①③⑩⑪ 215
②②③④④⑦ 216①④⑦⑧⑩ 220①⑥
⑥⑦⑧⑨ 221①④⑧⑨⑪ 222③⑤⑪⑪
223②③⑥⑨⑪⑪ 224②④⑥⑥ 225②
④ 226①②②⑦⑦⑧⑩ 229②②③④⑦
230①④⑦ 233⑥⑧⑩⑪ 234①⑩ 236
④⑧⑩ 237①②②③③⑧⑨⑩⑩ 238⑧ 239
⑤⑥⑥⑨⑩ 240④⑧⑩ 241①⑤⑧⑩
244③ 245②④⑦⑨ 246⑧⑤⑥⑨ 248⑥⑦
249①③⑦⑦ 250③ 251⑤⑥⑦⑧⑩ 252①
④④⑦⑧⑧ 253⑤

ヲーストリア 【国名】 170①
ヲーストリーこく （国） 88⑮

ヲーリン 【地名】 123②
ヲーレン 【船名】 24⑭
ヲーレントー 【船名】 10⑮
をかしとる （侵）
　《已然形》ーれ 156⑩
ヲクヤリ 【地名】 169②
をさまる （治）
　《連用形》ーり 47⑮ 70① 71② 141⑤
　《連体形》ーる 171⑨ 198⑤ 213⑤
をさむ （収）
　《未然形》ーめ 16⑦
をさむ （治）
　《未然形》ーめ 27⑦
　《連用形》ーめ 39⑧ 180⑥ 213⑥
　《連体形》ーむる 146⑦ 198①
をさむ （戡）
　《連用形》ーめ 26⑨ 208①
をさめる （納）
　《連体形》ーめる 49⑪ 80④
ヲストレー 【国名】 59③
をぢ （伯父） 88⑨
をつと （夫） 37⑫ 52⑦
をとこ （男） 24⑪ 51⑤ 52⑦⑧ 72③④⑤
　⑤ 111⑬ 253⑥⑧
をどり （躍戯・躍） 15③ 50⑭⑯
をどる （躍）
　《未然形》ーら 51②
をはる （畢）
　《連用形》ーり 233②
ヲボランゴウネくみ （組） 167⑦
ヲマネくみ （組） 168⑤
ヲランジー 【人名】 87⑤
ヲランダこく （国） 30⑦ 77⑧ 84⑩ 87②
　94⑧
をり （折） 91⑪⑪
をる （居）
　《未然形》ーら 25⑪ 70⑭ 98④ 237④
　《連用形》ーり 50⑨ 61① 62① 67⑩ 69

海外新聞総索引 157

⑧ 78⑧ 89③⑥ 90⑧ 98⑥ 162④ 182⑦ 219⑥
《終止形》ーる 48⑦ 69① 70⑮ 189⑧
《連体形》ーる 30③ 47① 51① 60⑬ 62⑮ 63⑭ 67⑪⑭ 89⑬ 116② 132⑦ 169⑩ 172⑨ 173⑧ 211⑤ 221④
《已然形》ーれ 36⑩ 38⑤ 42① 51⑨ 53③ 60⑨ 137⑥ 189⑩ 211④ 213⑥

をりあし （折悪）
　《連用形》ーしく 39⑮
をりあはす （居合）
　《已然形》ーせ 154②
をりかかる （折掛）
　《連用形》ーり 39⑯
ヲリサバー 90⑭
をりしも （折） 101⑫
をりふし （折節） 83⑫
ヲロシアこく （国） 101⑥
ヲロシヤ 【国名】 11⑯ 40⑧ 170③⑫
ヲロシヤこく （国） 30④ 70②
ヲキラス 【人名】 37⑫
ヲンストン 【人名】 67⑤
ヲンデンボルクこく （国） 11⑩
をんせん （温泉） 68⑩
をんな （女） 24⑪ 51⑥ 52⑥ 72④⑤ 5⑤ 95⑨ 111⑬ 115⑧ 239④
をんなあるじ （女主） 233⑪ 239⑨
をんなしゆじん （女主人） 234④
をんわ （温和）
　《連用形》ーに 62⑥

ん

ん （助動詞）
《終止形》ん 9⑤⑦⑧⑪ 10③⑧⑩⑪ 11④⑪ 12⑧⑪⑬⑭ 13① 14⑤⑨ 21⑩⑮ 22②③⑤⑧⑭ 23②④ 24⑤ 25⑫⑮ 26②⑧⑩ 27③④⑦⑦ 28③⑪⑫ 29③⑤ 30⑧ 31⑧ 33⑨ 34①⑤⑤⑦ 35⑧ 36③⑨⑫⑬ 39⑤⑬ 40⑤⑥⑨ 41①⑥⑪⑪⑬⑭ 42① 43②⑧ 45④⑨ ⑬ 46③⑮ 47⑥ 48⑦⑩⑭ ⑭ 49⑦ 50⑤⑥ 52⑦⑧ 53③⑤⑨⑩⑩ 57⑤⑧⑩ 58⑬⑭⑭ 59①② 60⑦ 61④ 62②②⑥⑧⑨⑫⑭⑯ 64⑤⑥ 65⑦⑬ 66⑫⑬⑯ 67⑧ 68⑩ 69④⑨⑯ 71①⑨⑩⑪ 72⑬⑭ 73① 75⑧ 76⑫ 80⑨ 81⑥⑧⑨ 82㊂ 83② 85③ 87⑤⑦ 88④⑨ 89②③⑫ 90⑩ 91①⑩ 95④ 96⑨ 100④ 102②⑤⑫ 103⑦ 117④ 126⑧ 130⑫ 136⑨ 137⑥ 138②④⑩ 139⑦ 140②④⑧⑪ 141① 144⑦ 152①⑦ 153⑩⑪ 154② 155⑤ 157⑦⑧⑧ 159⑤ 160⑧⑩ 161④⑧ 162⑤ 164① 169⑤ 170③ 176① 181② 183⑦ 185① 189⑪ 191③ 194② 196③ 200① 203⑩ 204② 209⑤ 214⑨⑩⑪ 216① 230① 237⑨ 238④ 245⑩ 246⑦ 252①
《連体形》ん 12⑦ 21⑯ 23① 26① 27⑥ 28⑭ 29⑮ 31⑧ 35③ 41⑫ 42⑯ 43⑧ 45⑩ 46⑯ 49⑯ 60⑦⑬ 76③ 80⑥ 81⑫ 82⑤ 85③ 91② 102⑫ 111⑬ 118② 135⑧⑩ 136③ 137① 138⑨ 139⑧ 145⑪ 223④ 226⑦ 239⑥

影印・翻刻頁行対照表

　底本とした早稲田大学図書館資料叢刊2『ジョセフ彦　海外新聞』には、本文の影印が9頁から253頁まであり、257頁からは翻刻が掲載されている。
　翻刻は影印の改行とは一致しておらず、上下二段組みで掲載されている。
　この影印・翻刻頁行対照表は影印の語が翻刻のどの頁・行にあるのかを確認するためのものである。したがって影印の一行が翻刻の二行に渡っていることもある。
　表中の上、下はそれぞれ翻刻の上段、下段を表している。

影印	翻刻	影印	翻刻
9 ①	257 上 2	10 ⑪	257 下 4 下 5
9 ②	257 上 3	10 ⑫	257 下 5 下 6
9 ③	257 上 4	10 ⑬	257 下 6 下 7
9 ④	257 上 5	10 ⑭	257 下 7 下 8
9 ⑤	257 上 5 上 6	10 ⑮	257 下 8 下 9
9 ⑥	257 上 6 上 7	10 ⑯	257 下 9
9 ⑦	257 上 7 上 8	11 ①	257 下 10
9 ⑧	257 上 8 上 9	11 ②	257 下 11
9 ⑨	257 上 9 上 10	11 ③	257 下 11 下 12
9 ⑩	257 上 10	11 ④	257 下 12 下 13
9 ⑪	257 上 11	11 ⑤	257 下 13 下 14
9 ⑫	257 上 11 上 12	11 ⑥	257 下 14 下 15
9 ⑬	257 上 12 上 13	11 ⑦	257 下 15 下 16
9 ⑭	257 上 13 上 14	11 ⑧	257 下 16
9 ⑮	257 上 14 上 15	11 ⑨	257 下 17
9 ⑯	257 上 15	11 ⑩	257 下 17 下 18
9 ⑰	257 上 16	11 ⑪	257 下 18 下 19
10 ①	257 上 17	11 ⑫	257 下 19 下 20
10 ②	257 上 19	11 ⑬	257 下 20 下 21
10 ③	257 上 19 上 20	11 ⑭	257 下 21
10 ④	257 上 20 上 21	11 ⑮	257 下 22
10 ⑤	257 上 21 上 22	11 ⑯	257 下 23
10 ⑥	257 上 22 下 1	12 ①	257 下 23 下 24
10 ⑦	257 下 1	12 ②	257 下 24　258 上 1
10 ⑧	257 下 2	12 ③	258 上 1 上 2
10 ⑨	257 下 3	12 ④	258 上 2 上 3
10 ⑩	257 下 4	12 ⑤	258 上 3

12 ⑥	258 上 3 上 4
12 ⑦	258 上 4 上 5
12 ⑧	258 上 5 上 6
12 ⑨	258 上 6 上 7
12 ⑩	258 上 7
12 ⑪	258 上 7 上 8
12 ⑫	258 上 8 上 9
12 ⑬	258 上 9 上 10
12 ⑭	258 上 10 上 11
12 ⑮	258 上 11 上 12
12 ⑯	258 上 12
13 ①	258 上 13
13 ②	258 上 13 上 14
13 ③	258 上 15
13 ④	258 上 16
13 ⑤	258 上 17
13 ⑥	258 上 18
13 ⑦	258 上 18
13 ⑧	258 上 19
13 ⑨	258 上 20
13 ⑩	258 上 20 上 21
13 ⑪	258 上 21 上 22
13 ⑫	258 上 22 上 23
13 ⑬	258 上 23
13 ⑭	258 上 23 上 24
13 ⑮	258 上 24 下 1
13 ⑯	258 下 1 下 2
14 ①	258 下 2 下 3
14 ②	258 下 3
14 ③	258 下 4
14 ④	258 下 5
14 ⑤	258 下 6
14 ⑥	258 下 6 下 7
14 ⑦	258 下 7 下 8
14 ⑧	258 下 9
14 ⑨	258 下 10
14 ⑩	258 下 10 下 11
14 ⑪	258 下 11 下 12
14 ⑫	258 下 12
14 ⑬	258 下 13
14 ⑭	258 下 14
14 ⑮	258 下 14 下 15
14 ⑯	258 下 16
15 ①	258 下 16 下 17
15 ②	258 下 17 下 18
15 ③	258 下 18 下 19
15 ④	258 下 19
15 ⑤	258 下 20
15 ⑥	258 下 21
15 ⑦	258 下 21 下 22
15 ⑧	258 下 22 下 23
15 ⑨	258 下 23 下 24
15 ⑩	258 下 24　259 上 1
15 ⑪	259 上 1
15 ⑫	259 上 1 上 2
15 ⑬	259 上 2 上 3
15 ⑭	259 上 3 上 4
15 ⑮	259 上 4 上 5
15 ⑯	259 上 5 上 6
16 ①	259 上 6 上 7
16 ②	259 上 7 上 8
16 ③	259 上 8 上 9
16 ④	259 上 9
16 ⑤	259 上 10
16 ⑥	259 上 10 上 11
16 ⑦	259 上 11 上 12
16 ⑧	259 上 12 上 13
16 ⑨	259 上 13
16 ⑩	259 上 14
16 ⑪	259 上 15

16 ⑫	259 上 16	
16 ⑬	259 上 16 上 17	
16 ⑭	259 上 17 上 18	
16 ⑮	259 上 18 上 19	
16 ⑯	259 上 19	
17 ①	259 上 20	
17 ②	259 上 20 上 21	
17 ③	259 上 21 上 22	
17 ④	259 上 22 上 23	
17 ⑤	259 上 23 上 24	
17 ⑥	259 上 24	
17 ⑦	259 下 1	
17 ⑧	259 下 1 下 2	
17 ⑨	259 下 2 下 3	
17 ⑩	259 下 3 下 4	
18 ⑪	259 下 4	
18 ⑫	259 下 4 下 5	
18 ⑬	259 下 6	
19 ②	259 下 8	
19 ③	259 下 8 下 9	
19 ④	259 下 9 下 10	
19 ⑤	259 下 10 下 11	
19 ⑥	259 下 11 下 12	
19 ⑦	259 下 12 下 13	
19 ⑧	259 下 14 下 16	
19 ⑨	259 下 15	
19 ⑩	259 下 16	
21 ①	260 上 2	
21 ②	260 上 2	
21 ③	260 上 3	
21 ④	260 上 4	
21 ⑤	260 上 4 上 5	
21 ⑥	260 上 5 上 6	
21 ⑦	260 上 6 上 7	
21 ⑧	260 上 7 上 8	

21 ⑨	260 上 8 上 9	
21 ⑩	260 上 9 上 10	
21 ⑪	260 上 10 上 11	
21 ⑫	260 上 11 上 12 上 13	
21 ⑬	260 上 13 上 14	
21 ⑭	260 上 14 上 15	
21 ⑮	260 上 15 上 16	
21 ⑯	260 上 16 上 17	
22 ①	260 上 17 上 18	
22 ②	260 上 18 上 19	
22 ③	260 上 19 上 20	
22 ④	260 上 20	
22 ⑤	260 上 20 上 21	
22 ⑥	260 上 21 上 22	
22 ⑦	260 上 22 下 1	
22 ⑧	260 下 1 下 2	
22 ⑨	260 下 2 下 3	
22 ⑩	260 下 3 下 4	
22 ⑪	260 下 4 下 5	
22 ⑫	260 下 5 下 6	
22 ⑬	260 下 6 下 7	
22 ⑭	260 下 7 下 8	
22 ⑮	260 下 8 下 9	
22 ⑯	260 下 9	
23 ①	260 下 10	
23 ②	260 下 11	
23 ③	260 下 11 下 12	
23 ④	260 下 12 下 13	
23 ⑤	260 下 13 下 14	
23 ⑥	260 下 14 下 15	
23 ⑦	260 下 15 下 16	
23 ⑧	260 下 16	
23 ⑨	260 下 17	
23 ⑩	260 下 17 下 18	
23 ⑪	260 下 19	

23 ⑫	260 下 20	
23 ⑬	260 下 21	
23 ⑭	260 下 21 下 22	
23 ⑮	260 下 22 下 23	
23 ⑯	260 下 23 下 24	
24 ①	260 下 24　261 上 1	
24 ②	261 上 2	
24 ③	261 上 3	
24 ④	261 上 4	
24 ⑤	261 上 4 上 5	
24 ⑥	261 上 5 上 6	
24 ⑦	261 上 6 上 7	
24 ⑧	261 上 7 上 8	
24 ⑨	261 上 8	
24 ⑩	261 上 9 上 10	
24 ⑪	261 上 10	
24 ⑫	261 上 10 上 11	
24 ⑬	261 上 11 上 12	
24 ⑭	261 上 12 上 13	
24 ⑮	261 上 13 上 14	
24 ⑯	261 上 14	
25 ①	261 上 14 上 15	
25 ②	261 上 15 上 16	
25 ③	261 上 16 上 17	
25 ④	261 上 18	
25 ⑤	261 上 19	
25 ⑥	261 上 19 上 20	
25 ⑦	261 上 20 上 21	
25 ⑧	261 上 21 上 22	
25 ⑨	261 上 22 上 23	
25 ⑩	261 上 23 上 24	
25 ⑪	261 上 24 下 1	
25 ⑫	261 下 1 下 2	
25 ⑬	261 下 2 下 3	
25 ⑭	261 下 3 下 4	
25 ⑮	261 下 4 下 5	
25 ⑯	261 下 5 下 6	
26 ①	261 下 6 下 7	
26 ②	261 下 7 下 8	
26 ③	261 下 8 下 9	
26 ④	261 下 9 下 10	
26 ⑤	261 下 10 下 11	
26 ⑥	261 下 11 下 12	
26 ⑦	261 下 12 下 13	
26 ⑧	261 下 13 下 14	
26 ⑨	261 下 14 下 15	
26 ⑩	261 下 15 下 16	
26 ⑪	261 下 16 下 17	
26 ⑫	261 下 17 下 18	
26 ⑬	261 下 18 下 19	
26 ⑭	261 下 19 下 20	
26 ⑮	261 下 21	
26 ⑯	261 下 21 下 22	
27 ①	261 下 22 下 23	
27 ②	261 下 23 下 24	
27 ③	261 下 24　262 上 1	
27 ④	262 上 1	
27 ⑤	262 上 2 上 3	
27 ⑥	262 上 3	
27 ⑦	262 上 4 上 5	
27 ⑧	262 上 5	
27 ⑨	262 上 5 上 6	
27 ⑩	262 上 6 上 7	
27 ⑪	262 上 7 上 8	
27 ⑫	262 上 8 上 9	
27 ⑬	262 上 9 上 10	
27 ⑭	262 上 10 上 11	
27 ⑮	262 上 11 上 12	
27 ⑯	262 上 12 上 13	
28 ①	262 上 13 上 14	

28 ②	262 上 14 上 15		30 ⑤	262 下 24　263 上 1
28 ③	262 上 15 上 16		30 ⑥	263 上 1 上 2
28 ④	262 上 16		30 ⑦	263 上 2
28 ⑤	262 上 17		30 ⑧	263 上 3 上 4
28 ⑥	262 上 17 上 18		30 ⑨	263 上 4 上 5
28 ⑦	262 上 18 上 19		30 ⑩	263 上 5 上 6
28 ⑧	262 上 19 上 20		30 ⑪	263 上 6 上 7
28 ⑨	262 上 20 上 21		30 ⑫	263 上 7 上 8
28 ⑩	262 上 21 上 22		30 ⑬	263 上 8 上 9
28 ⑪	262 上 22 上 23		30 ⑭	263 上 9 上 10
28 ⑫	262 上 23 上 24		30 ⑮	263 上 10
28 ⑬	262 上 24 下 1		30 ⑯	263 上 11
28 ⑭	262 下 1 下 2		31 ①	263 上 12 上 13
28 ⑮	262 下 2		31 ②	263 上 13
28 ⑯	262 下 3		31 ③	263 上 14
29 ①	262 下 4		31 ④	263 上 14 上 15
29 ②	262 下 4 下 5		31 ⑤	263 上 15 上 16
29 ③	262 下 5 下 6		31 ⑥	263 上 16 上 17
29 ④	262 下 6 下 7		31 ⑦	263 上 17 上 18
29 ⑤	262 下 7 下 8		31 ⑧	263 上 18 上 19
29 ⑥	262 下 8 下 9		31 ⑨	263 上 19 上 20
29 ⑦	262 下 9 下 10		31 ⑩	263 上 20 上 21
29 ⑧	262 下 10 下 11		31 ⑪	263 上 21
29 ⑨	262 下 11 下 12		33 ①	263 下 2
29 ⑩	262 下 12		33 ②	263 下 4
29 ⑪	262 下 13 下 14		33 ③	263 下 5 下 6
29 ⑫	262 下 14		33 ④	263 下 6 下 7
29 ⑬	262 下 15		33 ⑤	263 下 7 下 8
29 ⑭	262 下 16 下 17		33 ⑥	263 下 8 下 9
29 ⑮	262 下 17 下 18		33 ⑦	263 下 9 下 10
29 ⑯	262 下 18 下 19		33 ⑧	263 下 10 下 11
30 ①	262 下 19 下 20		33 ⑨	263 下 12
30 ②	262 下 20 下 21		33 ⑩	263 下 12 下 13
30 ③	262 下 21 下 22		33 ⑪	263 下 13 下 14
30 ④	262 下 23		33 ⑫	263 下 14 下 15

海外新聞総索引　163

33 ⑬	263 下 15 下 16	
33 ⑭	263 下 16 下 17	
33 ⑮	263 下 17 下 18	
33 ⑯	263 下 18 下 19	
34 ①	263 下 19 下 20	
34 ②	263 下 20 下 21 下 22	
34 ③	263 下 22　264 上 1	
34 ④	264 上 1 上 2	
34 ⑤	264 上 3	
34 ⑥	264 上 3 上 4	
34 ⑦	264 上 4 上 5	
34 ⑧	264 上 5 上 6	
34 ⑨	264 上 6 上 7	
34 ⑩	264 上 7 上 8	
34 ⑪	264 上 8 上 9 上 10	
34 ⑫	264 上 10	
34 ⑬	264 上 10 上 11	
34 ⑭	264 上 11 上 12	
34 ⑮	264 上 12 上 13	
34 ⑯	264 上 13 上 14	
35 ①	264 上 14 上 15	
35 ②	264 上 15 上 16	
35 ③	264 上 17 上 18	
35 ④	264 上 18	
35 ⑤	264 上 19	
35 ⑥	264 上 20	
35 ⑦	264 上 21 上 22	
35 ⑧	264 上 22 上 23	
35 ⑨	264 上 23 上 24	
35 ⑩	264 上 24 下 1	
35 ⑪	264 下 1	
35 ⑫	264 下 2 下 3	
35 ⑬	264 下 3 下 4	
35 ⑭	264 下 4 下 5	
35 ⑮	264 下 5	
35 ⑯	264 下 6	
36 ①	264 下 7 下 8	
36 ②	264 下 8 下 9	
36 ③	264 下 9 下 10	
36 ④	264 下 10 下 11	
36 ⑤	264 下 11 下 12	
36 ⑥	264 下 12 下 13	
36 ⑦	264 下 13 下 14	
36 ⑧	264 下 14 下 15	
36 ⑨	264 下 15 下 16	
36 ⑩	264 下 16 下 17	
36 ⑪	264 下 17 下 18	
36 ⑫	264 下 18 下 19	
36 ⑬	264 下 19 下 20	
36 ⑭	264 下 20 下 21	
36 ⑮	264 下 22	
36 ⑯	264 下 23 下 24	
37 ①	264 下 24　265 上 1	
37 ②	265 上 1 上 2	
37 ③	265 上 2 上 3	
37 ④	265 上 3 上 4	
37 ⑤	265 上 4 上 5	
37 ⑥	265 上 5 上 6	
37 ⑦	265 上 6 上 7 上 8	
37 ⑧	265 上 8 上 9	
37 ⑨	265 上 9 上 10	
37 ⑩	265 上 10 上 11	
37 ⑪	265 上 12	
37 ⑫	265 上 13 上 14	
37 ⑬	265 上 14 上 15	
37 ⑭	265 上 15	
37 ⑮	265 上 16	
37 ⑯	265 上 17 上 18	
38 ①	265 上 18 上 19	
38 ②	265 上 19 上 20	

38 ③	265 上 20 上 21	
38 ④	265 上 21 上 22	
38 ⑤	265 上 22 上 23	
38 ⑥	265 上 23 上 24 下 1	
38 ⑦	265 下 1 下 2	
38 ⑧	265 下 2 下 3	
38 ⑨	265 下 3 下 4	
38 ⑩	265 下 4 下 5	
38 ⑪	265 下 5	
38 ⑫	265 下 7	
38 ⑬	265 下 8 下 9	
38 ⑭	265 下 9	
38 ⑮	265 下 10	
38 ⑯	265 下 11 下 12	
39 ①	265 下 12 下 13	
39 ②	265 下 13 下 14	
39 ③	265 下 14 下 15	
39 ④	265 下 15 下 16	
39 ⑤	265 下 16 下 17	
39 ⑥	265 下 17 下 18	
39 ⑦	265 下 19	
39 ⑧	265 下 20 下 21	
39 ⑨	265 下 21 下 22	
39 ⑩	265 下 22 下 23	
39 ⑪	265 下 23 下 24	
39 ⑫	265 下 24 266 上 1	
39 ⑬	266 上 1 上 2	
39 ⑭	266 上 3	
39 ⑮	266 上 4 上 5	
39 ⑯	266 上 5 上 6	
40 ①	266 上 6 上 7	
40 ②	266 上 7 上 8	
40 ③	266 上 8 上 9	
40 ④	266 上 9 上 10	
40 ⑤	266 上 10 上 11	
40 ⑥	266 上 11 上 12	
40 ⑦	266 上 12 上 13	
40 ⑧	266 上 13 上 14	
40 ⑨	266 上 14 上 15	
40 ⑩	266 上 15 上 16	
40 ⑪	266 上 16 上 17	
40 ⑫	266 上 18	
40 ⑬	266 上 19 上 20	
40 ⑭	266 上 20 上 21	
40 ⑮	266 上 21 上 22	
40 ⑯	266 上 22 上 23	
41 ①	266 上 23 上 24	
41 ②	266 上 24 下 1	
41 ③	266 下 1 下 2	
41 ④	266 下 2 下 3	
41 ⑤	266 下 3 下 4	
41 ⑥	266 下 4 下 5	
41 ⑦	266 下 6 下 7	
41 ⑧	266 下 7 下 8	
41 ⑨	266 下 8 下 9	
41 ⑩	266 下 9 下 10	
41 ⑪	266 下 10 下 11	
41 ⑫	266 下 11 下 12	
41 ⑬	266 下 12 下 13	
41 ⑭	266 下 13 下 14	
41 ⑮	266 下 14 下 15	
41 ⑯	266 下 15 下 16 下 17	
42 ①	266 下 17 下 18	
42 ②	266 下 18 下 19	
42 ③	266 下 19 下 20	
42 ④	266 下 20 下 21	
42 ⑤	266 下 21 下 22	
42 ⑥	266 下 22 下 23	
42 ⑦	266 下 23 下 24	
42 ⑧	266 下 24 267 上 1	

42 ⑨	267 上 1 上 2
42 ⑩	267 上 2 上 3
42 ⑪	267 上 3 上 4 上 5
42 ⑫	267 上 5
42 ⑬	267 上 6 上 7
42 ⑭	267 上 8
42 ⑮	267 上 9 上 10
42 ⑯	267 上 10 上 11
43 ①	267 上 11 上 12
43 ②	267 上 12
43 ③	267 上 13
43 ④	267 上 13 上 14
43 ⑤	267 上 14 上 15
43 ⑥	267 上 15 上 16
43 ⑦	267 上 16 上 17
43 ⑧	267 上 17 上 18
43 ⑨	267 上 18
43 ⑩	267 上 19
43 ⑪	267 上 19 上 20
45 ①	267 下 2
45 ②	267 下 4
45 ③	267 下 5 下 6
45 ④	267 下 6 下 7
45 ⑤	267 下 7 下 8
45 ⑥	267 下 8 下 9
45 ⑦	267 下 9 下 10
45 ⑧	267 下 10 下 11
45 ⑨	267 下 11 下 12 下 13
45 ⑩	267 下 13 下 14
45 ⑪	267 下 14 下 15
45 ⑫	267 下 15 下 16
45 ⑬	267 下 16 下 17
45 ⑭	267 下 17 下 18 下 19
45 ⑮	267 下 19 下 20
45 ⑯	267 下 20 下 21
46 ①	267 下 21 下 22
46 ②	267 下 22　268 上 1
46 ③	268 上 2
46 ④	268 上 3
46 ⑤	268 上 4 上 5
46 ⑥	268 上 5 上 6
46 ⑦	268 上 6 上 7
46 ⑧	268 上 7 上 8
46 ⑨	268 上 8 上 9
46 ⑩	268 上 9 上 10
46 ⑪	268 上 11
46 ⑫	268 上 12
46 ⑬	268 上 13 上 14
46 ⑭	268 上 14 上 15
46 ⑮	268 上 15 上 16
46 ⑯	268 上 16 上 17
47 ①	268 上 17 上 18
47 ②	268 上 18 上 19
47 ③	268 上 19 上 20
47 ④	268 上 20 上 21
47 ⑤	268 上 22
47 ⑥	268 上 23 上 24
47 ⑦	268 上 24 下 1
47 ⑧	268 下 1 下 2
47 ⑨	268 下 2
47 ⑩	268 下 3
47 ⑪	268 下 4 下 5
47 ⑫	268 下 5 下 6
47 ⑬	268 下 6 下 7
47 ⑭	268 下 7 下 8
47 ⑮	268 下 8 下 9
47 ⑯	268 下 9 下 10
48 ①	268 下 10 下 11
48 ②	268 下 11
48 ③	268 下 12

48 ④	268 下 13 下 14		50 ⑦	269 下 4 下 5
48 ⑤	268 下 14 下 15		50 ⑧	269 下 5 下 6
48 ⑥	268 下 15 下 16		50 ⑨	269 下 6 下 7
48 ⑦	268 下 16 下 17		50 ⑩	269 下 7 下 8
48 ⑧	268 下 17 下 18		50 ⑪	269 下 8 下 9
48 ⑨	268 下 18 下 19		50 ⑫	269 下 9 下 10
48 ⑩	268 下 19 下 20		50 ⑬	269 下 10 下 11
48 ⑪	268 下 21		50 ⑭	269 下 11 下 12
48 ⑫	268 下 22 下 23		50 ⑮	269 下 13
48 ⑬	268 下 23 下 24		50 ⑯	269 下 13 下 14
48 ⑭	268 下 24　269 上 1		51 ①	269 下 14 下 15 下 16
48 ⑮	269 上 1 上 2		51 ②	269 下 16
48 ⑯	269 上 2 上 3		51 ③	269 下 17
49 ①	269 上 3 上 4		51 ④	269 下 18 下 19
49 ②	269 上 5 上 6		51 ⑤	269 下 19 下 20
49 ③	269 上 6 上 7		51 ⑥	269 下 20 下 21
49 ④	269 上 7 上 8		51 ⑦	269 下 21 下 22
49 ⑤	269 上 8 上 9		51 ⑧	269 下 22 下 23
49 ⑥	269 上 9 上 10		51 ⑨	269 下 23 下 24
49 ⑦	269 上 10 上 11		51 ⑩	269 下 24　270 上 1
49 ⑧	269 上 12		51 ⑪	270 上 1 上 2
49 ⑨	269 上 13 上 14		51 ⑫	270 上 2 上 3
49 ⑩	269 上 14 上 15		51 ⑬	270 上 3 上 4
49 ⑪	269 上 15 上 16		51 ⑭	270 上 4 上 5
49 ⑫	269 上 16 上 17		51 ⑮	270 上 5 上 6
49 ⑬	269 上 17 上 18		51 ⑯	270 上 6 上 7
49 ⑭	269 上 18 上 19		52 ①	270 上 7 上 8
49 ⑮	269 上 20 上 21		52 ②	270 上 8 上 9
49 ⑯	269 上 21 上 22		52 ③	270 上 9 上 10
50 ①	269 上 22		52 ④	270 上 10 上 11
50 ②	269 上 23		52 ⑤	270 上 11 上 12
50 ③	269 上 24 下 1		52 ⑥	270 上 12 上 13
50 ④	269 下 1 下 2		52 ⑦	270 上 13 上 14
50 ⑤	269 下 2 下 3		52 ⑧	270 上 14 上 15
50 ⑥	269 下 3 下 4		52 ⑨	270 上 15 上 16

52 ⑩	270 上 16 上 17	
52 ⑪	270 上 17 上 18	
52 ⑫	270 上 18 上 19	
52 ⑬	270 上 19 上 20	
52 ⑭	270 上 21	
52 ⑮	270 上 22	
52 ⑯	270 上 22 上 23	
53 ①	270 上 23 上 24 下 1	
53 ②	270 下 1 下 2	
53 ③	270 下 2 下 3	
53 ④	270 下 3 下 4	
53 ⑤	270 下 4 下 5	
53 ⑥	270 下 5 下 6	
53 ⑦	270 下 6 下 7	
53 ⑧	270 下 7 下 8	
53 ⑨	270 下 8 下 9	
53 ⑩	270 下 9 下 10	
53 ⑪	270 下 10 下 11 下 12	
53 ⑫	270 下 12 下 13	
53 ⑬	270 下 13	
57 ①	271 上 2 上 3	
57 ②	271 上 4	
57 ③	271 上 5 上 6	
57 ④	271 上 6 上 7	
57 ⑤	271 上 7 上 8	
57 ⑥	271 上 8 上 9	
57 ⑦	271 上 9 上 10	
57 ⑧	271 上 10 上 11	
57 ⑨	271 上 11 上 12	
57 ⑩	271 上 12 上 13	
57 ⑪	271 上 13 上 14	
57 ⑫	271 上 14 上 15	
57 ⑬	271 上 15 上 16	
57 ⑭	271 上 16 上 17	
57 ⑮	271 上 17 上 18	
57 ⑯	271 上 18 上 19	
58 ①	271 上 19 上 20 上 21	
58 ②	271 上 21 上 22	
58 ③	271 上 22 下 1	
58 ④	271 下 1 下 2	
58 ⑤	271 下 2 下 3	
58 ⑥	271 下 3 下 4	
58 ⑦	271 下 4 下 5	
58 ⑧	271 下 5 下 6	
58 ⑨	271 下 6 下 7	
58 ⑩	271 下 7 下 8	
58 ⑪	271 下 8 下 9	
58 ⑫	271 下 9 下 10 下 11	
58 ⑬	271 下 11 下 12	
58 ⑭	271 下 12 下 13	
58 ⑮	271 下 13 下 14	
58 ⑯	271 下 14 下 15	
59 ①	271 下 15 下 16	
59 ②	271 下 16 下 17	
59 ③	271 下 17 下 18	
59 ④	271 下 18 下 19	
59 ⑤	271 下 19 下 20	
59 ⑥	271 下 21	
59 ⑦	271 下 22 下 23	
59 ⑧	271 下 23 下 24	
59 ⑨	271 下 24　272 上 1	
59 ⑩	272 上 1 上 2	
59 ⑪	272 上 2 上 3	
59 ⑫	272 上 3 上 4	
59 ⑬	272 上 4 上 5	
59 ⑭	272 上 5 上 6	
59 ⑮	272 上 6 上 7	
59 ⑯	272 上 7 上 8	
60 ①	272 上 8 上 9	
60 ②	272 上 9 上 10	

60 ③	272 上 10	上 11
60 ④	272 上 11	上 12
60 ⑤	272 上 12	上 13
60 ⑥	272 上 13	上 14
60 ⑦	272 上 14	上 15
60 ⑧	272 上 15	上 16
60 ⑨	272 上 16	上 17
60 ⑩	272 上 17	上 18
60 ⑪	272 上 18	上 19
60 ⑫	272 上 19	上 20
60 ⑬	272 上 20	上 21
60 ⑭	272 上 21	上 22
60 ⑮	272 上 22	上 23
60 ⑯	272 上 23	上 24
61 ①	272 上 24	下 1
61 ②	272 下 1	下 2
61 ③	272 下 2	下 3
61 ④	272 下 3	下 4
61 ⑤	272 下 4	下 5
61 ⑥	272 下 5	下 6
61 ⑦	272 下 6	下 7
61 ⑧	272 下 8	
61 ⑨	272 下 9	下 10
61 ⑩	272 下 10	下 11
61 ⑪	272 下 11	下 12
61 ⑫	272 下 12	下 13
61 ⑬	272 下 13	下 14
61 ⑭	272 下 14	下 15
61 ⑮	272 下 15	下 16
61 ⑯	272 下 16	下 17
62 ①	272 下 17	下 18
62 ②	272 下 18	下 19
62 ③	272 下 19	下 20
62 ④	272 下 20	下 21
62 ⑤	272 下 21	下 22
62 ⑥	272 下 22	下 23
62 ⑦	272 下 23	下 24
62 ⑧	273 上 1	
62 ⑨	273 上 1	上 2
62 ⑩	273 上 3	
62 ⑪	273 上 4	
62 ⑫	273 上 4	上 5
62 ⑬	273 上 5	上 6
62 ⑭	273 上 6	上 7
62 ⑮	273 上 7	上 8
62 ⑯	273 上 9	
63 ①	273 上 10	上 11
63 ②	273 上 11	上 12
63 ③	273 上 12	上 13
63 ④	273 上 13	上 14
63 ⑤	273 上 14	上 15
63 ⑥	273 上 15	上 16
63 ⑦	273 上 16	
63 ⑧	273 上 17	上 18
63 ⑨	273 上 18	上 19
63 ⑩	273 上 19	
63 ⑪	273 上 20	
63 ⑫	273 上 20	上 21
63 ⑬	273 上 21	上 22
63 ⑭	273 上 22	上 23
63 ⑮	273 上 23	上 24
63 ⑯	273 上 24	下 1
64 ①	273 下 2	
64 ②	273 下 2	下 3
64 ③	273 下 3	下 4
64 ④	273 下 5	
64 ⑤	273 下 5	下 6
64 ⑥	273 下 6	下 7
64 ⑦	273 下 9	
64 ⑧	273 下 9	下 10

64 ⑨	273 下 10	下 11
64 ⑩	273 下 11	下 12
64 ⑪	273 下 12	下 13
64 ⑫	273 下 13	下 14
64 ⑬	273 下 15	
64 ⑭	273 下 17	下 16
65 ①	274 上 2	
65 ②	274 上 3	
65 ③	274 上 4	
65 ④	274 上 5	
65 ⑤	274 上 6	
65 ⑥	274 上 7	上 8
65 ⑦	274 上 8	
65 ⑧	274 上 9	
65 ⑨	274 上 9	上 10
65 ⑩	274 上 10	上 11
65 ⑪	274 上 12	
65 ⑫	274 上 13	
65 ⑬	274 上 13	上 14
65 ⑭	274 上 15	上 16
65 ⑮	274 上 16	上 17
65 ⑯	274 上 17	上 18
66 ①	274 上 18	上 19
66 ②	274 上 19	上 20
66 ③	274 上 20	上 21
66 ④	274 上 21	上 22
66 ⑤	274 上 22	下 1
66 ⑥	274 下 1	下 2
66 ⑦	274 下 2	下 3
66 ⑧	274 下 3	下 4
66 ⑨	274 下 5	下 6
66 ⑩	274 下 6	下 7
66 ⑪	274 下 7	下 8
66 ⑫	274 下 8	下 9
66 ⑬	274 下 9	下 10

66 ⑭	274 下 10	下 11
66 ⑮	274 下 11	下 12
66 ⑯	274 下 12	下 13
67 ①	274 下 13	下 14
67 ②	274 下 14	下 15
67 ③	274 下 15	
67 ④	274 下 16	
67 ⑤	274 下 17	下 18
67 ⑥	274 下 18	下 19
67 ⑦	274 下 19	下 20
67 ⑧	274 下 20	下 21
67 ⑨	274 下 21	下 22
67 ⑩	274 下 22	下 23
67 ⑪	274 下 23	下 24
67 ⑫	274 下 24	275 上 1
67 ⑬	275 上 1	上 2
67 ⑭	275 上 2	上 3
67 ⑮	275 上 3	上 4
67 ⑯	275 上 4	上 5
68 ①	275 上 5	
68 ②	275 上 6	
68 ③	275 上 7	上 8
68 ④	275 上 8	上 9
68 ⑤	275 上 9	上 10
68 ⑥	275 上 10	
68 ⑦	275 上 11	
68 ⑧	275 上 12	上 13
68 ⑨	275 上 13	上 14
68 ⑩	275 上 14	上 15
68 ⑪	275 上 15	上 16
68 ⑫	275 上 16	上 17
68 ⑬	275 上 17	上 18
68 ⑭	275 上 18	上 19
68 ⑮	275 上 19	上 20
68 ⑯	275 上 20	上 21

69 ①	275 上 21 上 22	
69 ②	275 上 22 上 23	
69 ③	275 上 23 上 24	
69 ④	275 上 24 下 1	
69 ⑤	275 下 1 下 2	
69 ⑥	275 下 2 下 3	
69 ⑦	275 下 4	
69 ⑧	275 下 5 下 6	
69 ⑨	275 下 6	
69 ⑩	275 下 6 下 7	
69 ⑪	275 下 8	
69 ⑫	275 下 9 下 10	
69 ⑬	275 下 10 下 11	
69 ⑭	275 下 11	
69 ⑮	275 下 12	
69 ⑯	275 下 13 下 14	
70 ①	275 下 14	
70 ②	275 下 15	
70 ③	275 下 16 下 17	
70 ④	275 下 17 下 18	
70 ⑤	275 下 18 下 19	
70 ⑥	275 下 19 下 20	
70 ⑦	275 下 20 下 21	
70 ⑧	275 下 21 下 22	
70 ⑨	275 下 22 下 23	
70 ⑩	275 下 23 下 24	
70 ⑪	275 下 24　276 上 1	
70 ⑫	276 上 1 上 2	
70 ⑬	276 上 2 上 3	
70 ⑭	276 上 3 上 4	
70 ⑮	276 上 4 上 5	
70 ⑯	276 上 6	
71 ①	276 上 7 上 8	
71 ②	276 上 8 上 9	
71 ③	276 上 9	
71 ④	276 上 10	
71 ⑤	276 上 11	
71 ⑥	276 上 11 上 12 上 13	
71 ⑦	276 上 13 上 14	
71 ⑧	276 上 14 上 15	
71 ⑨	276 上 15 上 16	
71 ⑩	276 上 16 上 17	
71 ⑪	276 上 17 上 18	
71 ⑫	276 上 18 上 19	
71 ⑬	276 上 19 上 20	
71 ⑭	276 上 20 上 21	
71 ⑮	276 上 21 上 22	
71 ⑯	276 上 22 上 23	
72 ①	276 上 23 上 24	
72 ②	276 上 24 下 1	
72 ③	276 下 1 下 2	
72 ④	276 下 2 下 3	
72 ⑤	276 下 3 下 4	
72 ⑥	276 下 4 下 5	
72 ⑦	276 下 5 下 6	
72 ⑧	276 下 6 下 7	
72 ⑨	276 下 7 下 8	
72 ⑩	276 下 8 下 9	
72 ⑪	276 下 9 下 10	
72 ⑫	276 下 10 下 11	
72 ⑬	276 下 11 下 12	
72 ⑭	276 下 12 下 13	
72 ⑮	276 下 13 下 14	
72 ⑯	276 下 14 下 15	
73 ①	276 下 15 下 16	
73 ②	276 下 16 下 17	
73 ③	276 下 17 下 18	
73 ④	276 下 18 下 19	
73 ⑤	276 下 19 下 20	
73 ⑥	276 下 20	

73 ⑦	276 下 21		77 ①	278 上 12 上 13	
73 ⑧	276 下 22		77 ②	278 上 13 上 14	
73 ⑨	276 下 23 下 24		77 ③	278 上 14	
73 ⑩	276 下 24　277 上 1		77 ④	278 上 15	
73 ⑪	277 上 1		77 ⑤	278 上 16 上 17	
75 ①	277 下 2		77 ⑥	278 上 17	
75 ②	277 下 3		77 ⑦	278 上 18	
75 ③	277 下 4 下 5		77 ⑧	278 上 19	
75 ④	277 下 5 下 6		77 ⑨	278 上 20	
75 ⑤	277 下 6 下 7		77 ⑩	278 上 21	
75 ⑥	277 下 7 下 8		77 ⑪	278 上 21 上 22	
75 ⑦	277 下 8 下 9		77 ⑫	278 上 23	
75 ⑧	277 下 9 下 10		77 ⑬	278 上 24 下 1	
75 ⑨	277 下 10 下 11		78 ①	278 下 1 下 2	
75 ⑩	277 下 11 下 12		78 ②	278 下 2	
75 ⑪	277 下 12 下 13		78 ③	278 下 3	
75 ⑫	277 下 13 下 14		78 ④	278 下 4 下 5	
75 ⑬	277 下 14 下 15		78 ⑤	278 下 5	
75 ⑭	277 下 15 下 16		78 ⑥	278 下 6	
75 ⑮	277 下 17		78 ⑦	278 下 6 下 7	
76 ①	277 下 18 下 19		78 ⑧	278 下 8	
76 ②	277 下 19 下 20		78 ⑨	278 下 8 下 9	
76 ③	277 下 20 下 21		78 ⑩	278 下 9 下 10	
76 ④	277 下 21 下 22		78 ⑪	278 下 10 下 11	
76 ⑤	277 下 22　278 上 1		78 ⑪	278 下 12	
76 ⑥	278 上 1 上 2		78 ⑫	278 下 12 下 13	
76 ⑦	278 上 2 上 3		78 ⑬	278 下 13 下 14	
76 ⑧	278 上 3 上 4		78 ⑭	278 下 14 下 15	
76 ⑨	278 上 4 上 5		78 ⑮	278 下 16	
76 ⑩	278 上 5 上 6		79 ①	278 下 17	
76 ⑪	278 上 6 上 7		79 ②	278 下 18	
76 ⑫	278 上 7 上 8		79 ③	278 下 19	
76 ⑬	278 上 9		79 ④	278 下 20	
76 ⑭	278 上 10		79 ⑤	278 下 21	
76 ⑮	278 上 11		79 ⑥	278 下 22	

79 ⑦	278 下 23		81 ⑭	279 下 15 下 16
79 ⑧	278 下 24		81 ⑮	279 下 16 下 17
79 ⑨	279 上 1		81 ⑯	279 下 17
79 ⑩	279 上 2		82 ①	279 下 18
79 ⑪	279 上 3		82 ②	279 下 19
79 ⑫	279 上 4		82 ③	279 下 20 下 21
79 ⑬	279 上 5		82 ④	279 下 21 下 22
79 ⑭	279 上 6		82 ⑤	279 下 22　280 上 1
79 ⑮	279 上 7		82 ⑥	280 上 1 上 2
79 ⑯	279 上 8		82 ⑦	280 上 2 上 3
80 ①	279 上 9		82 ⑧	280 上 3 上 4
80 ②	279 上 10		82 ⑨	280 上 4 上 5
80 ③	279 上 11		82 ⑩	280 上 5 上 6
80 ④	279 上 12		82 ⑪	280 上 6 上 7
80 ⑤	279 上 13		82 ⑫	280 上 7 上 8
80 ⑥	279 上 14		82 ⑬	280 上 8 上 9
80 ⑦	279 上 15		82 ⑭	280 上 9 上 10
80 ⑧	279 上 15 上 16		82 ⑮	280 上 10 上 11
80 ⑨	279 上 16 上 17		83 ①	280 上 11 上 12
80 ⑩	279 上 17 上 18		83 ②	280 上 12 上 13
80 ⑪	279 上 18 上 19		83 ③	280 上 13 上 14
80 ⑫	279 上 20		83 ④	280 上 14 上 15
81 ①	279 下 2		83 ⑤	280 上 15 上 16
81 ②	279 下 3		83 ⑥	280 上 16 上 17
81 ③	279 下 4 下 5		83 ⑦	280 上 17 上 18
81 ④	279 下 5 下 6		83 ⑧	280 上 18 上 19
81 ⑤	279 下 6 下 7		83 ⑨	280 上 19 上 20
81 ⑥	279 下 7 下 8		83 ⑩	280 上 20 上 21
81 ⑦	279 下 8 下 9		83 ⑪	280 上 21 上 22
81 ⑧	279 下 9 下 10		83 ⑫	280 上 22 上 23
81 ⑨	279 下 10 下 11		83 ⑬	280 上 23 上 24
81 ⑩	279 下 11 下 12		83 ⑭	280 上 24 下 1
81 ⑪	279 下 12 下 13		83 ⑮	280 下 1 下 2
81 ⑫	279 下 13 下 14		83 ⑯	280 下 2 下 3
81 ⑬	279 下 14 下 15		84 ①	280 下 3 下 4

海外新聞総索引

84 ②	280 下 4 下 5		87 ⑪	281 下 12
84 ④	280 下 6		87 ⑫	281 下 12 下 13
84 ⑤	280 下 7		87 ⑬	281 下 13 下 14
84 ⑥	280 下 7 下 8		87 ⑭	281 下 14 下 15
84 ⑦	280 下 8 下 9		88 ①	281 下 15 下 16
84 ⑧	280 下 9 下 10		88 ②	281 下 16 下 17
84 ⑨	280 下 10 下 11		88 ③	281 下 17 下 18
84 ⑩	280 下 12		88 ④	281 下 18 下 19
84 ⑪	280 下 13		88 ⑤	281 下 19 下 20
84 ⑫	280 下 13 下 14		88 ⑥	281 下 20 下 21
84 ⑬	280 下 14 下 15		88 ⑦	281 下 21 下 22
84 ⑭	280 下 15 下 16		88 ⑧	281 下 22　282 上 1
84 ⑮	280 下 16		88 ⑨	282 上 1 上 2
84 ⑯	280 下 17		88 ⑩	282 上 2
85 ①	280 下 18		88 ⑪	282 上 2 上 3
85 ②	280 下 19		88 ⑫	282 上 3 上 4
85 ③	280 下 19 下 20		88 ⑬	282 上 4 上 5
85 ④	280 下 20 下 21		88 ⑭	282 上 5 上 6
85 ⑤	280 下 21 下 22		88 ⑮	282 上 7
85 ⑥	280 下 22 下 23		89 ①	282 上 8
85 ⑦	280 下 24		89 ②	282 上 8 上 9
85 ⑧	281 上 1		89 ③	282 上 9 上 10
85 ⑨	281 上 1		89 ④	282 上 11
85 ⑩	281 上 3		89 ⑤	282 上 12
85 ⑪	281 上 4		89 ⑥	282 上 13
87 ①	281 下 2		89 ⑦	282 上 13 上 14
87 ②	281 下 3		89 ⑧	282 上 14 上 15
87 ③	281 下 4		89 ⑨	282 上 15 上 16
87 ④	281 下 4 下 5		89 ⑩	282 上 16 上 17
87 ⑤	281 下 5 下 6		89 ⑪	282 上 17 上 18
87 ⑥	281 下 6 下 7		89 ⑫	282 上 18 上 19
87 ⑦	281 下 7 下 8		89 ⑬	282 上 19 上 20
87 ⑧	281 下 8 下 9		89 ⑭	282 上 20 上 21
87 ⑨	281 下 10		89 ⑮	282 上 21
87 ⑩	281 下 11		89 ⑯	282 上 21 上 22

90 ①	282 上 22 上 23		92 ④	283 上 5 上 6
90 ②	282 上 23 上 24		92 ⑤	283 上 6 上 7
90 ③	282 上 24 下 1		92 ⑥	283 上 7
90 ④	282 下 1 下 2		93 ①	283 下 2
90 ⑤	282 下 2 下 3		93 ②	283 下 3
90 ⑥	282 下 3 下 4		93 ③	283 下 4
90 ⑦	282 下 4		93 ④	283 下 4 下 5
90 ⑧	282 下 5		93 ⑤	283 下 5 下 6
90 ⑨	282 下 5 下 6		93 ⑥	283 下 6
90 ⑩	282 下 7		93 ⑦	283 下 8
90 ⑪	282 下 7 下 8		93 ⑧	283 下 8 下 9
90 ⑫	282 下 9		93 ⑨	283 下 9 下 10
90 ⑬	282 下 10		93 ⑩	283 下 10
90 ⑭	282 下 10 下 11		93 ⑪	283 下 11
90 ⑮	282 下 11 下 12		93 ⑫	283 下 12
90 ⑯	282 下 12 下 13		94 ①	283 下 13
91 ①	282 下 13 下 14		94 ②	283 下 13 下 14
91 ②	282 下 14		94 ③	283 下 14 下 15
91 ③	282 下 14 下 15		94 ④	283 下 15 下 16
91 ④	282 下 15 下 16		94 ⑤	283 下 16
91 ⑤	282 下 17		94 ⑥	283 下 16 下 17
91 ⑥	282 下 18		94 ⑦	283 下 17 下 18
91 ⑦	282 下 18 下 19		94 ⑧	283 下 19
91 ⑧	282 下 19 下 20		94 ⑨	283 下 20
91 ⑨	282 下 20 下 21		94 ⑩	283 下 21
91 ⑩	282 下 21 下 22		94 ⑪	283 下 21 下 22
91 ⑪	282 下 22 下 23		94 ⑫	283 下 22
91 ⑫	282 下 23		95 ①	284 上 1
91 ⑬	282 下 23 下 24		95 ②	284 上 1 上 2
91 ⑭	282 下 24　283 上 1		95 ③	284 上 2 上 3
91 ⑮	283 上 1 上 2		95 ④	284 上 3
91 ⑯	283 上 2 上 3		95 ⑤	284 上 4
92 ①	283 上 3		95 ⑥	284 上 5
92 ②	283 上 4		95 ⑦	284 上 5 上 6
92 ③	283 上 4 上 5		95 ⑧	284 上 6 上 7

95 ⑨	284 上 7	
95 ⑩	284 上 7 上 8	
95 ⑪	284 上 8 上 9	
95 ⑫	284 上 9 上 10	
96 ①	284 上 10	
96 ②	284 上 11	
96 ③	284 上 12	
96 ④	284 上 12 上 13	
96 ⑤	284 上 13	
96 ⑥	284 上 14	
96 ⑦	284 上 14 上 15	
96 ⑧	284 上 15 上 16	
96 ⑨	284 上 16	
96 ⑩	284 上 16 上 17	
96 ⑪	284 上 17 上 18	
96 ⑫	284 上 18	
97 ①	284 下 1	
97 ②	284 下 2	
97 ③	284 下 3	
97 ④	284 下 3 下 4	
97 ⑤	284 下 4 下 5	
97 ⑥	284 下 5	
97 ⑦	284 下 5 下 6	
97 ⑧	284 下 6 下 7	
97 ⑨	284 下 7	
97 ⑩	284 下 7 下 8	
97 ⑪	284 下 8 下 9	
97 ⑫	284 下 9	
98 ①	284 下 9 下 10	
98 ②	284 下 10 下 11	
98 ③	284 下 11 下 12	
98 ④	284 下 12	
98 ⑤	284 下 12 下 13	
98 ⑥	284 下 13 下 14	
98 ⑦	284 下 14	
98 ⑧	284 下 14 下 15	
98 ⑨	284 下 15 下 16	
98 ⑩	284 下 17	
98 ⑪	284 下 18	
98 ⑫	284 下 18 下 19	
99 ①	284 下 19	
99 ②	284 下 20	
99 ③	284 下 21	
99 ④	284 下 21 下 22	
99 ⑤	284 下 22　285 上 1	
99 ⑥	285 上 1	
99 ⑦	285 上 1 上 2	
99 ⑧	285 上 2 上 3	
99 ⑨	285 上 3 上 4	
99 ⑩	285 上 4 上 5	
99 ⑪	285 上 5	
99 ⑫	285 上 6	
100 ①	285 上 7	
100 ②	285 上 7 上 8	
100 ③	285 上 8 上 9	
100 ④	285 上 9	
100 ⑤	285 上 9 上 10	
100 ⑥	285 下 1	
100 ⑦	285 下 2	
100 ⑧	285 下 3	
100 ⑨	285 下 3 下 4	
100 ⑩	285 下 4 下 5	
100 ⑪	285 下 5	
100 ⑫	285 下 6	
101 ①	285 下 7	
101 ②	285 下 7 下 8	
101 ③	285 下 8 下 9	
101 ④	285 下 9 下 10	
101 ⑤	285 下 10	
101 ⑥	285 下 11	

101 ⑦	285 下 12		107 ④	286 下 4
101 ⑧	285 下 12 下 13		107 ⑤	286 下 4 下 5
101 ⑨	285 下 13 下 14		107 ⑥	286 下 5 下 6
101 ⑩	285 下 14		107 ⑦	286 下 6 下 7
101 ⑪	285 下 15		107 ⑧	286 下 7
101 ⑫	285 下 16		107 ⑨	286 下 8
102 ①	285 下 16 下 17		107 ⑩	286 下 8 下 9
102 ②	285 下 17 下 18		107 ⑪	286 下 9 下 10
102 ③	285 下 18 下 19		107 ⑫	286 下 10 下 11
102 ④	285 下 19 下 20		107 ⑬	286 下 11 下 12
102 ⑤	285 下 20		108 ①	286 下 12 下 13
102 ⑥	285 下 20 下 21		108 ②	286 下 13 下 14
102 ⑦	285 下 21		108 ③	286 下 14
102 ⑦	285 下 22		108 ④	286 下 15
102 ⑧	285 下 22　286 上 1		108 ⑤	286 下 15
102 ⑨	286 上 1		108 ⑥	286 下 16
102 ⑩	286 上 1 上 2		108 ⑦	286 下 16 下 17
102 ⑪	286 上 2 上 3		108 ⑧	286 下 18
102 ⑫	286 上 3 上 4		108 ⑨	286 下 19
103 ③	286 上 6		108 ⑩	286 下 21
103 ④	286 上 6 上 7		108 ⑪	287 上 1
103 ⑤	286 上 7		108 ⑫	287 上 3
103 ⑥	286 上 7 上 8		108 ⑬	287 上 3 上 4
103 ⑦	286 上 8 上 9		109 ①	287 上 4 上 5
103 ⑧	286 上 9		109 ②	287 上 6
103 ⑨	286 上 9 上 10		109 ③	287 上 6 上 7
103 ⑩	286 上 10		109 ④	287 上 7 上 8
104 ①	286 上 10 上 11		109 ⑤	287 上 8 上 9
104 ②	286 上 11 上 12		109 ⑥	287 上 9
104 ③	286 上 12		109 ⑥	287 上 10
104 ④	286 上 13		109 ⑦	287 上 10
104 ⑤	286 上 13		109 ⑧	287 上 10 上 11
107 ①	286 下 2		109 ⑨	287 上 11 上 12
107 ②	286 下 2		109 ⑩	287 上 12 上 13
107 ③	286 下 3		109 ⑪	287 上 13

海外新聞総索引

109 ⑫	287 上 14	
109 ⑬	287 上 14 上 15	
110 ①	287 上 15 上 16	
110 ②	287 上 16 上 17	
110 ③	287 上 17	
110 ④	287 上 18	
110 ⑤	287 上 18 上 19	
110 ⑥	287 上 19 上 20	
110 ⑦	287 上 20 上 21	
110 ⑧	287 上 21 上 22	
110 ⑨	287 上 22 上 23	
110 ⑩	287 上 23 上 24	
110 ⑪	287 上 24	
110 ⑫	287 下 1	
110 ⑬	287 下 2	
111 ①	287 下 3	
111 ②	287 下 3 下 4	
111 ③	287 下 4 下 5	
111 ④	287 下 5 下 6	
111 ⑤	287 下 6 下 7	
111 ⑥	287 下 7	
111 ⑦	287 下 7 下 8	
111 ⑧	287 下 8 下 9	
111 ⑨	287 下 9 下 10	
111 ⑩	287 下 10 下 11	
111 ⑪	287 下 11 下 12	
111 ⑫	287 下 12 下 13	
111 ⑬	287 下 13	
112 ①	287 下 13 下 14	
112 ②	287 下 14 下 15	
112 ③	287 下 15 下 16	
112 ④	287 下 17	
112 ⑤	287 下 18	
112 ⑥	287 下 18 下 19	
112 ⑦	287 下 19 下 20	
112 ⑧	287 下 20	
112 ⑨	287 下 21	
112 ⑩	287 下 22	
112 ⑪	287 下 22 下 23	
112 ⑫	287 下 24	
112 ⑬	287 下 24　288 上 1	
113 ①	288 上 1 上 2	
113 ②	288 上 3	
113 ③	288 上 4	
113 ④	288 上 4 上 5	
113 ⑤	288 上 5 上 6	
113 ⑥	288 上 6 上 7	
113 ⑦	288 上 7 上 8	
113 ⑧	288 上 8 上 9	
113 ⑨	288 上 9 上 10	
113 ⑩	288 上 10 上 11	
113 ⑪	288 上 11 上 12	
115 ①	288 下 2	
115 ②	288 下 1 下 3	
115 ③	288 下 4	
115 ④	288 下 4 下 5	
115 ⑤	288 下 5 下 6	
115 ⑥	288 下 6 下 7	
115 ⑦	288 下 7 下 8	
115 ⑧	288 下 8 下 9	
115 ⑨	288 下 9	
115 ⑩	288 下 10	
115 ⑪	288 下 10 下 11	
115 ⑫	288 下 11 下 12	
115 ⑬	288 下 12 下 13	
116 ①	288 下 14	
116 ②	288 下 14 下 15	
116 ③	288 下 15 下 16	
116 ④	288 下 16 下 17	
116 ⑤	288 下 17 下 18	

116 ⑥	288 下 18	下 19
116 ⑦	288 下 19	下 20
116 ⑧	288 下 20	
116 ⑨	288 下 21	
116 ⑩	288 下 21	下 22
116 ⑪	288 下 22	289 上 1
116 ⑫	289 上 1	上 2
116 ⑬	289 上 2	上 3
117 ①	289 上 4	
117 ②	289 上 4	上 5
117 ③	289 上 5	上 6
117 ④	289 上 6	上 7
117 ⑤	289 上 7	
117 ⑥	289 上 7	上 8
117 ⑦	289 上 8	上 9
117 ⑧	289 上 9	上 10
117 ⑨	289 上 10	上 11
117 ⑩	289 上 11	上 12
117 ⑪	289 上 12	
117 ⑫	289 上 13	
117 ⑬	289 上 13	上 14
118 ①	289 上 14	上 15
118 ②	289 上 15	上 16
118 ③	289 上 16	
118 ④	289 上 17	
118 ⑤	289 上 18	
118 ⑥	289 上 18	上 19
118 ⑦	289 上 19	上 20
118 ⑧	289 上 20	上 21
118 ⑨	289 上 21	上 22
118 ⑩	289 上 23	
118 ⑪	289 上 24	
118 ⑫	289 上 24	下 1
118 ⑬	289 下 2	
119 ①	289 下 3	
119 ②	289 下 4	
119 ③	289 下 4	下 5
119 ④	289 下 5	下 6
119 ⑤	289 下 6	下 7
119 ⑥	289 下 8	
119 ⑦	289 下 9	
119 ⑧	289 下 9	
119 ⑨	289 下 10	
119 ⑩	289 下 11	
119 ⑪	289 下 11	下 12
119 ⑫	289 下 12	下 13
119 ⑬	289 下 14	
120 ①	289 下 15	
120 ②	289 下 15	
120 ③	289 下 16	
120 ④	289 下 17	
120 ⑤	289 下 17	下 18
120 ⑥	289 下 19	
120 ⑦	289 下 20	
120 ⑧	289 下 21	
120 ⑨	289 下 22	
120 ⑩	289 下 23	
120 ⑪	289 下 23	下 24
121 ①	290 上 2	
121 ②	290 上 1	上 3
121 ③	290 上 4	
121 ④	290 上 4	上 5
121 ⑤	290 上 5	上 6
121 ⑥	290 上 6	上 7
121 ⑦	290 上 7	上 8
121 ⑧	290 上 8	上 9
121 ⑨	290 上 9	上 10
121 ⑩	290 上 11	
121 ⑪	290 上 12	
121 ⑫	290 上 12	上 13

121 ⑬	290 上 13 上 14		124 ⑬	291 上 13	
122 ①	290 上 14 上 15		125 ①	291 上 13 上 14	
122 ②	290 上 15 上 16		125 ②	291 上 14 上 15	
122 ③	290 上 16		125 ③	291 上 15 上 16	
122 ④	290 上 17		125 ④	291 上 16 上 17	
122 ⑤	290 上 18		125 ⑤	291 上 17 上 18	
122 ⑥	290 上 18 上 19		125 ⑥	291 上 18	
122 ⑦	290 上 20		125 ⑦	291 上 19	
122 ⑧	290 上 21		125 ⑧	291 上 20	
122 ⑨	290 上 21 上 22		125 ⑨	291 上 20 上 21	
122 ⑩	290 上 22 下 1		125 ⑩	291 上 21 上 22	
122 ⑪	290 下 1 下 2		125 ⑪	291 上 22	
122 ⑫	290 下 2 下 3		125 ⑫	291 下 1	
122 ⑬	290 下 3 下 4		125 ⑬	291 下 2	
123 ①	290 下 4 下 5		126 ①	291 下 2 下 3	
123 ②	290 下 5 下 6		126 ②	291 下 3 下 4	
123 ③	290 下 6 下 7		126 ③	291 下 4 下 5	
123 ④	290 下 7		126 ④	291 下 5 下 6	
123 ⑤	290 下 8		126 ⑤	291 下 6	
123 ⑥	290 下 9		126 ⑥	291 下 7	
123 ⑦	290 下 9 下 10		126 ⑦	291 下 7 下 8	
123 ⑧	290 下 11		126 ⑧	291 下 8 下 9	
123 ⑨	290 下 12		126 ⑨	291 下 10	
124 ①	291 上 2		126 ⑩	291 下 11	
124 ②	291 上 1 上 3		126 ⑪	291 下 11 下 12	
124 ③	291 上 4		126 ⑫	291 下 12 下 13	
124 ④	291 上 4 上 5		126 ⑬	291 下 13 下 14	
124 ⑤	291 上 5 上 6		127 ①	291 下 15	
124 ⑥	291 上 6 上 7		127 ②	291 下 16	
124 ⑦	291 上 7 上 8		127 ③	291 下 17	
124 ⑧	291 上 8 上 9		127 ④	291 下 18	
124 ⑨	291 上 9 上 10		129 ①	292 上 2	
124 ⑩	291 上 10 上 11		129 ②	292 上 2	
124 ⑪	291 上 11		129 ③	292 上 1 上 3	
124 ⑫	291 上 12		129 ④	292 上 4	

129 ⑤	292 上 4	上 5
129 ⑥	292 上 5	上 6
129 ⑦	292 上 6	上 7
129 ⑧	292 上 7	
129 ⑨	292 上 8	
129 ⑩	292 上 8	上 9
129 ⑪	292 上 9	上 10
129 ⑫	292 上 10	上 11
129 ⑬	292 上 11	上 12
130 ①	292 上 13	
130 ②	292 上 14	
130 ③	292 上 14	上 15
130 ④	292 上 15	上 16
130 ⑤	292 上 16	上 17
130 ⑥	292 上 17	上 18
130 ⑦	292 上 18	上 19
130 ⑧	292 上 19	上 20
130 ⑨	292 上 20	上 21
130 ⑩	292 上 21	
130 ⑪	292 上 21	上 22
130 ⑫	292 上 22	下 1
130 ⑬	292 下 1	下 2
131 ①	292 下 2	下 3
131 ②	292 下 3	下 4
131 ③	292 下 4	
131 ④	292 下 5	
131 ⑤	292 下 7	
131 ⑥	292 下 8	
131 ⑦	292 下 8	下 9
131 ⑧	292 下 9	下 10
131 ⑨	292 下 10	
131 ⑩	292 下 11	
131 ⑪	292 下 12	
131 ⑫	292 下 12	下 13
131 ⑬	292 下 13	下 14
132 ①	292 下 15	
132 ②	292 下 16	
132 ③	292 下 16	下 17
132 ④	292 下 17	下 18
132 ⑤	292 下 18	下 19
132 ⑥	292 下 19	下 20
132 ⑦	292 下 20	下 21
132 ⑧	292 下 21	
132 ⑨	292 下 22	
132 ⑩	292 下 23	
132 ⑪	292 下 24	
132 ⑫	292 下 24	293 上 1
132 ⑬	293 上 2	
135 ①	293 下 2	
135 ②	293 下 2	
135 ③	293 下 3	
135 ④	293 下 4	
135 ⑤	293 下 4	下 5
135 ⑥	293 下 5	下 6
135 ⑦	293 下 6	
135 ⑧	293 下 6	下 7
135 ⑨	293 下 7	下 8
135 ⑩	293 下 8	
135 ⑪	293 下 8	下 9
136 ①	293 下 9	下 10
136 ②	293 下 10	
136 ③	293 下 10	下 11
136 ④	293 下 11	下 12
136 ⑤	293 下 12	
136 ⑥	293 下 12	下 13
136 ⑦	293 下 13	下 14
136 ⑧	293 下 14	
136 ⑨	293 下 14	下 15
136 ⑩	293 下 15	下 16
136 ⑪	293 下 16	

137 ①	293 下 16 下 17
137 ②	293 下 17 下 18
137 ③	293 下 18
137 ④	293 下 19
137 ⑤	293 下 19 下 20
137 ⑥	293 下 20
137 ⑦	293 下 20 下 21
137 ⑧	293 下 21
137 ⑨	293 下 22
137 ⑩	293 下 23
137 ⑪	293 下 23　294 上 1
138 ①	294 上 2
138 ②	294 上 3
138 ③	294 上 3 上 4
138 ④	294 上 4
138 ⑤	294 上 5
138 ⑥	294 上 6
138 ⑦	294 上 6 上 7
138 ⑧	294 上 7 上 8
138 ⑨	294 上 8
138 ⑩	294 上 8 上 9
138 ⑪	294 上 9 上 10
139 ①	294 上 10
139 ②	294 上 10 上 11
139 ③	294 上 11 上 12
139 ④	294 上 13
139 ⑤	294 上 14
139 ⑥	294 上 14 上 15
139 ⑦	294 上 15
139 ⑧	294 上 15 上 16
139 ⑨	294 上 16 上 17
139 ⑩	294 上 17
139 ⑪	294 上 17 上 18
140 ①	294 上 18 上 19
140 ②	294 上 19
140 ③	294 上 19 上 20
140 ④	294 上 20 上 21
140 ⑤	294 上 21
140 ⑥	294 上 21 上 22
140 ⑦	294 上 22 上 23
140 ⑧	294 上 23
140 ⑨	294 上 23 上 24
140 ⑩	294 上 24 下 1
140 ⑪	294 下 1
141 ①	294 下 1 下 2
141 ②	294 下 2
141 ③	294 下 3
141 ④	294 下 4
141 ⑤	294 下 4 下 5
141 ⑥	294 下 5
141 ⑦	294 下 5 下 6
141 ⑧	294 下 6 下 7
141 ⑨	294 下 7
141 ⑩	294 下 7 下 8
141 ⑪	294 下 8
142 ①	294 下 9
142 ②	294 下 10
142 ③	294 下 10
142 ④	294 下 11
142 ⑤	294 下 12
142 ⑥	294 下 12 下 13
142 ⑦	294 下 13
142 ⑧	294 下 13 下 14
143 ①	294 下 15
143 ②	294 下 16
143 ③	294 下 16 下 17
143 ④	294 下 17 下 18
143 ⑤	294 下 18 下 19
143 ⑥	294 下 19
143 ⑦	294 下 19 下 20

143 ⑧	294 下 20 下 21
143 ⑨	294 下 21
143 ⑩	294 下 22
143 ⑪	294 下 22 下 23
144 ①	294 下 23 下 24
144 ②	294 下 24
144 ③	294 下 24　295 上 1
144 ④	295 上 1 上 2
144 ⑤	295 上 2
144 ⑥	295 上 3
144 ⑦	295 上 3 上 4
144 ⑧	295 上 4
144 ⑨	295 上 5
144 ⑩	295 上 5 上 6
144 ⑪	295 上 6 上 7
144 ⑫	295 上 7
145 ①	295 上 8
145 ②	295 上 9
145 ③	295 上 9 上 10
145 ④	295 上 10 上 11
145 ⑤	295 上 11 上 12
145 ⑥	295 上 12
145 ⑦	295 上 12 上 13
145 ⑧	295 上 13 上 14
145 ⑨	295 上 14 上 15
145 ⑩	295 上 15
145 ⑪	295 上 15 上 16
146 ①	295 上 16 上 17
146 ②	295 上 17 上 18
146 ③	295 上 18
146 ④	295 上 18 上 19
146 ⑤	295 上 19 上 20
146 ⑥	295 上 20 上 21
146 ⑦	295 上 21
146 ⑧	295 上 21 上 22
146 ⑨	295 上 22 上 23
146 ⑩	295 上 23
147 ①	295 下 1
147 ②	295 下 2
147 ③	295 下 2 下 3
147 ④	295 下 4
147 ⑤	295 下 4 下 5
147 ⑥	295 下 7
147 ⑦	295 下 8
147 ⑧	295 下 8 下 9
147 ⑨	295 下 9
147 ⑩	295 下 9 下 10
147 ⑪	295 下 10 下 11
147 ⑫	295 下 11 下 12
151 ①	296 上 2
151 ②	296 上 2
151 ③	296 上 3
151 ④	296 上 4
151 ⑤	296 上 5
151 ⑥	296 上 5 上 6
151 ⑦	296 上 6 上 7
151 ⑧	296 上 7
151 ⑨	296 上 8
151 ⑩	296 上 9
151 ⑪	296 上 9 上 10
152 ①	296 上 10 上 11
152 ②	296 上 11
152 ③	296 上 12
152 ④	296 上 12 上 13
152 ⑤	296 上 13 上 14
152 ⑥	296 上 14
152 ⑦	296 上 15
152 ⑧	296 上 15 上 16
152 ⑨	296 上 16 上 17
152 ⑩	296 上 17

152 ⑪	296 上 18	
153 ①	296 上 19	
153 ②	296 上 19 上 20	
153 ③	296 上 20 上 21	
153 ④	296 上 21	
153 ⑤	296 上 21 上 22	
153 ⑥	296 上 22 下 1	
153 ⑦	296 下 1	
153 ⑧	296 下 1 下 2	
153 ⑨	296 下 3	
153 ⑩	296 下 4	
153 ⑪	296 下 4 下 5	
154 ①	296 下 5	
154 ②	296 下 6	
154 ③	296 下 6 下 7	
154 ④	296 下 7 下 8	
154 ⑤	296 下 8	
154 ⑥	296 下 8 下 9	
154 ⑦	296 下 9 下 10	
154 ⑧	296 下 10	
154 ⑨	296 下 10 下 11	
154 ⑩	296 下 11 下 12	
154 ⑪	296 下 12	
155 ①	296 下 12 下 13	
155 ②	296 下 13 下 14	
155 ③	296 下 14	
155 ④	296 下 15	
155 ⑤	296 下 15 下 16	
155 ⑥	296 下 16	
155 ⑦	296 下 17	
155 ⑧	296 下 18	
155 ⑨	296 下 18 下 19	
155 ⑩	296 下 19 下 20	
155 ⑪	296 下 20 下 21	
156 ①	296 下 21	
156 ②	296 下 21 下 22	
156 ③	296 下 22 下 23	
156 ④	296 下 23 下 24	
156 ⑤	296 下 24	
156 ⑥	297 上 1	
156 ⑦	297 上 2	
156 ⑧	297 上 2 上 3	
156 ⑨	297 上 3 上 4	
156 ⑩	297 上 4	
156 ⑪	297 上 5	
157 ①	297 上 6	
157 ②	297 上 6 上 7	
157 ③	297 上 7 上 8	
157 ④	297 上 8 上 9	
157 ⑤	297 上 9	
157 ⑥	297 上 9 上 10	
157 ⑦	297 上 10 上 11	
157 ⑧	297 上 11 上 12	
157 ⑨	297 上 12	
157 ⑩	297 上 13	
157 ⑪	297 上 13 上 14	
158 ①	297 上 14 上 15	
158 ②	297 上 16	
158 ③	297 上 17	
158 ④	297 上 17 上 18	
158 ⑤	297 上 18	
158 ⑥	297 上 19	
158 ⑦	297 上 20	
158 ⑧	297 上 20 上 21	
158 ⑨	297 上 21	
158 ⑩	297 上 22	
158 ⑪	297 上 23	
159 ①	297 上 23 上 24	
159 ②	297 上 24 下 1	
159 ③	297 下 1 下 2	

159 ④	297 下 2	
159 ⑤	297 下 2 下 3	
159 ⑥	297 下 3 下 4	
159 ⑦	297 下 5	
159 ⑧	297 下 6	
159 ⑨	297 下 6 下 7	
159 ⑩	297 下 7 下 8	
159 ⑪	297 下 8	
160 ①	297 下 8 下 9	
160 ②	297 下 9 下 10	
160 ③	297 下 10 下 11	
160 ④	297 下 11 下 12	
160 ⑤	297 下 12	
160 ⑥	297 下 12 下 13	
160 ⑦	297 下 13 下 14	
160 ⑧	297 下 14 下 15	
160 ⑨	297 下 15	
160 ⑩	297 下 15 下 16	
160 ⑪	297 下 16 下 17	
160 ⑫	297 下 17	
161 ①	297 下 18	
161 ②	297 下 19	
161 ③	297 下 19 下 20	
161 ④	297 下 20 下 21	
161 ⑤	297 下 21 下 22	
161 ⑥	297 下 22	
161 ⑦	297 下 22 下 23	
161 ⑧	297 下 23 下 24	
161 ⑨	297 下 24　298 上 1	
161 ⑩	298 上 1	
161 ⑪	298 上 1 上 2	
162 ①	298 上 2 上 3	
162 ②	298 上 3 上 4	
162 ③	298 上 4	
162 ④	298 上 4 上 5	
162 ⑤	298 上 5 上 6
162 ⑥	298 上 6
162 ⑦	298 上 6 上 7
163 ①	298 上 8
163 ②	298 上 9
163 ③	298 上 9 上 10
163 ④	298 上 11
163 ⑤	298 上 11 上 12
163 ⑥	298 上 13
163 ⑦	298 上 14 上 15
163 ⑧	298 上 15
163 ⑨	298 上 15 上 16
163 ⑩	298 上 16 上 17
163 ⑪	298 上 17 上 18
163 ⑫	298 上 18
164 ①	298 上 1 上 2
164 ②	298 上 2 上 3
164 ③	298 上 3 上 4
164 ④	298 上 5
164 ⑤	298 上 6
164 ⑥	298 上 7
164 ⑦	298 上 7 上 8
164 ⑧	298 上 8 上 9
164 ⑨	298 上 9 上 10
167 ①	299 上 2
167 ②	299 上 2
167 ③	299 上 3
167 ④	299 上 4
167 ⑤	299 上 5
167 ⑥	299 上 5 上 6
167 ⑦	299 上 6 上 7
167 ⑧	299 上 7
167 ⑨	299 上 8
167 ⑩	299 上 8 上 9
167 ⑪	299 上 9 上 10

168 ①	299 上 10 上 11	
168 ②	299 上 11	
168 ③	299 上 11 上 12	
168 ④	299 上 12 上 13	
168 ⑤	299 上 13 上 14	
168 ⑥	299 上 14 上 15	
168 ⑦	299 上 15	
168 ⑧	299 上 16	
168 ⑨	299 上 17	
168 ⑩	299 上 17 上 18	
169 ①	299 上 19	
169 ②	299 上 20	
169 ③	299 上 20 上 21	
169 ④	299 上 21 上 22	
169 ⑤	299 上 22 下 1	
169 ⑥	299 下 1	
169 ⑦	299 下 1 下 2	
169 ⑧	299 下 2 下 3	
169 ⑨	299 下 4	
169 ⑩	299 下 5	
170 ①	299 下 5 下 6	
170 ②	299 下 6 下 7	
170 ③	299 下 7	
170 ④	299 下 7 下 8	
170 ⑤	299 下 9	
170 ⑥	299 下 10	
170 ⑦	299 下 10 下 11	
170 ⑧	299 下 11 下 12	
170 ⑨	299 下 12	
170 ⑩	299 下 12 下 13	
170 ⑪	299 下 13	
170 ⑫	299 下 14	
171 ①	299 下 15	
171 ②	299 下 15 下 16	
171 ③	299 下 16 下 17	
171 ④	299 下 17	
171 ⑤	299 下 18	
171 ⑥	299 下 19	
171 ⑦	299 下 20	
171 ⑧	299 下 21	
171 ⑨	299 下 21 下 22	
171 ⑩	299 下 22 下 23	
172 ①	299 下 23	
172 ②	299 下 23 下 24	
172 ③	299 下 24　300 下 1	
172 ④	300 下 1	
172 ⑤	300 下 1 下 2	
172 ⑥	300 下 3	
172 ⑦	300 下 4	
172 ⑧	300 下 4 下 5	
172 ⑨	300 下 5 下 6	
172 ⑩	300 下 6	
172 ⑪	300 下 6 下 7	
173 ①	300 下 7 下 8	
173 ②	300 下 9	
173 ③	300 下 10	
173 ④	300 下 10 下 11	
173 ⑤	300 下 11 下 12	
173 ⑥	300 下 12 下 13	
173 ⑦	300 下 13	
173 ⑧	300 下 14	
173 ⑨	300 下 14 下 15	
173 ⑩	300 下 15 下 16	
173 ⑪	300 下 16	
174 ①	300 下 17	
174 ②	300 下 17 下 18	
175 ①	301 上 1	
175 ②	301 上 2	
175 ③	301 上 2 上 3	
175 ④	301 上 4	

175 ⑤	301 上 4 上 5
175 ⑥	301 上 6
175 ⑦	301 上 6 上 7
175 ⑧	301 上 7 上 8
175 ⑨	301 上 8 上 9
175 ⑩	301 上 9 上 10
175 ⑪	301 上 10 上 11
175 ⑫	301 上 11
176 ①	301 上 12
176 ②	301 上 13 上 14
176 ③	301 上 14 上 15
176 ④	301 上 15 上 16
176 ⑤	301 上 16 上 17
176 ⑥	301 上 17 上 18
176 ⑦	301 上 18 上 19
176 ⑧	301 上 19 上 20
176 ⑨	301 上 20
179 ①	301 下 2
179 ②	301 下 2 下 3
179 ③	301 下 4
179 ④	301 下 4 下 5
179 ⑤	301 下 5 下 6
179 ⑥	301 下 6 下 7
179 ⑦	301 下 7 下 8
179 ⑧	301 下 8
179 ⑨	301 下 9
179 ⑩	301 下 9 下 10
179 ⑪	301 下 11
179 ⑫	301 下 11 下 12
179 ⑬	301 下 12 下 13
179 ⑭	301 下 13 下 14
179 ⑮	301 下 14 下 15
180 ①	301 下 15 下 16
180 ②	301 下 16 下 17
180 ③	301 下 17
180 ④	301 下 17 下 18
180 ⑤	301 下 18 下 19
180 ⑥	301 下 19 下 20
180 ⑦	301 下 20 下 21
180 ⑧	301 下 21 下 22
180 ⑨	301 下 22　302 上 1
180 ⑩	302 上 1
180 ⑪	302 上 1 上 2
180 ⑫	302 上 2 上 3
180 ⑬	302 上 3 上 4
180 ⑭	302 上 5
181 ①	302 上 6
181 ②	302 上 6 上 7
181 ③	302 上 7 上 8
181 ④	302 上 8 上 9
181 ⑤	302 上 9 上 10
181 ⑥	302 上 10
181 ⑦	302 上 11
181 ⑧	302 上 12
181 ⑨	302 上 12 上 13
181 ⑩	302 上 13
181 ⑪	302 上 14
181 ⑫	302 上 15
181 ⑬	302 上 16
181 ⑭	302 上 17
181 ⑮	302 上 17 上 18
182 ①	302 上 18
182 ②	302 上 19
182 ③	302 上 20
182 ④	302 上 20 上 21
182 ⑤	302 上 21
182 ⑥	302 上 22
182 ⑦	302 上 23
182 ⑧	302 上 23 上 24
182 ⑨	302 上 24 下 1

182	⑩	302 下 1 下 2		185	③	303 上 14 上 15
182	⑪	302 下 2 下 3		185	④	303 上 16 上 17
182	⑫	302 下 3		185	⑤	303 上 17 上 18
182	⑬	302 下 3 下 4		185	⑥	303 上 18 上 19
182	⑭	302 下 4 下 5		185	⑦	303 上 19 上 20
183	①	302 下 5 下 6		185	⑧	303 上 20 上 21
183	②	302 下 6 下 7		185	⑨	303 上 21
183	③	302 下 7 下 8		189	①	303 下 2
183	④	302 下 8		189	②	303 下 3
183	⑤	302 下 9		189	③	303 下 4
183	⑥	302 下 9 下 10		189	④	303 下 4 下 5
183	⑦	302 下 10 下 11		189	⑤	303 下 5 下 6
183	⑧	302 下 11 下 12		189	⑥	303 下 6 下 7
183	⑨	302 下 12 下 13		189	⑦	303 下 7
183	⑩	302 下 13 下 14		189	⑧	303 下 7 下 8
183	⑪	302 下 14 下 15		189	⑨	303 下 8 下 9
183	⑫	302 下 15		189	⑩	303 下 9
183	⑬	302 下 15 下 16		189	⑪	303 下 9 下 10
183	⑭	302 下 16 下 17		190	①	303 下 10
183	⑮	302 下 17 下 18		190	②	303 下 11
183	⑯	302 下 18		190	③	303 下 12
184	①	303 上 2		190	④	303 下 12 下 13
184	②	303 上 3		190	⑤	303 下 13 下 14
184	③	303 上 3 上 4		190	⑥	303 下 14
184	④	303 上 5		190	⑦	303 下 15
184	⑤	303 上 5 上 6		190	⑧	303 下 15 下 16
184	⑥	303 上 7		190	⑨	303 下 16 下 17
184	⑦	303 上 7 上 8		190	⑩	303 下 17
184	⑧	303 上 8 上 9		190	⑪	303 下 18 下 19
184	⑨	303 上 9 上 10		191	①	303 下 19
184	⑩	303 上 10 上 11		191	②	303 下 20
184	⑪	303 上 11 上 12		191	③	303 下 20 下 21
184	⑫	303 上 12		191	④	303 下 21 下 22
185	①	303 上 12 上 13		191	⑤	304 上 1
185	②	303 上 13 上 14		191	⑥	304 上 2

191 ⑦	304 上 2 上 3
191 ⑧	304 上 3
191 ⑨	304 上 4
191 ⑩	304 上 5
191 ⑪	304 上 5 上 6
192 ①	304 上 6 上 7
192 ②	304 上 7 上 8
192 ③	304 上 8
192 ④	304 上 9
192 ⑤	304 上 10
192 ⑥	304 上 10 上 11
192 ⑦	304 上 11
192 ⑧	304 上 11 上 12
192 ⑨	304 上 13
192 ⑩	304 上 14
192 ⑪	304 上 14 上 15
193 ①	304 上 15 上 16
193 ②	304 上 16
193 ③	304 上 16 上 17
193 ④	304 上 17 上 18
193 ⑤	304 上 18
193 ⑥	304 上 18 上 19
193 ⑦	304 上 19 上 20
193 ⑧	304 上 20
193 ⑨	304 上 20 上 21
193 ⑩	304 上 21 上 22
193 ⑪	304 上 22
194 ①	304 上 22 上 23
194 ②	304 上 23 上 24
194 ③	304 上 24
194 ④	304 上 24 下 1
194 ⑤	304 下 1 下 2
194 ⑥	304 下 2
194 ⑦	304 下 2 下 3
194 ⑧	304 下 3 下 4
194 ⑨	304 下 4
194 ⑩	304 下 4 下 5
194 ⑪	304 下 5 下 6
195 ①	304 下 7
195 ②	304 下 8
195 ③	304 下 8 下 9
195 ④	304 下 9
195 ⑤	304 下 10
195 ⑥	304 下 10 下 11
195 ⑦	304 下 11
195 ⑧	304 下 11 下 12
195 ⑨	304 下 12 下 13
195 ⑩	304 下 13 下 14
195 ⑪	304 下 14
195 ⑫	304 下 14 下 15
196 ①	304 下 15
196 ②	304 下 15 下 16
196 ③	304 下 16 下 17
196 ④	304 下 17
196 ⑤	304 下 17 下 18
196 ⑥	304 下 18 下 19
196 ⑦	304 下 19
196 ⑧	304 下 19 下 20
197 ①	304 下 21
197 ②	304 下 22
197 ③	304 下 22 下 23
197 ④	304 下 23 下 24
197 ⑤	304 下 24
197 ⑥	304 下 24　305 上 1
197 ⑦	305 上 1 上 2
197 ⑧	305 上 2
197 ⑨	305 上 2 上 3
197 ⑩	305 上 3
197 ⑪	305 上 3 上 4
198 ①	305 上 4 上 5

198 ②	305 上 5	
198 ③	305 上 6	
198 ④	305 上 6 上 7	
198 ⑤	305 上 7 上 8	
198 ⑥	305 上 8	
198 ⑦	305 上 8 上 9	
198 ⑧	305 上 9 上 10	
198 ⑨	305 上 10	
199 ①	305 上 12	
199 ②	305 上 13 上 13	
199 ③	305 上 13 上 14	
199 ④	305 上 15	
199 ⑤	305 上 15 上 16	
199 ⑥	305 上 17	
199 ⑦	305 上 17 上 18	
199 ⑧	305 上 18 上 19	
199 ⑨	305 上 19 上 20	
199 ⑩	305 上 20 上 21	
199 ⑪	305 上 21 上 22	
199 ⑫	305 上 22	
200 ①	305 上 22 下 1	
200 ②	305 下 1 下 2	
200 ③	305 下 3 下 4	
200 ④	305 下 4 下 5	
200 ⑤	305 下 5 下 6	
200 ⑥	305 下 6 下 7	
200 ⑦	305 下 7 下 8	
200 ⑧	305 下 8 下 9	
200 ⑨	305 下 9	
203 ①	306 上 2	
203 ②	306 上 2	
203 ③	306 上 3	
203 ④	306 上 4	
203 ⑤	306 上 4 上 5	
203 ⑥	306 上 5	

203 ⑦	306 上 6	
203 ⑧	306 上 6 上 7	
203 ⑨	306 上 7	
203 ⑩	306 上 7 上 8	
203 ⑪	306 上 8 上 9	
204 ①	306 上 9	
204 ②	306 上 9 上 10	
204 ③	306 上 11	
204 ④	306 上 12	
204 ⑤	306 上 12 上 13	
204 ⑥	306 上 13 上 14	
204 ⑦	306 上 14	
204 ⑧	306 上 15	
204 ⑨	306 上 16	
204 ⑩	306 上 16 上 17	
204 ⑪	306 上 17 上 18	
205 ①	306 上 18	
205 ②	306 上 19	
205 ③	306 上 19 上 20	
205 ④	306 上 21	
205 ⑤	306 上 22	
205 ⑥	306 上 22 下 1	
205 ⑦	306 下 1	
205 ⑧	306 下 2	
205 ⑨	306 下 2 下 3	
205 ⑩	306 下 3	
205 ⑪	306 下 4	
206 ①	306 下 5	
206 ②	306 下 5 下 6	
206 ③	306 下 6	
206 ④	306 下 7	
206 ⑤	306 下 8	
206 ⑥	306 下 8	
206 ⑦	306 下 9	
206 ⑧	306 下 10	

206 ⑨	306 下 10	下 11
206 ⑩	306 下 11	
206 ⑪	306 下 12	
207 ①	306 下 13	
207 ②	306 下 13	下 14
207 ③	306 下 14	
207 ④	306 下 14	下 15
207 ⑤	306 下 16	
207 ⑥	306 下 17	
207 ⑦	306 下 17	下 18
207 ⑧	306 下 18	
207 ⑨	306 下 19	
207 ⑩	306 下 20	
208 ①	306 下 20	下 21
208 ②	306 下 21	下 22
208 ③	306 下 22	
208 ④	306 下 22	下 23
208 ⑤	306 下 23	下 24
208 ⑥	306 下 24	
208 ⑦	307 上 1	
208 ⑧	307 上 1	上 2
208 ⑨	307 上 2	上 3
208 ⑩	307 上 3	
208 ⑪	307 上 3	上 4
209 ①	307 上 4	
209 ②	307 上 5	上 6
209 ③	307 上 5	
209 ④	307 上 6	上 7
209 ⑤	307 上 7	
209 ⑥	307 上 7	上 8
209 ⑦	307 上 8	上 9
209 ⑧	307 上 9	
209 ⑨	307 上 10	
209 ⑩	307 上 10	上 11
209 ⑪	307 上 11	

211 ①	307 上 12	
211 ②	307 上 13	
211 ③	307 上 13	上 14
211 ④	307 上 14	
211 ⑤	307 上 15	
211 ⑥	307 上 15	上 16
211 ⑦	307 上 16	
211 ⑧	307 上 16	上 17
211 ⑨	307 上 17	上 18
211 ⑩	307 上 18	上 19
211 ⑪	307 上 19	
212 ①	307 上 19	上 20
212 ②	307 上 20	上 21
212 ③	307 上 21	
212 ④	307 上 21	上 22
212 ⑤	307 上 22	
212 ⑥	307 上 22	上 23
212 ⑦	307 上 23	上 24
212 ⑧	307 上 24	
212 ⑨	307 上 24	下 1
212 ⑩	307 下 1	
212 ⑪	307 下 1	下 2
213 ①	307 下 3	
213 ②	307 下 4	
213 ③	307 下 4	下 5
213 ④	307 下 5	
213 ⑤	307 下 5	下 6
213 ⑥	307 下 6	下 7
213 ⑦	307 下 7	
213 ⑧	307 下 7	下 8
213 ⑨	307 下 8	
213 ⑩	307 下 8	下 9
213 ⑪	307 下 9	下 10
214 ①	307 下 10	
214 ②	307 下 10	下 11

214 ③	307 下 11	
214 ④	307 下 11 下 12	
214 ⑤	307 下 12 下 13	
214 ⑥	307 下 13	
214 ⑦	307 下 13 下 14	
214 ⑧	307 下 14	
214 ⑨	307 下 14 下 15	
214 ⑩	307 下 15 下 16	
214 ⑪	307 下 16	
215 ①	308 上 1	
215 ②	308 上 2	
215 ③	308 上 2 上 3	
215 ④	308 上 4	
215 ⑤	308 上 4 上 5	
215 ⑥	308 上 6	
215 ⑦	308 上 6 上 7	
215 ⑧	308 上 7 上 8	
215 ⑨	308 上 8 上 9	
215 ⑩	308 上 9 上 10	
215 ⑪	308 上 10 上 11	
215 ⑫	308 上 11	
216 ①	308 上 11 上 12	
216 ②	308 上 12 上 13	
216 ③	308 上 13 上 14	
216 ③	308 上 15	
216 ④	308 上 15 上 16	
216 ⑤	308 上 16 上 17	
216 ⑥	308 上 17 上 18	
216 ⑦	308 上 18 上 19	
216 ⑧	308 上 19 上 20	
216 ⑨	308 上 20	
219 ①	308 下 2	
219 ②	308 下 3	
219 ③	308 下 4	
219 ④	308 下 4 下 5	
219 ⑤	308 下 6	
219 ⑥	308 下 7	
219 ⑦	308 下 7 下 8	
219 ⑧	308 下 8	
219 ⑨	308 下 8 下 9	
219 ⑩	308 下 9	
220 ①	308 下 10	
220 ②	308 下 10 下 11	
220 ③	308 下 11 下 12	
220 ④	308 下 12	
220 ⑤	308 下 13	
220 ⑥	308 下 14	
220 ⑦	308 下 14 下 15	
220 ⑧	308 下 15	
220 ⑨	308 下 15 下 16	
220 ⑩	308 下 16	
220 ⑪	308 下 17	
221 ①	308 下 18	
221 ②	308 下 18 下 19	
221 ③	308 下 19	
221 ④	308 下 19 下 20	
221 ⑤	308 下 20	
221 ⑥	308 下 21	
221 ⑦	308 下 21 下 22	
221 ⑧	308 下 22	
221 ⑨	308 下 22　309 上 1	
221 ⑩	309 上 1	
221 ⑪	309 上 1 上 2	
222 ①	309 上 2 上 3	
222 ②	309 上 4	
222 ③	309 上 5	
222 ④	309 上 5 上 6	
222 ⑤	309 上 6	
222 ⑥	309 上 6 上 7	
222 ⑦	309 上 7 上 8	

222 ⑧	309 上 8	
222 ⑨	309 上 9	
222 ⑩	309 上 10	
222 ⑪	309 上 10 上 11	
223 ①	309 上 11 上 12	
223 ②	309 上 12	
223 ③	309 上 12 上 13	
223 ④	309 上 13 上 14	
223 ⑤	309 上 14	
223 ⑥	309 上 14 上 15	
223 ⑦	309 上 15 上 16	
223 ⑧	309 上 16	
223 ⑨	309 上 17	
223 ⑩	309 上 17 上 18	
223 ⑪	309 上 18 上 19	
224 ①	309 上 19	
224 ②	309 上 19 上 20	
224 ③	309 上 20 上 21	
224 ④	309 上 21 上 22	
224 ⑤	309 上 22	
224 ⑥	309 上 22 上 23	
224 ⑦	309 上 23	
225 ①	309 上 24 下 1	
225 ②	309 下 1	
225 ③	309 下 1 下 2	
225 ④	309 下 2	
225 ⑤	309 下 2 下 3	
225 ⑥	309 下 3	
225 ⑦	309 下 3 下 4	
225 ⑧	309 下 4	
225 ⑨	309 下 5	
225 ⑩	309 下 5 下 6	
225 ⑪	309 下 6	
226 ①	309 下 6 下 7	
226 ②	309 下 7	

226 ③	309 下 7 下 8	
226 ④	309 下 8 下 9	
226 ⑤	309 下 9	
226 ⑥	309 下 9 下 10	
226 ⑦	309 下 10 下 11	
226 ⑧	309 下 11	
226 ⑨	309 下 11 下 12	
226 ⑩	309 下 12	
226 ⑪	309 下 12	
227 ①	309 下 14	
227 ②	309 下 15	
227 ③	309 下 15 下 16	
227 ④	309 下 16 下 17	
227 ⑤	309 下 17 下 18	
227 ⑥	309 下 18 下 19	
227 ⑦	309 下 19 下 20	
227 ⑧	309 下 20	
227 ⑨	309 下 20 下 21	
227 ⑩	309 下 21 下 22	
227 ⑪	309 下 22 下 23	
229 ①	310 上 1	
229 ②	310 上 2	
229 ③	310 上 2 上 3	
229 ④	310 上 4	
229 ⑤	310 上 4 上 5	
229 ⑥	310 上 6	
229 ⑦	310 上 6 上 7	
229 ⑧	310 上 7 上 8	
229 ⑨	310 上 8 上 9	
229 ⑩	310 上 9 上 10	
229 ⑪	310 上 10 上 11	
229 ⑫	310 上 11	
230 ①	310 上 11 上 12	
230 ②	310 上 12 上 13	
230 ③	310 上 14 上 15	

230 ④	310 上 15 上 16		235 ⑨	311 上 1
230 ⑤	310 上 16 上 17		235 ⑩	311 上 2
230 ⑥	310 上 17 上 18		236 ①	311 上 2 上 3
230 ⑦	310 上 18 上 19		236 ②	311 上 3
230 ⑧	310 上 19 上 20		236 ③	311 上 3 上 4
230 ⑨	310 上 20		236 ④	311 上 4 上 5
233 ①	310 下 2		236 ⑤	311 上 6
233 ②	310 下 3		236 ⑥	311 上 6 上 7
233 ③	310 下 4		236 ⑦	311 上 7
233 ④	310 下 5		236 ⑧	311 上 7 上 8
233 ⑤	310 下 6		236 ⑨	311 上 8 上 9
233 ⑥	310 下 6 下 7		236 ⑩	311 上 9
233 ⑦	310 下 7		237 ①	311 上 9 上 10
233 ⑧	310 下 7 下 8		237 ②	311 上 10 上 11
233 ⑨	310 下 8		237 ③	311 上 11
233 ⑩	310 下 8 下 9		237 ④	311 上 12
233 ⑪	310 下 9 下 10		237 ⑤	311 上 13
234 ①	310 下 10		237 ⑥	311 上 13 上 14
234 ②	310 下 10 下 11		237 ⑦	311 上 14 上 15
234 ③	310 下 11 下 12		237 ⑧	311 上 15
234 ④	310 下 12		237 ⑨	311 上 15 上 16
234 ⑤	310 下 13		237 ⑩	311 上 16 上 17
234 ⑥	310 下 14		238 ①	311 上 18
234 ⑦	310 下 14 下 15		238 ②	311 上 19
234 ⑧	310 下 15		238 ③	311 上 20
234 ⑨	310 下 16		238 ④	311 上 20 上 21
234 ⑩	310 下 16 下 17		238 ⑤	311 上 21
235 ①	310 下 17		238 ⑥	311 上 22
235 ②	310 下 17 下 18		238 ⑦	311 上 23
235 ③	310 下 18 下 19		238 ⑧	311 上 24
235 ④	310 下 19		238 ⑨	311 上 24 下 1
235 ⑤	310 下 19 下 20		238 ⑩	311 下 1
235 ⑥	310 下 21		239 ①	311 下 1 下 2
235 ⑦	310 下 22		239 ②	311 下 3 下 4
235 ⑧	310 下 23		239 ③	311 下 5

239 ④	311 下 6	
239 ⑤	311 下 6 下 7	
239 ⑥	311 下 7	
239 ⑦	311 下 8	
239 ⑧	311 下 8 下 9	
239 ⑨	311 下 9	
239 ⑩	311 下 9 下 10	
240 ①	311 下 10 下 11	
240 ②	311 下 11	
240 ③	311 下 12	
240 ④	311 下 13	
240 ⑤	311 下 13 下 14	
240 ⑥	311 下 14 下 15	
240 ⑦	311 下 15 下 16	
240 ⑧	311 下 16	
240 ⑨	311 下 16 下 17	
240 ⑩	311 下 17 下 18	
241 ①	311 下 18	
241 ②	311 下 18 下 19	
243 ①	312 上 2	
243 ②	312 上 3	
243 ③	312 上 4	
243 ④	312 上 5	
243 ⑤	312 上 5 上 6	
243 ⑥	312 上 6	
243 ⑦	312 上 6 上 7	
243 ⑧	312 上 7 上 8	
243 ⑨	312 上 8	
243 ⑩	312 上 8 上 9	
243 ⑪	312 上 9	
244 ①	312 上 9 上 10	
244 ②	312 上 10 上 11	
244 ③	312 上 11	
244 ④	312 上 11 上 12	
244 ⑤	312 上 12	
244 ⑥	312 上 12 上 13
244 ⑦	312 上 13 上 14
244 ⑧	312 上 14
244 ⑨	312 上 15
244 ⑩	312 上 16
245 ①	312 上 16
245 ②	312 上 17
245 ③	312 上 17 上 18
245 ④	312 上 18 上 19
245 ⑤	312 上 19
245 ⑥	312 上 19 上 20
245 ⑦	312 上 20
245 ⑧	312 上 21
245 ⑨	312 上 21 上 22
245 ⑩	312 上 22
246 ①	312 上 22
246 ②	312 下 1 下 2
246 ③	312 下 3
246 ⑤	312 下 4
246 ⑥	312 下 5
246 ⑦	312 下 5 下 6
246 ⑧	312 下 6
246 ⑨	312 下 6 下 7
246 ⑩	312 下 7 下 8
247 ①	312 下 8
247 ②	312 下 8 下 9
247 ③	312 下 9
247 ④	312 下 10
247 ⑤	312 下 10 下 11
247 ⑥	312 下 11 下 12
247 ⑦	312 下 12
247 ⑧	312 下 12 下 13
247 ⑨	312 下 13 下 14
247 ⑩	312 下 14
248 ①	312 下 15

海外新聞総索引

248 ②	312 下 15	
248 ③	312 下 17	
248 ④	312 下 18	
248 ⑤	312 下 18 下 19	
248 ⑥	312 下 19	
248 ⑦	312 下 19 下 20	
248 ⑧	312 下 21	
248 ⑨	312 下 22	
248 ⑩	312 下 22 下 23	
249 ①	312 下 23	
249 ②	312 下 23　313 上 1	
249 ③	313 上 1 上 2	
249 ④	313 上 2	
249 ⑤	313 上 2 上 3	
249 ⑥	313 上 3 上 4	
249 ⑦	313 上 4	
249 ⑧	313 上 5	
249 ⑨	313 上 6	
249 ⑩	313 上 6	
250 ①	313 上 7	
250 ②	313 上 8	
250 ③	313 上 8	
251 ①	313 上 9	
251 ②	313 上 10	
251 ③	313 上 10 上 11	

251 ④	313 上 11	
251 ⑤	313 上 12	
251 ⑥	313 上 12 上 13	
251 ⑦	313 上 13	
251 ⑧	313 上 13 上 14	
251 ⑨	313 上 14 上 15	
251 ⑩	313 上 15	
252 ①	313 上 15 上 16	
252 ②	313 上 16 上 17	
252 ③	313 上 17	
252 ④	313 上 17 上 18	
252 ⑤	313 上 18 上 19	
252 ⑥	313 上 19	
252 ⑦	313 上 19 上 20	
252 ⑧	313 上 20 上 21	
252 ⑨	313 上 21	
253 ①	313 上 22	
253 ②	313 上 23	
253 ③	313 上 23 上 24	
253 ④	313 上 24	
253 ⑤	313 下 1	
253 ⑥	313 下 2	
253 ⑦	313 下 2 下 3	
253 ⑧	313 下 3	

『海外新聞』に登場する部立ての国名一覧表

	1	2	3	4	5	6	7	8	9	10	11	12	13	14	15	16	17	18	19	20	21	22	23	24	25	26
イギリス	○	○	○	○	○	○	○	○	○	○	○	○						○	○	○	○	○	○	○	○	○
英国													○	○	○	○	○									
アメリカ	○	○	○	○	○	○	○	○	○	○	○	○						○	○			○	○	○	○	○
米利堅														○		○										
合衆国													○	○			○									
メリケン																				○						
北アメリカ																							○			
フランス	○	○	○	○		○	○	○						○	○	○	○	○		○			○		○	○
プロヰセン	○																									
プロヰス			○		○	○																				
フルイス															○											○
プロイス																			○		○	○			○	
ロシア	○																									○
ヲロシア		○				○								○						○						
オロシヤ				○												○								○	○	
オランダ	○			○	○	○									○						○			○		
ヲランダ			○				○	○	○	○																
阿蘭陀													○	○												
和蘭陀																				○						
イタリヤ	○		○															○	○	○	○			○		○
イスパニヤ	○															○				○	○					○
イスパニヲ				○																			○			
イスパニウ						○																				
スペーン			○																							
アストリヤ			○																							
アフストレイ						○																				
アストレー							○																			
ヲーストリー								○																		
アストリヤ																○										
オーストリア																			○			○		○		
オストリア																				○					○	○
ホルトガル	○						○					○	○													
トルコ		○										○														
スヰデン			○																							
チユレー			○																							
スエッツランド				○																						
テヌマーケ					○																					
中国					○																					
メキシコ							○	○		○								○			○					
ポンヒアイ											○															
南亜米利賀													○													
南アメリカ																		○	○	○						
西印度																○										
テネシー																		○								
ゼルマネー																		○								
ジエルマニー																						○				
シヨルマネー																							○			
ジユルマネヤ																								○		
シユルモネヤ																									○	
シラスホギホレスタン			○																							

以上、『海外新聞』に登場する国は23か国あり、号数によって表記が異なることがある。(ただし、ポンヒアイ、南アメリカ、西印度、テネシーなど、国名ではないが、本文中では国となっているものも含んでいる。また、プロヰセンやシラスホギホレスタン(シューレスヴィヒ・ホルシュタイン公国)のように2019年現在では存在しない国もある)

あとがき

　2014（平成26）年はジョセフ彦が横浜で新聞を発行してから150周年の年であった。

　ジョセフ彦の生誕地は兵庫県加古郡播磨町である。その播磨町立播磨小学校を卒業した私は、小学校在学中からジョセフ彦の偉業を讃える石碑の存在は知っていたが、ジョセフ彦の果たした近代日本における意義については何も知らず、遊び場所の一つとしていた。今から思えば恐れ多いことであった。町民にとってジョセフ彦の業績は詳しくは知らないが、名前は誰もが耳にしたことのある親しみのある郷土の偉人であった。

　江戸からの帰りの航路で難船して漂流し、偶然にもアメリカへ渡り、アメリカの文化に触れ、海外との交流及び情報入手の重要性を誰よりも早く感じ取った彼がはじめたのが「新聞」である。この『海外新聞』はジョセフ彦が英字新聞から得たニュースや情報を岸田吟香や本間潜蔵らが日本文として整え、木版刷りで出版したものであり、明治改元直前の日本の語彙を知る貴重な資料である。

　『新聞紙』『海外新聞』はその名の通り海外の情報を少しでも早く、わかりやすく伝えようとしたものである。情報源となったイギリスやジョセフ彦の過ごしたアメリカ、さらにはヨーロッパの国々の事件が紹介されているが、部立てとして取り上げられた国は23ヶ国あり、記事に登場する国を含めるとさらに多くの国が登場する。国名の表記だけでなく、人名や地名のカタカナ表記も一定せず、彼らの耳に聞こえた通りに記載されているのも大変興味深い。

　ジョセフ彦、岸田吟香ともにそれぞれ横濱から他所へと活動拠点を移動させ、この新聞も幕を閉じたが、その果たした意義は大きい。

　この度、近代日本の語彙の様相を探る資料として総索引を作成した。作成に当たり、底本として使用することを快くご承諾いただいた早稲田大学出版部の方々、『新聞紙』『海外新聞』の写真を提供していただいた播磨町郷土資料館の方々に心から厚くお礼を申し上げます。また、武蔵野書院の前田様にもいろいろとご無理をきいていただきました。お世話になりましたすべての方々にお礼申し上げます。

平成29年7月

山　口　　豊

◆ 編者紹介

山　口　豊　（やまぐち　ゆたか）
武庫川女子大学文学部教育学科教授
兵庫県立神出学園校長、県立松陽高等学校長、県立夢野台高等学校長を歴任し、平成 29 年 4 月より現職。
主な著書に『岸田吟香「呉淞日記」影印と翻刻』（武蔵野書院）、『岸田吟香「呉淞日記」日本語総索引』（武蔵野書院）、『夢酔独言総索引』（武蔵野書院）、『ソウイウモノニワタシハナリタイ』（風詠社）等がある。

海外新聞総索引

2017 年 8 月 15 日 初版第 1 刷発行

編　　者：山口　豊

発 行 者：前田智彦
発 行 所：武蔵野書院
　　　　　〒101-0054
　　　　　東京都千代田区神田錦町 3-11 電話 03-3291-4859　FAX 03-3291-4839
印　　刷：三美印刷㈱
製　　本：㈲佐久間紙工製本所

ⓒ2017　Yutaka YAMAGUCHI

定価は函に表示してあります。
落丁・乱丁はお取り替えいたしますので発行所までご連絡ください。
本書の一部または全部について、いかなる方法においても無断で複写、複製することを禁じます。
ISBN 978-4-8386-0703-7　Printed in Japan